# 希望としてのカント

## 恒久平和のために

高田明宜

日本経済評論社

# 凡例

一、イマニュエル・カント（Immanuel Kant）の文献（著作・遺稿・書簡・講義等）からの引用等は、原則としてドイツのアカデミー版カント全集（*Kant's gesammelte Schriften*, herausgegeben von der Königlich Preußische Akademie der Wissenschaften, 1910ff.）からである。その場合、書名は後述の通りドイツ語の略語で、巻数をローマ数字で、つづけてページ番号をアラビア数字で表記している。たとえば、『永遠平和のために』からの引用の場合は（Frieden, VIII, 341）のように、文中に記載した。

二、ただし、『純粋理性批判』（*Kritik der reinen Vernunft*）は、これも慣例により、初版（一七八一年）をA、第二版（一七八七年）をBと表記して巻数に換え、さらにページ数をアラビア数字で、たとえば（A804-805/B832-833）表記し、文中に記載した。

三、『判断力批判』（*Kritik der Urteilskraft*）からの引用に際しては、アカデミー版カント全集の巻数とページ数の他に、節の番号も添えて、たとえば（U, 297, §41）のように文中に表記した。なお、節番号が添えられていないのは、序文（Vorrede）及び付録にある「目的論に対する一般的注解」（„Allgemeine Anmerkung zur Teleologie"：Anmerkung と略記）からの引用である。

四、カントのテキストの邦訳は、原則として前述の『カント全集』（岩波書店刊）を参照しているが、理想社版の『カント全集』や、『純粋理性批判』、『道徳形而上学原論』、『実践理性批判』、『判断力批判』については宇都宮芳明訳（以文社刊）も参照している。ただし、訳語の統一などのために、執筆者の判断でことわりなく変更した箇所も存在する。先人のカント研究者による翻訳作業に心からの敬意を表したい。

五、外国語の文献は、邦訳のあるものについては基本的にそれを参照している。なお、複数の邦訳が存在するものについては最新のものを参照している。ただし、こちらも訳語や文脈の都合により、執筆者の判断でことわりなく訳出した箇所が存在する。こちらも翻訳者に敬意を表したい。

六、聖書の引用は新共同訳聖書からである。
七、引用文中の〔　〕は執筆者によるものである。

# 略称一覧

| 略称 | 原語タイトル（アカデミー版における巻数とページ） |
|---|---|
| Anfang | Mutmaßliche Anfang der Menschengeschichte. (VIII 107-123) |
| Anth | Anthropologie in pragmatischer Hinsicht. (VII 117-334) |
| Bem | Bemerkungen zu den Beobachtungen über das Gefühl des Schönen und Erhabenen. (XX 1-192) |
| Beo | Beobachtungen über das Gefühl des Schünen und Erhabenen. (II 205-256) |
| Brief | Briefwechsel Briefwechsel Band II 1789-1794. (XI 1-536) |
| Collins | Moralphilosophie Collins. (XXVII-I 273-473) |
| Ende | Das Ende aller Dinge. (VIII 325-339) |
| Fak. | Der Streit der Fakultäten. (VII 1-116) |
| Frieden | Zum ewigen Frieden. (VIII 341-386) |
| GMS | Grundlegung zur Metaphysik der Sitten. (IV 385-463) |
| Idee | Idee zu einer allgemeinen Geschichte in weltbürgerlicher Absicht. (VIII 15-31) |
| KrV | Kritik der reinen Vernunft. |
| MS | Die Metaphysik der Sitten. (VI 203-493) |
| N | Metaphysische Anfangsgründe der Naturwissenschaft. (IV 465-565) |
| Nachlaß | Kant's handschriftlicher Nachlaß. Anthropologie. (XV 55-899) |
| P | Kritik der praktischen Vernunft. (V 1-163) |
| OpE | Opus postumum (Erste Hälfte). (XXI 1-645) |
| Prol | Prolegomena zu einer jeden künftigen Metaphysik, die als Wissenschaft wird auftreten können. (IV 253-383) |
| R | Die Religion innerhalb der Grenzen der bloßen Vernunft. (VI 1-202) |
| RA | Reflexionen zur Anthropologie. (XV 55-694) |
| RR | Reflexionen zur Rechtsphilosophie. (XIX 442-613) |
| TP | Über den Gemeinspruch : Das mag in der Theorie richtig sein, taugt aber nicht für die Praxis. (VIII 273-313) |
| U | Kritik der Urteilskraft. (V 165-485) |
| Vorlesung | Die Vorlesung des Wintersemesters 1781/82[?] aufgrund der Nachschriften Menschenkunde, Peterburg. (XXV-2 849-1203) |
| VoTP | Vorarbeiten zu Über den Gemeinspruch : Das mag in der Theorie richtig sein, taugt aber nicht für die Praxis. (XXIII) |
| WA | Beantwortung der Frage : Was ist Aufklärung? (VIII 33-41) |

# 目次

# はじめに

本著は、イマニュエル・カント（Immanuel Kant, 1724-1804）が恒久平和[(1)]を達成するために、人間に要求した人としてのあり方を、市民としてのあり方、市民性という市民の精神という形で提示しようとするものである。また、彼の恒久平和の根底には、善いところも悪いところもある人間への深いまなざしと、キリスト教的観念が影響していることを明らかにしようとするものである。それを通して、恒久平和についてカントの真意を明示しようという企てである。

政治学におけるこれまでのカントの研究は、主に恒久平和論を中心とした歴史哲学に焦点を当て、制度論的なアプローチから研究が進められることが多かった（これについては第一章にて詳しく述べる）。しかし、カントの哲学は人間に対するまなざしが中心になっている。そして無視できないのは、そもそもカントが哲学的な問いとして提示した以下の根源的な問いである。それは、これまでもカントを議論する際によくいわれるこ

(1) カントの平和思想である ewiger Frieden は「永遠平和」とも「恒久平和」とも訳される。ewig は「永遠の」「永久の」「永遠に変わらない」「いつまでも続く」と訳される。ならば ewiger Frieden は「永遠平和」でもいいのだが、「恒久」の「恒」は、「永」にあるような単純に「長い」という意味ではなく、「いつも変わらない心」の意味がある。カントにとって、平和は人間の意志によって達成されるものである。そのため、カントの意志により近いであろう「恒久平和」という言葉を、邦訳による書物の題名を除いて本書では用いることにする。

とであるが、「私は何を知ることができるか」、「私は何をなすべきか」、「私は何を望むことを許されるか」、「人間とは何であるか」である（KrV, A804-805/B832-833；R, VI, 24-25）。しかし、こうした問いかけが無視されたまま、カントが恒久平和のために人間、あるいは人類に対して求めたものが欠けている状態で議論が行われていることになり、結果的にカントが誤用されたり、濫用された状態で引用されていると考える。つまり、カントを正確に捉えていない状態で議論が行われているのである。

かつてはそうでもなかったのだが、カント研究はカントのテキストだけを追い、それだけで「整合的に」解釈してしまっている。一方で、カント自身は疑問の余地のないほど普遍的かつ必然的な倫理学を打ち立てたつもりであるが、それに対しては数多くの疑問、批判が投げかけられている。だからといって、カント哲学が無意味であるとはもちろんいえない。こうしたことは、カント自身が明確な答えを出していないことが理由であるが、それでも、カント哲学を支えている思想や信念が背景にあることが考えられる(2)。

これは政治学の分野でも同じである。この分野においては、カントの共和制や恒久平和といった言葉だけが一人歩きしているように思われる。また、偉大な政治学者がカントをどのように受容したのかが議論の対象になることは多いが、それが正しいのかどうなのか、またカント哲学そのものまでは触れられないことが多い。せいぜい、「このような解釈である」などというような、先人達のフィルターを通したカント像が描かれるだけである。

また、カントが政治学の分野で取り上げられる際には、恒久平和論や法論、またはそれに付随すること以外に、カントは共和制を理想としたため共和主義者であるという部分が強調されることが多い。そして、その上でカントの自由が語られるのである。しかし、共和制には市民としての徳である市民性（Bürgerlichkeit/Zivilcourage）(3)の議論が必要とされるはずである。にもかかわらず、カントの共和制や共和主義などが取り上げられても、政治学ではカントの道徳哲学や市民性の議論は十分なされているとはいえず、カントの人間観が議論の対象には組み込まれていないのが現状である。

そもそも、カントの哲学は人間性への信頼と無縁ではない。カントが生きた啓蒙の時代とは、人類の連帯、普遍的な共同的な人類愛が基づくのは指輪の不思議な力にではなく、奇蹟の力はかえって自由なる人格の徳行のうちにこそ宿っているという自覚こそが、人文の伝統に棹さしながら開化したドイツ啓蒙主義が人間性の理念に寄せた熱い思いを表明するものであると指摘されている[(4)]。事実、カントはこのように述べている。

---

（2）こういった指摘は、例えば次を参照。中島義道『悪への自由――カント倫理学の深層文法』勁草書房、二〇一一年、iiページ。その一方で、カントの歴史哲学に宗教的要素が大きく影響しているとの指摘をしている論考については、次を参照。牧野英二『カントを読む――ポストモダニズム以降の批判哲学』岩波書店、二〇一四年、二六九―二八四ページ。

（3）市民性という言葉をカントが用いたわけではないので、それに当たる言葉を当てはめようとするには注意が必要である。一般的には civility のドイツ語訳には Bürgerlichkeit が当てはめられることが多いが、単純に「市民の」という意味にとられることもある。そこで採り上げたいのは、一般的には鉄血宰相として知られるO・ビスマルク（Otto von Bismarck）の造語として知られる Zivilcourage（Bürgermut）という言葉である。元々は、カントが没した後の時代である一八三五年に、「勇気ある市民（courage civique）」としてフランスから紹介された概念であり、一般的には（理不尽な事柄に対して市民として）市民の信念を主張する勇気と説明される。こうした信念こそが、カントの市民性に必要な条件であり、また、カントの市民性を説明できる言葉だといえよう。したがって、本書で議論の対象とする市民性に近いのは、元々この概念が生まれた当時のフランスの時代状況も鑑みると Zivilcourage の概念であるといえる。しかし、ビスマルクは一八六四年に自らを支持しないプロイセン議会との議論で、戦場に赴く人々の勇気としてこの言葉を用いたのであった。つまり、ビスマルクが用いた Zivilcourage は、後述するとおりカントが『啓蒙とは何か』（*Beantwortung der Frage: Was ist Aufklärung?*）において高らかに主張した「あえて賢くあれ！」「自分自身の悟性を用いる勇気をもて！」の考えとは正反対のものといえよう。これらの理由から、本書では市民性を表す際に一般的な Bürgerlichkeit と、ビスマルクの意図ではなく本来の意味であればよりカントの主張に近いであろう Zivilcourage とを両語併記し、Bürgerlichkeit/Zivilcourage とする。

（4）引田隆也「カント」（芹澤功編『現代に語りかける政治思想史』昭和堂、一九八七年）一九〇ページ。ここで引田は、ゴットホルト・レッシングの劇詩である『賢者ナータン』の「三つの指輪の譬喩」を引用している。なお、引田はこの内容を林達夫「三つの指人間らしさとは他人の運命を分かち合うことである。非人間的なのは、他人の運命に関与しない場合である（Collins, XXVII-I, 419）。

これまで見てきたことから読み取れるのは、カントの恒久平和論の真意とは、人間や人類が市民となって恒久平和という最高善に到達することではないだろうかということである。そのためにカントが考えた市民とは、いわゆる市民権ではなく、彼が課した道徳法則に基づくような市民としての徳性、つまり市民性を持っていなければならないのではなかろうかと考えられる(5)。

そもそも、カントが構想した恒久平和とは、カントがいう「神の国」の実現である。ここでの神の国とは、カントにとって最高善が達成されている国を意味する。その最高善を達成するのは人間に対して課した課題である。つまり、それに貢献するのが世界市民性ではないか。

また、無視できないのが、カントの思想の根底にあるキリスト教の存在である。カントの恒久平和論に対して楽観的であるとの批判があるが、その理由はキリスト教及びそれに基づいた摂理の概念、そして神が造ったと想定される自然への信仰による影響が大きいことが理由ではないのだろうかと考える。また、キリスト教による神の意志は、道徳法則に従う人間の義務、そして神の意図に従う人類の義務であるとしている。

これはカントの恒久平和論とて同じであると考える。カントは恒久平和を最高の政治的善（das höchste politische Gut）として位置づけているが、恒久平和は人類の不断の努力によって達成されるものである（MS, VI, 355）。つまり、今まで議論されてきた制度やルール作りに注目をするだけでは、カントの真意を理解している、または汲んでいるとはいえず、不十分なのである(6)。

しかも、恒久平和の達成は、カントにとって「神の国」という「最高善の達成」という目標ととらえることができる。そうなると、恒久平和もキリスト教の概念抜きでは考えられないのではなかろうか。
さらに、こうした目標に進むために定言命法（kategorischer Imperativ）で見られるような、カントは人間、人類に厳格な義務を課している。その理由は、彼が見た人間像にあるのではないかと考える。彼の人間学では、人間の生々しい姿が描写されている。それは、善の部分も悪の部分もある偽りなき人間の姿である。水と同様、何もしなければ高いところから低いところへ落ちてしまう人間を、厳格な道徳法則で規定づけているのがカントの意図ではないのだろうかと考える。

これまでのカント研究は、いわゆる三大批判書を中心とした人間の認識論、人間学、道徳論、自由論が中心であり、この分野については膨大な蓄積がある。(7) また、政治思想は、カントの世界市民思想や恒久平和論の再評価を中心とし

---

還の話」（『無神論としての唯物論』〔林達夫著作集三〕平凡社、一九七一年）から引用しているため、指輪ではなく指還と表現している。しかし、「指輪」の方が一般的であるため、本書では指輪とした。

（5）シチズンシップ（citizenship）は、市民であること、そのために求められる資質、市民に相応しい活動などを意味するものとして用いられてきた。当然市民としての諸権利も含まれるが、「市民権」では一連の権利をまとめた総称と受け取られやすいため、また、シチズンシップよりも、市民の徳性を意味する市民性（civility）の方が近いのではなかろうか。近代民主政治の健全性や安定性が、制度の正しさだけではなく、市民性に依拠しているからである。

（6）こうした状況は近年でも顕著である。例えば、Ronald Beiner, *Civil Religion: A Dialogue in the History of Political Philosophy*, Cambridge University Press, New York, 2011. 一方で、三島憲一は「人間を目的として扱うことを哲学的社会論・政治論へと翻訳し、世界市民権を説いたカント」と評価している（三島憲一「ハーバーマスとデリダのヨーロッパ」『早稲田政治經濟學誌』三六二号、二〇〇六年、一八ページ）。

（7）人間学においては、近年ではミシェル・フーコーの博士論文（副論文）であるEmmanuel Kant, *Anthropologie d'un point de vue pragmatique, précédé* de Michel Foucault, *Introduction à l'Anthropologie de Kant*, Paris, Librairie philosophique J. Vrin, 2008. が公刊され、日本でも「カント『人間学』への序論」を原題とする部分が邦訳されている（王寺堅太訳『カントの人間学』新潮社、二〇一〇年）。ただし、内容としてはカントの『人間学』（*Anthropologie in pragmatischer Hinsicht*, 1798）がカント哲学の

た、歴史哲学に中心を置いたものが多い(8)。

しかし、これではカントの平板化でしかないのではないか。様々な分野において研究対象とされているように、カントは様々な側面を持っている。それは、キリスト教に依拠しつつ人間と神が共同するような神人協働説のような芸術家としての自然論・摂理論を重視する側面、人間の生々しさを認めつつも、啓蒙された市民状態における自律した人間を求めるという側面、そして法の支配に基づく立憲主義や共和制、国家連合の創設を求めた制度設計者としての側面である。

だが、これらのカントの側面はすべて同一の人格であり続けたはずである(9)。つまり、カントの信念を一貫して基礎づけるようなものが存在していたのではないかと考える。

しかし、これは政治思想の分野に限った話ではないが、カント研究においてはこうした側面ごとの研究に留まっている場合が多い。そのため、こうした側面や分野の研究を横断するような分析が必要なのではなかろうか。特に、カントの恒久平和論における、カントの道徳法則との関連、キリスト教の影響を考慮しなければ、カントの恒久平和論を正しく理解できないのではないかと考える(10)。

本書では、まずカントの哲学が平板化している原因であるこれまでの先行研究を中心に、制度設計者の側面、道徳法則などの啓蒙による自律した人間を求める側面、キリスト教哲学者としての側面を概観していき、それぞれについて考察をしていく。また、その範疇において、先達の思想家・哲学者がどのような文脈でカントを理解し、引用したのかについて言及していく。そして、カントが恒久平和のために、人間、人類に課したものを析出していく。さらには、人間が彼の期待に応えられるのかを述べていく構成になっている。人間とは不完全な存在であり、その生々しさをカントは見ている。それでもカントは人間に期待し、その根底にはキリスト教的観念があることを、全体を通して示していこうと考えている。

最後に、カントの世界市民性が現代においてどのような有効性を持つのかを主張する。現代の国際社会において、例えば国際連合などの既存の制度が機能不全といわれる状況になっているのは、そもそもカントの思想に込められたいくつかの必要条件を正しく受容していないからだと考えられないか。また、恒久平和に向けた市民のあり方を無視しているからではないだろうか。これが本書の動機である。

---

中でどの位置づけになるのかを論じたものであり、フランス語訳を公刊する際のまさに「序論」である。

（8）欧米では、古くではザローモ・フリートレンダー／ミュノーナ（Salomo Friedlaender/Mynona）が挙げられる（ハルトムート・ゲールケン、デートレフ・ティール、中村博雄編、中村博雄訳『理性と平和――ザローモ・フリートレンダー／ミュノーナ政治理論作品選集』新典社、二〇一二年）。カントの政治思想そのものに焦点を当てたものとしては、Ronald Beiner, and William James Booth ed., *Kant and Political Philosophy : The Contemporary Legacy*, Yale University Press, 1993 ; Ellis, Elisabeth, Kant's Politics : Provisional Theory for an Uncertain World, Yale University Press, 2005. 近年では、Katrin Flikschuh, *Kant and modern political philosophy*, Cambridge University Press, 2000. のように、カントの形而上学までに踏み込んだ研究が政治思想の文脈でなされている。しかし、日本の場合は、平和思想の一つとして言及されるのがほとんどである。古典的なものでは、石田雄『平和の政治学』岩波新書、一九六八年、宮田光雄『平和の思想史的研究』創文社、一九七八年などである。または、牧野英二編『別冊情況――特集カント没後二〇〇年』情況出版、二〇〇四年も挙げられる。平和憲法との兼ね合いとカントの形而上学との関連で論じているのが、中村博雄『カント批判哲学による「個人の尊重」（日本国憲法一三条）と「平和主義」（前文）の形而上学的基礎づけ』成文堂、二〇〇八年が挙げられる。一方で、昭和二（一九二七）年に南原繁が「カントに於ける国際政治の理念」（『国家と宗教』では「カントにおける世界秩序の理念」として所収）の論考で、宗教的神性の視点からカントの恒久平和論を分析しており、哲学の課題としての世界秩序の理念であること、カントの世界秩序には道徳的基礎のみならず宗教的基礎があることを述べており、その洞察の深さは特筆すべきものである。しかし、カントの政治哲学分野において南原を引用するものはほぼない状態である（南原繁『国家と宗教――ヨーロッパ精神史の研究』岩波文庫、二〇一四年）。

（9）これについては、筆者にとってこの論考を基礎付ける上で非常に有益であった次を参考にした。半澤孝麿「自由意思論思想史上のカント」、田中浩編『思想学の現在と未来』未來社、二〇〇九年。この中で半澤は、自然学者カント、道徳形而上学者カント、政治・法理論家カント、さらに歴史哲学者カントという側面を指摘し、これらすべてが同一の人格であり続けたはずだと述べている。

（10）こうした傾向は、カントを宗教学から研究する場合でも同様である。

そして本書は、カントの共和主義的な特徴や共和制のみならず、これまで政治学では取り上げてこなかったような視点でカントの政治思想をとらえ、真の意図を理解するための貢献ができると考えている。その中でも注目すべきは、彼の平和思想や啓蒙の根底にはキリスト教の存在がとても大きいことを指摘することである。これまでも、カントの政治思想を純粋理性や実践理性からアプローチする試みは行われていた[11]。しかし、それが政治学の分野で十全に論じられることはなく、それぞれ歴史哲学、啓蒙思想、共和制論の側面だけでカントの思想を論じるだけであった。しかも、神学への接近、または神学からのアプローチは、特に政治学、政治理論の分野では十全には行われてこなかった[12]。しかしカントは、人類の啓蒙には道徳的宗教が必要であると指摘している。そして、そうした期待をするのも、彼自身のキリスト教への篤い信仰が基礎になっているのである[13]。

複雑で難解だといわれるカントの思想だが、宗教を基盤とするアプローチによって、なぜ彼がこのようなことを考えたのかが紐解けると考えている。それは、難しいと敬遠されがちなカントの思想との距離が縮まり、カントの考えが多くの人に伝わることで、それこそ彼が望んだ恒久平和の達成にもつながるのではないかと考える。

さらに、本書は、制度論に終始してしまいがちなカントの平和思想および政治思想において、それでは不十分であるとの一石を投じることになるであろう。現在における代議制民主主義、または自由民主主義がカントの理想としていたとの声はとても多い[14]。しかし、カントが考えていたのは、制度云々ではなく人間が何をすべきかなのである。つまり、制度を改善したところで、それを運用する人間が啓蒙された市民でなければ、描いたとおりの運用にはならず、本来の理想からはかけ離れる。そして、それは今まさに実際に起こっていることなのである。

恒久平和を達成するのは人間である。われわれ人間がどうあるべきか。そして、何をすべきか。恒久平和のみならず、日々の政治生活においても、カントの考えが生かされるのではないかと考えている。

(11) 例えば、森永毅彦「カント政治哲学における技術的実践理性」、有賀弘・佐々木毅編『民主主義思想の源流』東京大学出版会、一九八六年。

(12) 一方で、カントの認識論や倫理学、政治学が合流したところに、宗教が戦略的な位置を占めており、カントの主たる著作に宗教的概念が存在していると主張している近年の著作として、次があげられる。James J. DiCenso, Kant, *Religion, and Politics*, Cambridge University Press, 2011.

(13) 人類の啓蒙に宗教が必要かどうかについて、宇都宮芳明は「道徳的宗教は必要である」というカントの考え方を紹介し、「人類の人類自身に対する義務」を課すことができるのは神以外にないとしている。そして、その神はもはや特定宗教が信奉する特定の神ではなく、理性宗教での人類の神ということになる。しかし、宗教と人間学についての言及はされていない（宇都宮芳明『カントの啓蒙精神』岩波書店、二〇〇六年、一九六－一九九ページ）。

(14) 『実践理性批判』(*Kritik der praktischen Vernunft*, 1787) の最後に、カントは学（ここでは批判的に探求され、方法的に行われた）を、知恵の教えに通ずる狭き門であって、ここでいう知恵の教えとは、われわれは何を成すべきかという意味で理解されるだけではなく、全ての人が進むべき知恵への道を明瞭に設定し、人が誤った道に迷い込まないようにするには、何が教える人に基準として役立つべきかという意味でも理解されなければならないとしている (P, V, 163)。

# 第一部　カント思想における三つのメタ理論

カントは自由こそ、その様々な側面を持つカント哲学全体の根源であると自ら述べている。カントは、自由の概念は純粋理性概念であり、それゆえに理論哲学にとっては超越的、すなわち適切な実例が何らかの可能な経験の中ではけっして与えられないような概念だとしている（MS, VI, 221）。さらに、他人の強制的恣意から独立しているという意味での自由は、それが他人の自由とある普遍的法則に従って両立しうる限りにおいて、あらゆる人間にその人間性に基づいて帰属する唯一の根源的な権利であるとしている。それに対しては、生得的な平等、すなわち、自分の方でも、また他人達を相関的に拘束しうる限度を超えて他人達によって拘束されないという独立性、したがって自らのことは自らが決めるという、自らが自分自身の主人（sui iuris）であるという人間の資格、そして同様に、およそ人間は一切の法的作用以前には何人にも不法をなさなかったわけである。だから、その意味での非難の余地なき人間たる資格、最後にまた、もし他人達がそれを受け入れようとさえしなければ、そのこと自体としては彼らのものを侵害しない事柄を、彼らに対してなす権能、たとえば彼らに単に自分の考えを伝え、彼らに何かを語り、あるいは約定する権能などがそうであって、それが真実かつ正直になされるか不真実かつ不正直になされるかを問わないことになるのである。

こうした様々な側面は、全体の部分として全体の根源としての自由から由来し、根源としての自由へと収斂していく。そして、この自由は、カントにおいて神の存在と切り離されることはないものである。(1) それは、カントの「内なる道徳法則に服従する」というのは、自らの意志で、つまり自由な意志によって神に従うことを誓うからである。カントにとって自由が重要なのは、こうした神への信仰によって、不完全性を持つ人間が道徳法則の下に神が造った「目的」になっていく必要があると考えたからである。

---

（1） 量義治『宗教哲学としてのカント哲学』勁草書房、一九九〇年、一七ページ。

ここで明らかなのは、様々な側面を持つカントの思想で一貫しているのは、人間に対する考察なのであるが、それすらもキリスト教に依拠した思想に基づき、人間を見て、そして評価しているのである。カントにとっての人間とは、この世界の創造主である神によって造られた被造物である。神が造られたものである以上、人間はそれぞれ神が造った自然の目的として扱われなければならない。人間の自由は全てのカント哲学における唯一の根源といっても過言ではない。そして、その自由は神の存在と不可分である。しかし、政治思想、および平和思想の分野において、カントの宗教的観点が前提とされている議論は多くはない。また、人間に焦点を当てた議論が、政治学における文脈でなされているともいいがたい。

しかし、前述したようにカントの思想は多岐にわたる。それを整理するために、カント思想における次の三つのメタ理論を提示したい。それは、恒久平和にむけた制度設計者としてのカント、それを構成する啓蒙による自律した人間を求めるカント、そしてそれらの前提となるキリスト者としてのカントである。

カントが構想した共和制の構築、そしてその最終目標が恒久平和を実現する立憲体制である。それの前提となるのが、啓蒙された自律する人間によって構成されなければならない。すなわち、こうした市民性を求めるための啓蒙された市民としての義務を人間に求めるカントの考えである。そして、これらの基礎になるのが、キリスト教哲学者としての、キリスト者としての自然信仰や摂理論に依拠するカントである。

だが、これまでカントの政治学の受容は、これらのうちのどれか一つの枠に収まるものでしかない。これでは、カントを受容としたというよりは、研究者の意図により活用したに過ぎないのではなかろうかという疑問が生じる。

さらに、カントを政治学の分野で扱うには様々な困難が生じるのも事実である。その一方で、カントが遺したテキストではっきりと展開しなかった政治学、さらには政治的思考こそが、哲学者カントの最大の遺産であるとの指摘もある(2)。これは、『道徳形而上学原論』(*Grundlegung zur Metaphysik der Sitten*, 1785)から『恒久平和のために』

(*Zum ewigen Frieden*, (1. Aufl. 1795) (2. Aufl. 1796) までに至るカントの考えは一貫しており、すべては恒久平和へ向けた思想体系であるからである。[3] 一七四六年から一七六四年までのカントの初期著作は形而上学の基礎を与えるという一つの野心に支配されていたのに対して、一七六五年の秋にカントの思想はほとんど革命的といっていいほどの変化を遂げることになる。それまでの初期の哲学的歩みにおけるすべての企画を放棄し、形而上学は幻想であると確信するまでに至ったのである。[4]

カントを政治思想の分野で考察する試みはH・アーレントによる業績が有名である。ここで展開される彼女のカント考察は、『判断力批判』(*Kritik der Urteilskraft*, 1790) による考察が主であり、これまでの道徳的観念を中心としたカント研究の中では異彩を放っている。これに依拠した研究も行われ、アーレントにならい、あるいはアーレントのこのカント受容・議論を研究とする流行りがあった。

しかし、カントの政治思想を研究するに当たっては、従来通りの道徳を中心とした研究も無視できないのではないか。そうなると、やはり、人間の自由意志や、定言命法に則った人間の行為 (Handlung) を期待するカントに、焦

---

(2) これについては、次の文献に収められているベイナーの指摘による。Hannah Arendt, *Lectures on the Kant's Political Philosophy*, edited and with Interpretative Essay by Ronald Beiner, The University of Chicago Press, 1982, p. 4. (仲正昌樹訳『完訳カント政治哲学講義録』明月堂書店、二〇〇九年、八ページ)。

(3) このことについて詳細に論証したものとして次の文献が挙げられる。Hans Saner, *Kants Weg vom Krieg zum Frieden, Bd. 1 : Widerstreit und Einheit, München*, 1967.

(4) Frederick C. Beiser, *Enlightenment, revolution, and romanticism : the genesis of modern German political thought, 1790-1800*, Harvard University Press, Cambridge, Massachusetts, London, 1992, p. 28. (杉田孝夫訳『啓蒙・革命・ロマン主義——近代ドイツ政治思想の起源一七九〇－一八〇〇年』法政大学出版局、二〇一〇年、五六ページ)。この中でバイザーは、カントの哲学の根本的目的は、人間の譲り渡すことのできない権利を擁護することにあると指摘している。Ibid., p. 29. (五八ページ)。カント自身も、ルソーによって、それまで俗習を軽蔑していたのに対して、人間を尊敬することを学んだとしている (Bem, XX, 43-44)。

点を当てなければならないことになる。

カントにとっての政治とは、市民の道徳的な人格を形成するものではなく、私たちの生活を良くするものでもなかった。彼にとって政治とは、道徳法則下で私たちの善や価値、目的を選択する自由を尊重し、他者にもそれを認めることであった。つまり、道徳法則に基づく最高善の達成が前提なのである。そして、そこにわれわれの幸福の達成を重視することは存在しないのである。この点はロールズも同様である。このロールズの正義論に関連するかのように、現在の政治理論は、善における意見の不一致を出発点としている。なので、われわれは自由に選ぶことができるということに繋がっている。カントやロールズは、多元的な社会では善き生の本質について同意することができないとした。そして、自由であるためには、特定の役割、伝統、慣習にとらわれるべきではないとしたのである。

しかし、これまでの政治思想での文脈で、こうした視点を元にカントの思想が受容されて来たとはいいがたい。この章では、まずカント思想における三つのメタ理論を提示し、それぞれのメタ理論において、カントの思想が政治思想においてどのように受容されていったのか、そしてカント思想の受容の問題点をさぐっていこうと思う。

# 第一章　法の支配に基づく制度設計者としてのカント

まず、これまでの政治思想および国際政治思想において議論されてきたのが、共和制を構築し、共和制国家による国家連合を構築するというものである。これについて、これまでのカントの先行研究を踏まえつつ、法の尊重に基づく共和制、そして国際立憲体制の構築としてのカントの思想を追っていくことにする。

『恒久平和のために』において顕著なように、カントは恒久平和を達成するための構想を掲げており、しかも晩年の政治的な思想においてはその傾向が色濃く出ている。事実、カントを政治思想の文脈で論じる場合、この視点が重視される場合が多い。それが、D・ヘルドに代表されるようなコスモポリタニズムによる新たな地球社会の秩序であったり、加盟国の国家主権を制限するような地域的国際機構の仕組みなどに現れている。

こうした恒久平和を達成するための制度として、カントは、まず国際社会を構成する国家が共和制を樹立し、そして普遍的な国際法の下にこれら共和制国家による自由な国家連合を構築することを要求する。そこにおいては、戦争を紛争解決手段としないという平和条約が締結され、すべての市民が世界中のどこにでも自由に訪問をすることができ、友好的に迎えられる権利を享受できる世界市民法を締結する。これらの条件が満たされて世界市民体制が樹立され、恒久平和が達成されるというものである。

ここで見てわかるとおり、国家体制を残しつつ、連合国家体制と、受入拒否をされない権利である世界市民法を作るというのがカントの議論であった。こうした制度設計におけるカントの考えがどのようなもので、どのように論じられてきたかを、以下に述べていくことにする。

## 1　法の下の秩序による共和制

恒久平和論の議論でまず取り上げるのは、国内体制である。恒久平和のためにはまず国内体制が共和制でなければならない点が注目された結果、カントは民主主義・民主制を標榜したと受容されている。しかし、ここで注意すべきなのは、民主制ではなく共和制をカントは明確に主張していることである。

カントの共和制とは、社会の成員が人間として自由であるという原理、すべての成員が唯一で共同の立法に臣民として従属することの諸原則、すべての成員が国民として平等であるという法則、これら三つに基づいて設立された体制のことである。一方で、民主制は国家の支配形態を基準にした分類用語に過ぎないというのが、カントの考えである。つまり、支配権を持つのがただ一人であるのか、盟約を結んだ数人であるか、市民社会を構成する集合的な全員であるのかであり、それぞれが君主制と貴族制、民主制に区別される。つまり、カントにとっての民主制とは支配権を持つ人数の違いということになる。さらに、全員が一人の人間を無視して、また場合によってはその人間の賛成を取り付けていないのに決議でき、つまり実は全員ではないのに全員が決議したことになるから、民衆による直接支配が必然的に専制になると批判しているのである。そのため、専制とは反対の立場としての共和制という意味も含んでいる。

ここでも、カントにとっての関心事が、民主的かどうかというよりも人間の自由が保障されているかどうかということが垣間見える。そして、彼が求める共和制は、直接支配ではなく、代表制度においてのみ可能であるとしたのである。つまり、法の支配に基づいた自由な国家が彼の理想であったといえよう。そのため、民主制か共和制かというのは、実はカントにとっては大した問題ではないのかもしれない。むしろ、啓蒙された市民による民主制が共和制であるということなのかもしれない。

しかし、ここで注意しなければならないのは、共和制であったり、連合国家体制という制度論は、あくまでも条件の一つに過ぎないということである。カントは人間の本性に戦争の原因があるとした。この理由は、第五章で詳しく述べるが、人間には根源悪と根源善の双方が内在しているからである。しかし、どちらを選択するかは個々人に委ねられているというのがカントの人間像である。理性的存在者（vernünfiges Wesen）としての人間は道徳法則に従い、法が支配する自由な社会を構築していくとしたのである。つまり、共和国を世界中に作ったところで、恒久平和は達成されないのである。いわば、箱（制度）を作っても、そこに魂（市民性）が伴わなければ、意味がないのである。

したがって、恒久平和論においてもカントの倫理学に注目しなければならない。カントの新しい倫理学の政治的含意はこの上なくラディカルなものであると、バイザーは指摘している。これは、人間の意志が道徳的価値を作り出すのなら、人間の意志を服従せしめるものは人間の自由意志が作った法だけであるということになり、人間の意志が社会的政治的世界の全体を改造する権利を持つことになり、義務は今や社会と国家に課せられることになるからである[1]。もっとも、後述するとおり、カントの人間の自由意志は道徳法則下においての選択であり、そこで善を選択するのがアプリオリな道徳法則に適合することになる。したがって、こうした選択は自由意志が作ったことになるが、それは道徳法則によるものであるという前提が必要になる。しかし、人々の意志によって社会的政治的世界が個々人の要請

（1） Beiser, p. 31.（六一ページ）。

に従わなければならないことになる。

さて、カントの法の定義とは、『道徳形而上学』（*Die Metaphysik der Sitten*, 1797）の法論において、このように表されている。

法とは、ある人の選択意志が他人の選択意志と自由の普遍的法則に従って調和させられうるための諸条件の総体である（MS, VI, 230）。

つまり、カントにとって、法ですら、自律つまり自己決定としての前提となる自由のためにあるのであって、人々の幸福や私益のためにあるものではないということになる。もちろん、ここでいう自由が道徳法則下の自由であるのはいうまでもない。

しかし、この法を強制される理由は、私が法に同意するから、あるいは私が自ら理性的存在者として法を作るからである。こうした法の普遍的原理は、次の文に表れている。

いかなる行為にもせよ、その行為が、あるいはその行為の格率にしたがって各人の選択意志の自由が、何人の自由ともある普遍的法則に従って両立しうるならば、そういう行為は正しい。〔中略〕たとえ私が他人の自由に全く無関心であろうとも、あるいは私が心のなかで他人の自由を妨害したいと望もうとも、私が私の外的行為によって他人の自由を侵害しさえしなければ、他人は誰しも自由であり得るからである（MS, VI, 230-231）。

厳密な法はまた、普遍的な諸法則に照らしてみて各人の自由と一致する汎通的な相互的強制の可能性としても、表象されうる（MS, VI, 232）。

いいかえれば、自分自身による外的行為が法的な問題になるのであり、したがって外的な強制が可能になるのである。ここでいう私の外的行為とは、カントは自らの内なる意志による行動を善とし、外的なものによる行動は自らの動機によるものではないので、カントにおいては明確に区別されるのである。

こう見ると、カントの法は内面的なものと分離されているように思われるが、カントの法は自律に立脚した自由の法則の一部なのであり、カントの自然観における構造の一部でもある。つまり、外的な強制であっても、その妥当性は保証されるのである。

それがカントの社会契約論にも現れることになる。人間は契約によって自然状態という無法状態から公民的状態に移行することになるというのがカントの考えである。しかも、人間は各自が、自らの法的諸概念にしたがうことで、他者たちに対して強制的に公民的状態に移ることを促すことを許されているというのである。これが最終的には国際的国家法（万民法 ius gentium）あるいは世界公民法（Weltbürgerrecht［ius cosmopoliticum］）への理念へと不可避的に導くとしている（MS, VI, 311）。

この公民的状態は、カントの「神の国」を意味するものである。そして、それが「恒久平和」を指すのである。というのは、「恒久平和」を「最高の政治的善」とよんでいるからである。政治的共同体としての国家が目指すべきことは、国内の安寧秩序の維持のみならず、他国家との連合を通じて世界に恒久平和をもたらすことである。

しかし、カントにとって、国家の唯一の目的は、人民の福祉を増進するというよりは、むしろ人民の権利を擁護することであったといえる。その国家は、法的状態の中に存在しようとする万人の共通の関心によって結合されたものとしての公共体（より広義の公有物 res publica latius sic dicta）であり、公法の普遍的概念の基に単に国家法だけではなくて国際法（諸民族の法 ius gentium）をも考えるための機縁を与えるとしている（MS, VI, 311）。

つまり、カントの思想である人間中心の視点が、実は国家などの法制度論にも影響していると考えるべきなのであり、それが国際社会においても、万人の共通の関心によって結合される社会を構想していたことになる。

## 2　ヨーロッパ統合とその理想

こうしたカントの構想を体現した「カント的世界」とされるのが、冷戦期から地域統合を進めてきた西ヨーロッパを中心としたヨーロッパ統合の動きである。しかも、このヨーロッパ統合のルーツはカントの恒久平和論にあるといえ、第二次世界大戦後の新しいヨーロッパの世界を構想した人たちにとって一種のバイブルとなっていた。(2)

特に一九九〇年代は、ヨーロッパ統合の進化と拡大の時代であったといえる。冷戦が終結して、マーストリヒト条約によりヨーロッパ共同体（ＥＣ）がヨーロッパ連合（ＥＵ）へと発展し、市場統合のみならず、イギリスなどを除いたものの共通通貨ユーロが導入された。また、欧州市民権の導入や、欧州議会の権限強化、意思決定においても一部の重要議題を除いて加重特定多数決制や、先行統合方式が導入されていった。欧州憲法が頓挫したことはあったものの、二〇〇〇年代に入ってリスボン条約の発効に伴い、加盟国の首脳で構成される欧州理事会の常任議長としてのＥＵ大統領職が誕生し、欧州対外行動庁（ＥＥＡＳ）がＥＵ外務・安全保障政策上級代表の指揮下で、ＥＵとしての対外活動を司る仕組みになっている。

もっとも、ヨーロッパ統合の動きは、古くは第一次世界大戦後のヨーロッパの荒廃から復興するために唱えられた汎ヨーロッパ運動がある。その後第二次世界大戦という悲惨な出来事があり、その蛮行が正義や保護、文明化、近代化など様々な名目によって正当化されたことも事実である。しかし、その一方でヨーロッパ人ほど戦争を根絶するために格闘し続けた人々がいないこともまた真実である。それが、ＥＵに代表される恒久平和の計画を成就しようとしていたのである。(3)

こうしたヨーロッパの歴史が、前述したとおり平和は作られるべきであるという考えに則っていると見られ、人間による努力であると見ることができる。ヨーロッパ史そのものを、カント的な「行為義務」によって人々が自然状態を脱して平和と安全へ向かっていくプロセスと見なすこともできるだろう(4)。

ここでしばしば用いられるのが、国家間の普遍的な平和が世界的な共和制を形成していき、そしていつかは世界に受け入れられる国家の連合体によって秩序を形成するという構想である。民主主義の原理が広がることで紛争や対立を乗り越えて協力し、そしてコスモポリタンな秩序の基礎を置こうとするものである。実際ヨーロッパ統合においては、その基礎であるＥＣＳＣ（ヨーロッパ石炭鉄鋼共同体）を構成した六カ国が民主主義的な価値を信奉しており、しかも民主主義的な手続で正当性を付与された政府によって構成された。これは、カントの恒久平和論の柱でもある共和的政体の要件を満たしており、その後ＥＣＳＣからＥＣ、ＥＵへと発展する過程も容易になったといえよう(5)。

ここでことわっておかなければならないのは、ヨーロッパは世界政府を採用しようというわけではなく、民主主義的な感情がどんどん深まっていくことで、お互いへの尊重や共感、他者の認識を基礎に振る舞うように人々を導くことができるだろうと確信しているのである。こうした動きは、後述する市民性の形成とも関連がある。というのも、こうしたやりとりができる人間同士でなければ、健全な民主主義が行われる可能性はないからである。

しかし、このカント解釈では、カントの共和制が民主制に置き換えられている。実際、政治思想でのカント解釈や

（2）例えば、Jeremy Rifkin, *The European Dream : How Europe's Vision of the Future Is Quietly Eclipsing the American Dream*, Penguin, 2004, p. 298.
（3）これについての経緯は次を参考にした。押村高『国際政治思想――生存・秩序・正義』勁草書房、二〇一〇年、六二ページ。
（4）同書、六六ページ。
（5）同書、八七ページ。

新たなる世界像のためにカントが引用される場合、カントの共和制を民主制（もしくは民主主義）と置き換えて論じられる場合が多い。だが、共和制と民主制とは本来性質が異なるものである。ヨーロッパ統合の過程では、啓蒙された市民による民主主義を理想としていると受け取れる。実際、カントの共和国とは、社会の全成員に承認された市民的政府、また政治的な自由に基礎を置いた権利国家を意味したという解釈もある。(6) しかし、これではカントが批判した民主制との違いが明確ではなく、「カント的」なるものとは別のものが形成される可能性がある。また、市民的政府を承認する社会の全成員の市民性がなされていないと、健全な政治は期待できず、カントの理念である恒久平和が達成される可能性もない。カントの思想に忠実になるのなら、やはり啓蒙された市民によって構成される共和制ということになろう。

ただし、ヨーロッパ統合において、市民性の形成を狙う動きがあることは先に述べたとおりである。それはまた、「カント的世界」の市民の道義感覚ともいえ、(7) 別の言い方では「カント的文化」が複合的に認識可能になっているともいわれる。(8) 国際政治の分野での理想主義がカントの影響を受けているのはいうまでもない。しかし、この考えも制度論に終始しており、その前提となる市民性の発展まで言及されなければならないのである。

## 3　国際立憲主義とカント

カントが恒久平和の追求で求めたものの一つによくあげられるのが、国際機構の創設である。これは、『恒久平和のために』にあるように、平和は自然状態ではないので、作られるべきものであり、そうでなくても世界公民的組織の結成を余儀なくするという考えである。それをもとに、国際連合や、欧州連合に見られるような国際機構を創設し、そこで法による秩序を模索する動きがある。

また、この法はたんなる条約にとどまらず、近代立憲主義を踏襲する国際立憲主義としての法でもある。この考えが、国際機構と国際法秩序の再生のために、その立憲体制による秩序の構築を求める動きが近年起こっている。この、国際立憲主義がカントの思想に依拠したものであるというのが、この論者の立場にある。そして、この動きは、カント哲学全般への関心を喚起することにもなったといえ、さらには助長されてきたともいえる。[9]

国際立憲主義とは、国際社会にとっての普遍性を客観的なものにすることを意味する。二〇〇一年のアメリカ同時多発テロに端を発した、アメリカの単独行動主義に対する危機感がきっかけとなっている。強者の原理や価値や判断基準が、その妥当性について諮られる機会を与えられなかった他者に押しつけられ、それらの原理等が「普遍的なもの」にされてしまわないことである。こうした原理自体は政治的・道徳的判断かもしれないが、非法的な判断ではない。[10]したがって、そうした普遍性を射程に入れればこそ、道徳に頼るのではなく、法に依拠すべきであるという議論が展開されている。[11]これが、カントの自律は普遍的に構想された方との関連においてのみ存在し、究極的には自由

---

（6）例えば、押村、二〇一〇年、八七ページ。

（7）もっとも、これは冷戦のプラスの遺産とも言えるものである。第二次世界大戦の教訓や核戦争への恐怖、冷戦中に保たれた擬似的な安定が、平和が特例ではなく常態であるという認識を人々に呼び起こしたのである（押村高『国際正義の論理』講談社現代新書、二〇〇八年、一〇九—一一〇ページ）。

（8）Alexander Wendt, *Social Theory of International Politics*, Cambridge University Press, 1999, p. 343. ウェントは、（戦争や暴力などによって）過去に戻りかねないケースにおいても、非暴力と協調体制が規範であるという新しい国際政治の文化が西洋で広まっているとし、その文化をカント的文化と呼んでいる（Wendt, p. 297）。

（9）千葉眞「カントの永遠平和論とコスモポリタニズム」、千葉眞編『平和の政治思想史』おうふう、二〇〇九年、七〇ページ。

（10）最上敏樹『国際立憲主義の時代』岩波書店、二〇〇七年、八ページ。なお、国際立憲主義に関しては同書に多くを負っている。

（11）たとえば、Martti Koskenniemi, "Legal Universalism: Between Morality and Power in a World of States," Shinkwang Cheng (ed.), *Law, Justice and Power*, Stanford University Press, 2004, esp. p. 62.

もそうであるという立場から、普遍的な法にしたがって意思が選択できなければならないというものである。

これをイラク戦争などの一連の単独行動主義に当てはめると、イラク戦争は違法であるのは明白である。しかし、その理由は、大量破壊兵器の隠匿という戦争を正当化する事由が虚偽だったからではない。仮に本当に大量破壊兵器を保持していたとしても、「あの戦争が自由を口実にしながら、実は、各人の自決や自律といったカント的な意味での中核的自由を侵犯した」からである。(12)

こうした議論を背景に展開されるカント型立憲主義は、人類の普遍的共同体としての国際共同体と、その本質的要素としての世界市民法を基盤にしている。前述したとおり、あくまでも国際共同体としての国家連合である以上、国家主権に対抗する急進的な論理ではなく、超国家制を追求したわけではない。そして、世界市民法は、(13)カントが考えた、諸国家の諸人民が交流し合うことを権利として認め、そのための法則というよりも、基本的人権を設定し、それを保障することに念頭を置いたものとなり、さらに踏み込んだ概念になっている。つまり、現代の論者たちは、それを時代の課題である基本的人権に引きつけて立論することになったのである。(14)

また、これが連邦主義としての制度構想であるとのとらえ方もある。(15)カントが『恒久平和のために』において、世界国家・世界政府の構想ではなく共和制国家による自由な連合を構想したのは、世界全体が全体主義の体制に支配されてしまい、カントがこの上なく重視する自由を損なうからである。実際、カントは世界国家が共和制憲法の完全なる姿を現していると論じているが、後にそれが「魂のない専制政治」になる可能性があるとして恐れるようになる。しかし、ルッツ＝バッハマンやハーバーマスなどは、この点をカントの論理的矛盾であると指摘している。というのは、国家の設立のための社会契約の様式であった「根源的契約」の概念に忠実であれば、世界市民法が要求しているのは「国家連合」ではなく、行政・司法の権能を備えた「世界国家」が建設されなければならないからだというのである。たしかに、社会契約論を追究するのであれば、国家という形態をとるのが自然ではある。

では、こうした国際機関がカントの意図した仕組みなのであろうか。まず国際連合は、たしかにカントが構想した諸国間の連合という組織そのものといえるが、国際連合において最も権限が与えられている安全保障理事会の常任理事国には拒否権が与えられており、これはカントが目指した共和制とは状況を異にするものである。山室信一は、カントの「共和的」とは多数者は自らが少数者になりうることを想定し、少数者の意思をより多く反映させることで実質的に「平等」な意思決定を行う責務を負うことである。つまり、国連安保理における拒否権を持った常任理事国の存在は、カントが批判した連合内における優劣関係を内包したものに他ならず、共和的な同一性を組織原理としているわけではないことに注意すべきなのである。[16]

国際連合などがカント的組織であるといわれながらも、その実の姿は、カントが構想した組織であるどころか、しだいにその理想から離れていっている事態が顕在化しているのも、国際立憲主義が提起されるきっかけである。

## ハーバーマスのカント構想の受容と解釈——カント的立憲主義

こうした国際立憲主義の議論を先駆けて始めたのが、J・ハーバーマスであった。[17] 彼が国際立憲主義の議論を始め

(12) Martti Koskenniemi, "Constitutionalism as Mindset: Reflections on Kantian Themes About International Law and Globalization," *Theoretical Inquiries in Law*, vol. 8, no. 1, 2007, pp. 9-36.

(13) 世界市民法は国内法・国際法に次いでカントが挙げる第三の公法である。このように個人（市民）を主体とする法体制を構想する理由は、地上の諸人民すべてを包括し、まだなお友好的ではないとしても平和的である共同体という理性の理念は、博愛的（論理的）ではなく法的な一原理だからであるとカントは述べている（MS, VI, 352)。

(14) 最上、二〇〇七年、一二一一三ページ。

(15) たとえば、千葉、二〇〇九年、八四ページ以降。

(16) 山室信一『憲法9条の思想水脈』朝日出版社、二〇〇七年、七九―八一ページ。

(17) ハーバーマスはカントの議論の中に「理性の公共的使用」を見出し、ハーバーマス自身の市民的公共性の擁護を行っている。これ

たきっかけは、アメリカの単独行動主義によって、国際法の根本的な部分が根底から覆される危機が生じたことである。こうしたアメリカを中心とした武力攻撃に対するある種の抗議として現れたものであった[18]。

ハーバーマスはカントの平和論に対して、カントの時代と現代との状況のズレを指摘しつつ、カントの構想を現代に活かすための再定式化を図っている。その議論を概観していくと、次の通りである。ハーバーマスは、カントによる公共体がすべての市民的憲法政体一般にとっての永遠の規範であり、そしてすべての戦争を廃絶するものなのであるという言葉は（Brief, XI, 364）、戦争と平和を統制する国際法の規範、つまりカントの法平和主義が、世界市民的状態を、そしてそれによって戦争を廃絶するまではずっと、唯一拘束力を有するものであるべきであることを指し示しているという。

しかし、カントの恒久平和論において考えられていたのは、国家間や同盟間の地域的に限定された局地戦であり、世界大戦ではなく、民族紛争や内戦でもなく、ゲリラ戦や爆弾テロでもなかったとハーバーマスは指摘している[19]。たしかに、カントの『恒久平和のために』は、フランス革命後交わされたバーゼルの和約がきっかけであることはカント自身も明言している。カントが想定した戦争も、彼がいた二百年前に比べて多様化したことが背景にあろう。しかし、カントの戦争について、カントの中には戦争という犯罪、つまり戦争そのものが犯罪であるという考え方は存在しなかったというのがハーバーマスの指摘である。恒久平和は重要であるが、それは今のところ、もっぱら世界市民的状態の兆候でしかないというのがハーバーマスの認識である。

そして、カントは国家連合とすべての人々からなる国家とを細かく区別するようになっていったと、ハーバーマスは指摘している。それは、カントが構想した世界市民的なる状態は、個々の市民たちがより上位の権力の公的な強制法にしたがうように諸国家がしたがうのではなく、その独立性を保持するという点において、一国内における法状態から区別されるべきだからだというのが理由である。主権国家は存続し続けるのであり、国家としての特性を備えた世界共和国へとは吸収合併されない。これが、一つの世界共和国という積極的な理念が、戦争を防止するという消極的な代用品としての国家連合に取って代わったのである。この国家連合は、現在ではもはや社会契約モデルに基づいては考えられないような国際法上の契約という主権に基づく自発的行為から生まれるべきだとしているのが、カントの理論であると指摘している。というのは、社会の成員を結びつけて恒久的な同盟に、つまりつねに自由なアソシエーションにするだけだからである。それゆえ、カントのこの理論は、もっぱら恒久性だけが特徴であるという。

この理論構成をハーバーマスは明らかに矛盾であるとしている。それは、こうした結びつきの恒久性が、憲法のような法的な拘束力がないのにどうして保障されるというのかというのが理由である。カントがいう自発的なアソシエーションが、継続的なアソシエーションとなって恒常化するなど不可能ではないかとまで、ハーバーマスは指摘しているのである。もっとも、カント自身は問題を完全に把握しているのだが、それをたんなる理性へのアピールで隠蔽しており、諸国家の自己拘束の恒久性がどのようにして保障されるかについては説明していないのだという。

もっとも、すべての人からなる憲法政体による共同体というプロジェクトに対するカントの抑制的な態度は、歴史的に見れば確かに現実的であったとハーバーマスは認めている。しかも、国家主権を尊重しない政治体制への展望は、どのようなものでも非現実的であることは仕方のないことであろう。

---

については、後の節で触れることにする。

(18) この指摘は次を参考にした。最上、二〇〇七年、四―五ページ。または、Thomas Giegerich, "The *Is* and *Ought* of International Constitutionalism," in *German Law Journal*, 2009, Vol. 10, No. 1.

(19) Jürgen Habermas, "Kant's Idea of Perpetual Peace, with the Benefit of Two Hundred Years' Hindsight" in James Bohmanand Matthias Lutz-Bachmann eds., *Perpetual Peace : Eassays on Kant's Cosmopolitan Ideal*, MIT Press, 1997, p. 115.（紺野茂樹・田辺俊明・舟場保之訳『カントと永遠平和――世界市民という理念について』未來社、二〇〇六年、一一〇―一〇一ページ）。

その一方で、ハーバーマスは、歴史の展望は、一方ではカントが彼の理論に基づき終焉を迎えつつあった一八世紀に感知された諸条件の下で行っている仮定は、もはや適切ではないことを明らかにしているというのである。もう一方では、時代に即して再定式化された世界市民法構想には、現代の変化した諸条件を解釈する仕方次第で、それに見合う力の布置状況に遭遇する可能性が十分にあるはずだということをも物語っていると、指摘しているのである。

つまり、ハーバーマスはカントの理論が矛盾していると指摘しながらも、カントの理論が現代において価値を見出すことができる可能性を導き出そうとしているのである。しかしハーバーマスは、共和主義的統治に対してこのような疑問を投げかけている。ナショナリズムは臣民から自分の国との一体感を持つ能動的な市民への、望ましい手段ではあった。しかし、このことは民主的国民国家を、その先行物である王家による官治国家よりも平和志向にしたわけではなかったということである。国民的運動という点から見るならば、主権国家の古典的な自己主張によって獲得した性質は、自由と国民としての独立性でしかない。それゆえに、市民の共和主義的信条の真価は、民族と祖国のために戦って死ぬ覚悟において示されるべきとされたと指摘しているのである[20]。もっとも、こうした展開は、カントが生きていた時代では認識不可能であったとしている。

同時に、国内における民主的な状態によって、国家が他国に対して平和主義的に振る舞うよう促されるという見解は完全に間違いではないと、ハーバーマスは統計的・歴史的な理由から述べている。つまり、ハーバーマスは、カントの主張は直接的には間違っていたものの、間接的な仕方では正しいことが認められるという。カントは、当時高まりつつあった相互依存に、とりわけ貿易や通商の拡大に、彼が構想したすべての人々の平和裏の統合にとって望ましい可能性を見て取っていたとまとめている。これ自体はカントの構想の通りであろう。しかし、加速化された資本主義的産業化の進捗の中で、やがて高まっていく社会的緊張が、内政を階級闘争で悩ませ、外交政策を好戦的な帝国主義の道へと導くことになろうとは予測していなかったと指摘している。現代は、大国間の軍事紛争が非現実的なものになる代わりに、地域紛争において比較的多数の悲惨な犠牲者の数を築いているというのである。[21]

さらに、国家の枠組みを超える企業や、国際的に影響の大きい銀行といった、グローバルにネットワーク化された経済的手段、いい換えれば経済の脱国民化によって、一国に限られた政治は一般的な生産の条件に対する支配権を喪失してしまう。しかし、それと同時に、カントが自由な諸国家からなるアソシエーションを構想したとしても、その国家自身の独立性の基盤を剝奪してしまうと指摘している。[22]

そして、自由な国家連合からなる世界規模の共和主義的な公共体を形成するには、憲法の諸原理が必要であると、ハーバーマスは指摘する。この形成において、ハーバーマスはカントがこの公共圏の透明さを当てにしていたことも、現代においては状況が違っていると指摘している。電子メディアによって支配されたことで、こうした意味合いでの公共圏は衰退し、映像とヴァーチャル・リアリティによって占拠された公共圏の構造転換を、カントが予測することは不可能であったとしている。[23]

このようにハーバーマスは、カントが生きていた時代と、現在の状況とを比較し、カントの誤算ともいえる状況を説明している。そのため、カントの世界市民的状態という理念を再定式化しなければならないと述べているのである。カントの基礎概念で修正を加えなければならないのが、①国家の対外的な主権と国家間関係の従来とは異なる性格、②国家の内政上の主権と古典的なパワーポリティックスの規範的制約、③世界社会の階層化と危機への直面のグローバル化、この三つの問題点を挙げている。[24]

(20) Ibid., p. 120.（一一七ページ）。
(21) Ibid., pp. 121-122.（一一八－一一九ページ）。
(22) Ibid., p. 122.（一一九－一二〇ページ）。
(23) Ibid., p. 126.（一二二ページ）。

カントの国家主権を尊重する国家連合という概念には、すでにハーバーマスが一貫性が欠けていると指摘している。そのため、世界市民法は、個々の政府を拘束するような形で制度化されなければならないとしている。それによって、ついには国家間関係は法令や憲法に基づく体制になるというのである。[25]

さらに、カントが国家主権という障壁を乗り越えることは不可能であると見なしたため、世界市民的な統合を「世界市民の」ではなく、「諸国家の」連邦として構想したが、ハーバーマスはこれを矛盾であると指摘している。というのは、カントは法状態の起源を、人間である限りあらゆる人格に与えられるとしており、根源的な法権利を基礎づけているのである。そして、それはすべての近代的法秩序に譲渡しえない個人主義的な特徴を与えるのだが、そうなると国家公民の自律性をも、個人が属する国家の主権に媒介させてはならないことになるというのが、ハーバーマスの指摘である。本来世界市民法の主眼点は、国際法の主体である国家の頭越しに、自由で平等な世界市民のアソシエーションにおける、個々の主権国家に媒介されたものではない成員資格を基礎づけるものであったはずである。ここでハーバーマスは、C・シュミットを引用し、あらゆる個人は世界市民であると同時に国家市民であるということを見て取ったとしている。権限を規定するより高次の権力は世界連邦に割り当てられ、個々人はこの国際的な共同体に法的に直属する地位に就いている以上、個々の国家は、国際的な地位と国民的な地位という二役で登場する、特定の人々の有するたんなる権限へと転換するとしている。

他方で、世界機構は関係諸政府の同意を得ていないと介入しないというケースがある。つまり、世界人権宣言が遵守されるための強制力が存在しないことになる。[26] これが、グローバルな人権保護の弱点であるとハーバーマスは指摘している。国際法上は、世界機構は主権国家の内政問題には介入できないことになっている。しかし、湾岸戦争後、クルド難民問題に対して安全保障地域を創設するという名目で、イラクの領空上に飛行禁止地帯を設置したことが、国際行動における事実上の新しい一歩であったとしている。[27]

そして、国家間関係の性格変化と、主権国家の自由裁量の余地に規範的制限がかかるようになってきた今日のように、国際連合のような国家連合と世界市民状態についての基本理解が変わってきていることは部分的に認められるものの、それが文字通りの意味と実行の間には、依然として大きな隔たりが存在することである。そのため、ハーバーマスは今日のこの状態を、せいぜい国際法から世界市民法への過渡期として理解可能なだけであり、多くの兆候はナショナリズムへの退行を物語っていると指摘している。[28]

カントが構想した国家連合とは、自由な共和国によって構成されるアソシエーションを中心として、よりいっそう多くの国々が結晶するように思い描いていた。しかし、ハーバーマスは、今日の世界機構はほとんどすべての国家を、しかも共和主義的な憲法があるか否かを問わず、そして人権が尊重されているか否かを問わずに、傘下に統合しているという。[29]つまり、共和制であるというカントが恒久平和で必要とした要件は、さほど重要視されていないことになるのである。

そしてハーバーマスは、一九一七年以降、世界が第一世界、第二世界、第三世界と分裂し、この三つの分類が冷戦終結後は別の意味を持つようになっているという。冷戦後、第二世界であるポストコロニアル的国民国家がパワーポリティクスの遺産によって特徴付けられ、国家主権と内政不干渉に固執するようになっている。第三世界はソマリア

---

(24) Ibid., p. 127.（一二五ページ）。
(25) Ibid., pp. 127-128.（一二五－一二七ページ）。
(26) 世界人権宣言を国際条約化したのが国際人権規約であるが、それに実質的な拘束力があるのは疑わしい限りである。
(27) Habermas, 1997, pp. 128-130.（一二七－一二九ページ）。
(28) Ibid., pp. 128-130.（一三〇ページ）。
(29) Ibid., p. 131.（一三一ページ）。ハーバーマスはここで、世界市場のメカニズムにより階層化された世界社会内での各々の地位の相違も度外視されていることを指摘している。

のように国家としてのインフラや物理的強制力の独占がきわめてわずかしか形成されていない国か、ユーゴスラビアのようにかなり広範囲で崩壊してしまった国、そして社会的緊張が非常に激しく、政治文化の寛容の度合いがきわめて低い地域とに分類している。つまり、ある程度とはいえ、己の国民的利益を国連の世界市民的な要求のレベルにまでなんとか規定している規範的な観点と一致させるゆとりがあるのは、もっぱら第一世界の国々だけであると指摘しているのである。

それが、カントの考えとどう矛盾するのか。ハーバーマスは、こうした第一世界に属していることの指標を、R・クーパーの基準を基にいくつか提示し、経済や文化における非共時性と、政治における共時性が測定されるとしている。[30] こうしたことをカントの時代では無視していたし、すべての人々からなる共同体機構が実行し、同時に政策の中でも顧慮しなければならないような、現実の抽象化を見落としていたと、ハーバーマスは指摘している。国連の政策はこういう現実の抽象化を、全加盟国によって共有された平和的共存を同時期に頼みとせざるをえず、複数の社会の非共時性についての歴史的自覚、たとえば人権についての規範的合意、そしてその達成が努力されている平和状態の基本理解についての一致という三点がなければ、社会的緊張や経済的不均衡の克服は成功しないというのである。ハーバーマスは、カントは消極的な平和概念に甘んじることができたと指摘している。これは、戦争の勃発には社会的な原因があるという事情のせいであって、戦争遂行上の制限が取り払われたせいだけではないというのである。[31]

単に暴力を予防するだけではなく、複数の集団や民族が社会的緊張を緩和しつつ共生していくことを平和とするのなら、[32] 人道的介入も含め、軍事的な物理的強制力の使用に踏み切る前に、自力でやっていける経済や我慢できる程度の社会状況、民主的参加、法治国家であること、文化的寛容を促進することをめざして、公式には主権国家の専権領域である国内の状態に影響をおよぼすために、あらゆる手段を必要とするようになるのである。こうした民主化プロセスのための非暴力の介入戦略が当てにしているのは、グローバルネットワーク化がいつの日か、すべての国家をその環境に従属させ、間接的な影響力行使というソフトパワーに敏感にさせることなのであると指摘している。
そこで、こうした目標のためには、国連安全保障理事会が常に一つの目標を追求するような組織になること、短期間でその政府にもっぱら私利私欲のない政策だけを推進させるようにできる国家の政治文化、世界機構に最初に実際的な基盤をもたらしてくれる地域共同体の形成、グローバルな危険を察知した際ワールドワイドに協調行動を採るような穏やかな形の強制という、この四つの改変が必要であろうとハーバーマスは述べている。しかも、グローバル・イシューによって、世界はとうの昔から望まざるリスク共同体へとつなぎ合わされているという現実が存在しているのである(33)。

こうした実情をもとに、カントの平和理念の再定式化は、国連改革や、超国家的な訴訟能力を世界の様々な地域で普遍的に拡充しようとする動きにインスピレーションをもたらすのである(34)。この際に問題となるのは、人権の政治のための制度的枠組みの改善である。国連の機構・組織を考察しても、個々の国の憲法政体の機構のいくつかの部分を

---

（30） クーパーは、国内社会と国家間関係において、それぞれ次のような指標を提示している。国内では国境問題の重要性の喪失が進んでいることと、合法的に解き放たれた多元主義に対する寛容を挙げている。国家間交渉においては、内政と外交政策の融合の進展であり、リベラルな公共圏の圧力に対する敏感さであり、紛争解決の手段としての軍事力の否定と、国際関係の法制化、そして、安全保障の根拠と透明性と予測に対する信頼に置く、パートナーシップの嗜好性である（Cooper, R., "Gibt es eine neue Weltordnung?" *Europa-Archiv*, 18 (1993), SS. 509-516）。

（31） Habermas, 1997, pp. 132-133.（一三二―一三三ページ）。

（32） これについてハーバーマスは、ディーター・センガースとエヴァ・センガースの提唱に依拠している（D. and E. Senghaas, "Si vis pacem, par posem,"（もし平和を望むのなら、共に手を携えて追い求めよ）*Leviathan* (1990): 230-247）。

（33） Habermas, 1997, pp. 133-134.（一三四ページ）。

（34） ハーバーマスの解釈では、人権概念は道徳に由来するものではなく、権利という近代的な概念に特有の、すなわち法学的な概念性に特有の明示となる。つまり、人権は元々法学的な性《さが》のものであるという。それは、歴史的に著名な憲法の条文に、人権が生得的で

モデルにしているという点では困窮的である。しかし、カントを導いていた普遍主義は、基準を形成する直観であり続けているという。カントにとっての人権は、普遍的な道徳法則にしたがって、あらゆる他者の自由と共存可能な限りで、自由（他者の強制的な選択意志からの独立）とは、こういう唯一無二であって、根源的で、どんな人間にも、人間であることに基づいて、当然与えられるべきものである（Frieden, VIII, 345）。カントの著作では、人権は法論にしか馴染まないとハーバーマスは指摘しているが、一方で人権に道徳的な内実があるのは明らかであるとも述べている。そして、戦争や紛争が「善」「悪」に基づいて判定され、そうした判定に基づいて「正」「不正」という基準に基づき判決が下されるような人権原理主義[35]ともいえるような行動も、もっぱら国家間の自然状態を法状態へと世界市民法的に転換することによってのみ回避されると結論づけているのである。世界市民法は法治国家の理念の帰結だと述べているのである。[36]

結局のところ、ハーバーマスは、現在の世界情勢に如何にカントの思想が有用であるかを述べているのである。それが、国際立憲体制の構築、そして国連改革への動機として意義深いものであるという評価である。

### 人道的介入の正当化とカント

こうした国際立憲主義体制の構築を、ハーバーマスはカントの理論の再定式化という方法で提起している。しかし、それに伴って、ハーバーマスは一九九九年のコソボ紛争における北大西洋条約機構（ＮＡＴＯ）の、国連安全保障理事会決議なしでの空爆を、カントやＨ・ケルゼンの伝統につながる世界市民の権利を守るものであり、国連無視に違いはないが、コスモポリタニズムによる軍事行動である以上やむを得ないと発言し、多くの議論を巻き起こした。[37] のちに、かなりの誤爆を生んだ空爆という手段が適切ではないと、判断ミスだったことは認めたが、カント的世界市民的見地からの国際秩序への夢がかすかにこの爆撃行動に生きているということについては譲らなかったのである。[38]

この人道的介入の根拠としてカントの平和思想が引用されるのは、カントの定言命法が原因となっている。定言命法の詳細については後述するが、簡単にいうと、状況が何であれ、相手が誰であれ、隣人を愛さなければならないのならば、危険に曝されている人々の権利とそれを助けるための介入の義務があるというものである。(39) A・ウェントがいうところの「カント的安全保障共同体」の形成に成功したのがヨーロッパであり、これらの国々では政治上・外交上での軋轢や衝突が起こったとしても、「武力による威嚇が持ち出される恐れがない」という安心感を手に入れたのである。(40)

しかし、この人道的介入をカント的というが、人道的介入の概念そのものや、カントを持ち出して擁護する姿勢は、

---

あることをわざわざ儀式ばった形で明記されていることからも明白であると指摘する（Habermas, 1997, p. 137.（一三八―一三九ページ））。

(35) ハーバーマスは、この議論をC・シュミットへの反論の中で述べている。シュミットのような道徳批判的な論証は歴史上多くの災いをもたらしたのは明白であるとしている。また、シュミットは、道徳的に正当なアピールが原理主義的な傾向を帯びる危険に陥ってしまうのは、それが人権の適用と価値の承認のための法的手続の履行をめざすのではなく、それによって人権侵害が分類されるような解釈図式に直接に干渉してしまう場合や、必要とされる制裁の唯一無二の典拠となってしまう場合であると述べている（Klaus Günther, "Kampf gegendas Böse? Wider die ethische Aufrüstung der Kriminalpolitik," *Kritiche Justiche* 27 (1994), S. 144）これに対して、ハーバーマスは、人権の価値の承認とは道徳化を意味するはずだというのが誤った前提であると批判している。というのも、法典は道徳と違って善悪の基準に基づいて直接道徳的な評価を必要としないからである（Habermas, 1997, p. 145.（一五一ページ））。

(36) Habermas, 1997, p. 145.（一五〇―一五一ページ）。

(37) Zeit, 29. 4. 1999.

(38) これについては次を参照のこと。三島憲一『現代ドイツ』岩波新書、二〇〇六年、二一四ページ以降。

(39) これについては次を参考にした。押村高、二〇〇八年、一〇六ページ以降。

(40) Alexander Wendt, *Social Theory of International Politics*, Cambridge University Press, 1999.

カントの思想を正しく受け入れているものなのだろうか。そうはいえないだろう。まず、ハーバーマスは、カントの中には戦争という犯罪、つまり戦争そのものが犯罪であるという考え方は存在しなかったと述べたが、これは明らかに間違いである。カントは戦争の道徳的正当化はいかなるものであれ、普遍化不可能であるとして拒否する。(41) カントにとって戦争とは絶対悪であり、一切のよき事柄破壊者であり、どうにもならないものであり、それゆえ如何に厳密な戦時法(ius in bello)によっても治癒不能なものである。それこそ、われわれの内なる道徳的＝実践理性は戦争に対してこみ上げてくる拒否の言葉を語るのである。戦争はしてはならないと(MS, VI, 354, Brief, XI, 365)。

つまり、カント的義務が「人道的介入」ともっともらしく名付けられた軍事介入に利用されたということなのである。適切性の原則といえども、罪なき犠牲者をそこに含めてしまう限り、厳格な道徳的な立場からすると正当化できない。そして、これは防衛戦争においても同じことである。本来ならば、戦争による害悪が普遍的に受け入れられるものではないのは、火を見るよりも明らかなことである。間違っても、人道的介入とカントの普遍的な道徳法則とは合致しないことになるのである。

## むすびにかえて

この章では、制度設計者としての側面のカント、そして、それがどのように受容されてきたか、特にハーバーマスの事例を取り上げつつ概観してきた。しかし、こうした立憲体制が形成されていたとしても、それを構成する市民がカントの求める市民性を持ち合わせていなければならないだろう。これは、近年の市民性をめぐる議論でもあるのだが、カントの場合は世界市民としての自覚を持つ者でなければならないのである。(42) 世界平和を基礎づけるのが啓蒙である。(43) カントの恒久平和論は、特に社会科学での思想の面でこの傾向が強いが、制度論に終始してしまいがちであるが、先に述べた視点が抜けているのが、制度設計に引用されるカントの特徴である。これは同時に、こうした分野にとって都合のいいものであるともいえよう。

---

(41) Cf. Hauke Brunkhorst, "*Demokratischer Konstitutionalismus : Eine Kantianische Alternative zum gerechten Krieg.*" (三島憲一訳「デモクラシーによる立憲主義——正義の戦争を否定するカントの対案」、『思想』二〇〇六年四月号、岩波書店)。

(42) たとえば、千葉、二〇〇九年、八九ページ。

(43) 牧野英二『カントを読む　ポストモダニズム以降の批判哲学』岩波書店、二〇〇三年、一一五ページ。

# 第二章　啓蒙による自律した人間を求めるカント

カントは人間に対して、厳格な道徳法則とそれに則った課題に取り組むことを義務として課している。この義務の概念を倫理学の中心に据えた最初の哲学者がカントである。カントにとって道徳的善の遂行が義務ということになるが、この義務は人間の幸福や充足を促進するためではなく、もっぱらそれ自体のために遂行されなければならないものである。カントのこの道徳性は、キリスト教的倫理を確固たる背景としている(1)。

カントは定言命法（kategorischer Imperativ）という概念を導入している(2)。その定言命法とは、「汝の格率が普遍的法則となることを、その格率を通じて汝が同時に意欲することができるような、そうした格率に従ってのみ行為せよ」という、これを実行できる人間が存在するのだろうかと思えるほどかなり厳格なものである（GMS, IV, 421）。しかし、カントは人間の弱さというものも認めており、こうした行為が善いものだからといって直ちに行為するとは限らないというのである。なぜなら、人間がその行為を善いものだと知っているとは限らないし、仮に知っているとしても、その主観の格率が実践的原理に反したものであるかもしれないからである（GMS, IV, 414）。

こうしたカントの考えは、彼の人格に対する尊敬と深く結びついている。そして、その人格に対する尊敬には、人格の自由と自律への尊敬が含意されている。カントの道徳が要求していることとは、他人が自分自身の自由な行為を通して、自分自身の目的を自ら追求する際に、その目的追求に対して尊敬を払えということである。[3]
つまり、人間の自律は、カントの道徳法則において必要な概念であるといえる。カントの政治思想において、市民として重要な意味を持つ、自律の概念について見ていこう。

## 1　自律性とヘルドの「自律の原則」

カントにとっての自律には二つの意味がある。それは、定言命法による行動と、啓蒙されたことにより自らの悟性を使用するという意味である。これらは深く連関しているのだが、カントの市民像には、自分で考えることができる啓蒙された人間が前提になっているのは否めない。こうした点から、カントは市民としての自律を人間に課しているといえる。こうした市民の自律性は、近代における自由主義の系譜、たとえばJ・ロック以来の伝統である、教養と財産を持った、理性的であり自律している市民像を想起させる。もっとも、カントは財産については言及をしていないが、啓蒙された市民像ということから、自らの悟性を使用し、未成年状態（Unmündigkeit）から脱却することを目的としているのである。

こうした自律性の議論で注目したいのは、D・ヘルドの「自律の原則」である。ヘルドは自らのコスモポリタン・

（1）　ノーマンは一八世紀ドイツのプロテスタント主義が背景であると指摘している。Richard Norman, *The Moral Philosophers : An introduction to Ethics*, (*2nd Ed.*) Oxford University Press, 1998.（塚崎智・石崎嘉彦・樫則章監訳『道徳の哲学者たち――倫理学入門』ナカニシヤ出版、二〇〇一年、一一九ページ）。
（2）　定言命法については第三章にて詳しく論じている。
（3）　ノーマン、一五四ページ。

デモクラシー論の過程で、自由の信条についてカントが論評した内容を示しつつ、「自律の原則」という概念について論じている。そもそもヘルドのコスモポリタン・デモクラシー自体がカントの思想に依拠しているものであるが、彼のコスモポリタン・デモクラシーは、この自律の原則をグローバルなレベルで徹底化させようというものである。そのため、ここではヘルドのコスモポリタン・デモクラシーそのものではなく、その前提となる彼の自律の原則について、カントの思想の影響と問題点について検討する。

ヘルドの自律の原則とは、「人は、自らにとって入手可能な機会を創出し、またそれに限界を定める政治的枠組みを規定することにおいて平等な権利とそれに応じた平等な義務を享受しなければならない。つまり、人は、他者の権利を無効にするためにこの枠組みを利用しない限り、自らの条件を決定するにあたり自由かつ平等な存在でなければならない」というものである(4)。つまり、自由に平等な政治への積極的な参加を目標にしているといえる。これについては、カントが構想していたものに近いといっていいだろう。

それについては、カントは社交の場を重視しているのだが、ヘルドは理論的根拠をロールズから引用し、自律の原則は民主主義社会の公共的政治文化に埋め込まれた原理であるとしている。ここでいう「埋め込まれた」というのは、市民によって理解されたおり、西欧民主主義文化に内在していたものであり、民主主義文化の一部として発展し、構築されてきたものである。つまり、西欧民主主義の前提となる概念であり、民主主義において普遍性をもつ概念ともいえよう。

民主主義の可能性のために、ヘルドは人間の権利が、健康、社会的、文化的、市民的、経済的、平和的、政治的の領域を越えて結びつくような立憲的構造を挙げ、民主主義的な自律性の枠組みにおける各人の自由は、他人の自由に対する進歩的な妥協の自由でなければならないとしている(5)。したがって、民主主義的な政治的共同社会におけるすべての構成員は、自律性基盤の権利だけでなく、自律性基盤の義務、つまり、可能で必要ならばいかなる場合にでも、

他者を支援し、自律性の手段を与える義務を持つとしているのである。(6)

つまり、ヘルドの自律の原則には、積極的市民像が堅持されることになる。しかし、ヘルドの場合、自律の中には政治に参加しない自由も認められるべきだとして、政治的参加は必ずしも義務ではないのである。(7)

そもそも、自律性の観念は、能力の個人的行使が、不適切な政治的・社会的・経済的な制限から自由であるべきだということを意味する。そこで自律性とは、相互に能力を与えながら相互に制限しあう条件に依拠することになる。この考えの根拠には、少々長くなるが、カントの政治思想の嚆矢ともいえる次の言葉が影響している。

各人の自由が他人の自由と共存しうるようにさせる諸法則に従う最大の人間的憲法〔中略〕は、やはり少なくとも一つの必然的理念であって、国家憲法の最初の草案においてのみならず、すべての法律の際にもその根底に置かれなければならず、だからその場合には、最初に、おそらく人間の本性から不可避的に生ずるというより、むしろ立法の際真正の諸理念をゆるがせにすることから生ずる現在の障害は度外視されなければならない。なぜなら、下劣にもいわゆる矛盾した経験を引き合いに出すこと以上に、有害な、哲学者にふさわしくないことは、何ひとつとしてないからであり、そうした経験は、あのような憲法制度が時宜をえて諸理念にしたがって実現され、それらの諸理念に変わって粗野な諸概念が、これらの諸概念は経験からえられたのであるという、まさにこの理

(4) David Held, *Democracy and the Global Order : From the Modern State to Cosmopolitan Governance*, Polity Press, 1995, p. 147. (佐々木寛他訳『デモクラシーと世界秩序——地球市民の政治学』NTT出版、二〇〇二年、一七五ページ)。
(5) Ibid., pp. 176-188. (二〇六—二二〇ページ)。
(6) Ibid., p. 203. (二三三ページ)。
(7) Ibid., p. 211. (二四一ページ)。

由で、すべての善き意図を挫折せしめることがなければ、全然存在しなくなるはずのものだからである。立法と行政がこの理念と合致して整備されればされるほど、もちろん刑罰はますます減少するであろうし、したがって（プラトンが主張するように）、立法と行政が完備された時にはいかなる刑罰も全く不必要となるであろうということは、全く理にかなったことである。たとえこのようなことは決して実現されないとしても、この理念はそれでも全く正しく、この理念はこうした極限を原型としてかかげ、かくしてこの原型にしたがって人間の立法制度を能う限り最大の完全性にますます近づけてゆくのであろう。なぜなら、人類がそこで停止せざるをえない最高の程度がどのようなものであるのか、それゆえ、この理念とその遂行との間に必然的に残存する裂け目がどれほどの大きさであるのかということ、これは、誰ひとりとしてけっして規定することはできず、また規定すべきではないが、それはあらゆる指示された限界を超え出ることができるのが自由というものであるという、まさにこの理由からである（A316-317/B373-374)。

では、カントにとっての自律とはどのようなものか。詳細は第五章にて論じるが、カントの自律とは、自分の内面から規定されるものであり、他者から、そして（自分自身で規定するという意味での主観的に対するものとして）客観的に、規定されるものではないというものである。カントの自律の原則も道徳法則下におけるものであり、こうした道徳性を達成するには、人間の内面からでてくる尊い意志が必要であり、そのためには人間個人の自律が必要だということなのである。この自律に深く影響し、人間の行為を決める道徳的命法である定言命法は、「たとえ私が何か他のものをまったく欲しなくても、私は斯く斯く然々に行為すべきである」と告げるのである（GMS, IV, 441)。カントのいうところでは、一切の対象を捨象するのが定言命法であるが、これは自らが行為するものに左右されてはいけないということである。

カントとヘルドの「自律」の違いは、次のようにまとめられよう。ヘルドは人間の権利が主体になっていることからして政治的である。それに対して、カントの自律は人間に課している道徳法則が基礎となっているため、その道徳法則に従うための要素である意味合いが強いといえる。もっとも、カントも、法とは、ある人の選択意志と自由の普遍的法則に従って調和させられうるための諸条件の総体であるというのだから、自律と自由のために法が存在するというのは先に述べたとおりである（MS, VI, 229-230）。しかし、ヘルドの場合はどうしても制度論を中心にしている。これは、彼のコスモポリタン・デモクラシー論が、重層的な民主主義の制度を構築しようとしていることにも影響していると考えられる。つまり、新たな制度としてのコスモポリタン・デモクラシーを構築しようとし、その制度においてヘルドはカントを引用したといえる。その制度で守ろうとしたのは自律性なのだが、ヘルドの自律は、人間が自分で、自力で物事を考えられ、そして自らの運命を決定できるという意味だったわけである。これは先に述べた、カントの定言命法と似ているのだが、ヘルドにはカントとの対比において道徳的関心というよりも制度構築の面から議論しているのであり、道徳性の掘り下げは不十分なものにとどまっている。さらには、道徳性のみならず人間性における考察にも関心が払われていないといえよう。カントの哲学は人間学であるといっても過言ではないが、それをヘルドは政治制度の構想の面からのみ光を当てたといえるのではないだろうか。

## 2　地球市民の基礎として

こうした自律の原則、自律性の概念が、現代における地球市民の概念において適用されるとの議論がある。個人、主権国家、地域、世界全体といった複数の単位に構造化された地球市民社会という考えは、カントの思想が原点となっているという指摘は非常に多い。実際、国際連合や国際連盟の創設や、欧州連合にみる一連のヨーロッパ統合の動きは、いわばカント的希望を実現するための動きであるという見方が根強くある。

地球市民の概念はカントが最初というわけではない。古くはディオゲネスが、どこの国の者だと聞かれてコスモポリテースだと応えたことが最初だといわれている。また、ストア派にも世界市民の概念が散見される。[8]

そもそも、カントの世界市民思想は恒久平和の実現のための副産物であるといえよう。カントにとっては、自由を保障する国家連合によって恒久平和の実現を構想したのであり、その中に世界市民法が書かれているに過ぎない。それでもカントの思想が世界市民（地球市民）思想の嚆矢であるという考えは多く見られる。それは、国際立憲主義について言及した際に述べたが、世界市民の考えが現代において、普遍的人権とともに語られるからである。

また、これが現在の民主主義理論の限界を克服するためとして語られることもある。たとえば、ヘルドは政治共同体の内部における民主主義は、国際領域における民主主義を必要とするので、彼が主張するコスモポリタンな民主法によって補強し、支える必要があるとしている。[9] そのための制度を彼は提唱するのだが、こうした地球市民の概念がカントの恒久平和論に登場する世界市民を基礎として論じられているのである。しかし、これは必ずしもカントの世界市民法にとどまるものではなく、それをさらに発展させたものであることは、前に国際立憲主義の項目で述べたとおりである。つまり、現代の地球市民という概念は、カントの「世界市民」の「世界」が「地球」に代わり、今の国際政治の閉塞感を如何に打破するのかという文脈で使用されているというのが現実なのであろう。

もっとも、基本的に現代の地球市民という概念は、最終的には恒久平和を達成するという目的に通ずるものであり、それがカントの思想と反するものではないのは明らかである。また、市民的・道徳的にとてもハードルの高いものが要求されることにもなる。

地球市民の概念がカントに依拠しているのなら、当然カントが人間に課した啓蒙や道徳法則も求められることになる。では、カントの道徳とはどのようなものか。それは、定言命法に代表されるように、カントの道徳律は非常に厳格なものである。その道徳律、道徳法則は、アプリオリ（a priori）な、つまり経験則に必ずしも依拠しないものに基づいている。

しかし、カントはなぜこのような厳格な道徳法則や、義務（Pflicht）、啓蒙（Aufklärung）を人間に課しているのか。その背景として、善悪を併せ持つような人間の生々しさをカントが受けとめていたことが挙げられる。人間本性には悪へ転がり落ちてしまうような性癖が備わっているとカントはいう。悪に関して、「人間は（最も善い人間でも）悪であるのは、ただ彼が動機を自らの格率（Maxime）に採用する際に、その動機の道徳的秩序を転倒することにのみよる」のである（R, VI, 36）。

ここでの「転倒する」とは、人間は道徳法則を自愛の法則と共に格率のうちに採用するが、一方が他方と並んで存立することができず、一方がその最高条件としての他方に従属しなければならないということを認める。そのため人間は、むしろ道徳法則こそが自愛を満足させる最高の条件として随意の普遍的格率のうちに唯一の動機として採用されるべきであるのに、自愛の動機とその傾向性（Neigung）とを道徳法則遵守の条件としてしまうことである。

しかも、この悪は根源悪であり、根本的なものである。この性癖は自然的性癖であるので根本的なものである。したがって、人間の力によっては根絶できないものであるが、それでもこの性癖は自由に行為する存在者としての人間のうちに見出されるのであるから、これに打ち勝つことが可能でなければならないというのである（R, VI, 36）。

（8）カントは世界市民（Weltbürger）と表現した。

（9）これについてはいくつか議論が展開されているが、その中でも簡潔にまとまっているのが、David Held, "Cosmopolitan Democracy and the Global Order : A New Agenda," James Bohman and Matthias Lutz-Bachmann eds., *Perpetual Peace : Eassays on Kant's Cosmopolitan Ideal*, MIT Press, 1997.（田辺俊明訳「世界市民的民主主義とグローバル秩序——新たな課題」、紺野茂樹・田辺俊明・舟場保之訳『カントと永遠平和——世界市民という理念について』未來社、二〇〇六年）。

つまり、カントは人間本性には善の要素も悪の要素もあるという。つまり、人間の善いところも悪いところもすべてカントは認めているということである。事実、カントの哲学において、相反する主張が同時に成り立つか、それとも、どちらも成立せず、結局決着を付けられない状態のことをアンチノミー（二律背反）と呼んだ。実は、これは生身の人間にも当てはまることであり、その生々しい人間像をとらえつつ、いかにして道徳律が可能であるかを探求していったのがカントの哲学であるといえるのである。

カントの哲学の最終的な目標とは、啓蒙された市民ということになる。すなわち、それがカントの言葉でいうところの世界市民に他ならない。カントにとっての啓蒙については詳しくは第五章で論じるが、地球市民の基礎としてカントを引用するのならば、カントがそもそも人間をどのようにとらえていたかの視点が必要になるのではないか。それは、単純にコスモポリタニズムをカントが唱えたからというだけでは不十分である。地球市民になるためにはどのようなことが必要なのか、どのような課題をクリアしなければならないのか。そうしたカントの思いを読み取る必要がある。それのヒントになりそうなのが、次に採り上げるアーレントのカント受容である。

## 3　アーレントの『カント政治哲学講義録』における注視者と行為者

ハンナ・アーレントは『カント政治哲学講義録』（*Lectures on Kant's Political Philosophy*）において、彼女の晩年の精神生活に関する研究において、カントの『判断力批判』を中心に、独自の判断力理論を導き出そうとしている。[(10)] まず、彼女は『美と崇高の感情にかんする観察』（*Beobachtungen über das Gefühl des Schönen und Erhabenen*, 1764）（以下、『美と崇高』）を前提に、カントの『判断力批判』や政治哲学が自発的に書かれたものであり、カントにとっての判断力とは、美醜を決める趣味以上のものになったからではないかと述べ、『判断力批判』の政治哲学的意義を強調しているのである。[11] また、文化的なものと政治的なものは共に世界への配慮を含み、共に公共的世界への関心という点に収斂するというアーレントの考えに基づくものである。[12]

アーレントの判断力の考察において興味深いのは、構想力、範例的妥当性、注視者に関するそれぞれの議論であり、それらがカントの影響を受けたと考えられる点である。[13] 構想力は、批判的思考をして、自己自身をあらゆる人間の立場に置いてみることを可能にさせるものである。[14] これが正しい判断を導き出すために、範例的妥当性にも密接に関連している。その概念の使用が、注視者としてのまなざしに密接に関連しているといえる。[15] アーレントは、カントの歴史哲学の一般的視点ないし立場を占めるのは、世界市民である注視者（spectator）＝観客だという。[16]

ここで注目したいのは、アーレントのカント理解における注視者の概念である。そもそも、カントの理想とは、地

(10) アーレントのカント解釈の前提として特徴的なのは、カントの理性批判の営みをソクラテスと重ね合わせている点である。また、アーレントが人間の主体のあり方を、歴史の進歩という目的論的思想の支配に従う「人類」、悟性の自律や実践理性の自律の主体である「人間」、地上の存在者であり様々なレベルでの共同体のうちで生活する多様な意見を持った人間である「人々」という三つのレベルに分けている。こういった指摘は次を参照。牧野英二『カントを読む――ポストモダニズム以降の批判哲学』岩波書店、二〇〇三年、二四四－二四七ページ。

(11) Arendt, 1982, pp. 9-10.（二一－二三ページ）。

(12) たとえば、Hannah Arendt, (ed. A. Hunold) "Freedom and Politics," *Freedom and Selfdom: An Anthology of Western Thought* (Dortrecht: D. Reidel, 1961), p. 207; Hannah Arendt, "The Crisis in Culture," *Between Past and Future: Eight Exercises in political Thought*, enl. ed., Viking Press, pp. 219-220.（「文化の危機」、引田隆也・斉藤純一訳『過去と未来の間』みすず書房、一九九四年、二九六－二九八ページ）。

(13) 千葉眞『アーレントと現代』岩波書店、一九九六年、一七三ページ。

(14) Arendt, 1982, pp. 40-44.（七六－八一ページ）。

(15) この議論については次を参照。千葉、一九九六年、一七四－一七五ページ。

(16) Arendt, 1982, p. 58.（一〇九ページ）。

球上の諸民族の間にあまねく広まった共同生活体が、地球上の一つの場所で生じた法の侵害が、あらゆる場所で感じられるほどにまで発展することである。アーレントは、ピタゴラスの寓話を用いて、注視者＝観客と、行為者＝演技者（actor）との間に緊張関係を見出している。そして、判断力についての自らの議論を、文化的・政治的な現れを把握するのが注視者という概念を元に展開していく[17]。行為者＝演技者は、注視者＝観客の意見に依存しており、カントの言葉でいえば自律していないという。行為者＝演技者は将来の理性の声に従って演技＝行為するのではなく、注視者＝観客が自分に期待するであろうことに従って行為するのである。つまり、世界市民としての基準は注視者＝観客だということになる[18]。

しかし、カントの場合、こうした注視者が行為者という道徳法則を実践するものとして、つまり自分自身に法則を立てるという意味で立法権を行使する者となって、世界を目的に近づけていくことを課している。つまり、この注視者と行為者は、人間の役割として区別されても、それぞれの立場を規定するものではない。道徳哲学の文脈において、アーレントの精神生活への問いかけが、悪を防止しうる人間の内面的能力の探求という実践的目的をも併せ持っていたと考えるのならば、注視者の的確な判断に依拠しながら、今度は行為者として悪を防止し、悪に抵抗しうると同時に、創造的な公的空間を形成しうる自由な活動の模索が、枢要な課題として現れてくると考えられる[19]。

この注視者＝観客と、行為者＝演技者では、注視者の方が優位にあるとアーレントは分析している。一方で、カントが実践的とは道徳的であることを意味していることはアーレントも理解している。アーレントは、革命を「忘れ去られることがない現象」にした——別のいい方をすれば、世界史的な意義を持つ公共的な事件にした——のは、まさに注視者による共感であったというのがカントの見解であると理解している[20]。そういうわけで、フランス革命という特殊な出来事に相応しい公的領域を構成していたのは、行為者＝演技者たちではなく、喝采を送る注視者＝観客だったというのが、アーレントの理解である。さらに、アーレントは、人間のいない世界は砂漠であると確信するカントの考えから、ここで言う人間とは注視者＝観察者を意味するとしている。

しかし、アーレントの行為者と注視者という概念は、一人二役、つまりそれぞれの役割を同じ人間が担うということではないのだろうか。こうした印象を持つのは、そうでなければ、カントの考えと根本的に矛盾してしまうからである。カントは道徳法則下において、実践道徳を行うように課されているというのだが、注視者でもあり、その観察、反省、批判を保持しつつ行動する行為者でもあり、両者の結合したところから実践哲学が生まれる。それは必ずしも、一部の人間が注視者、もう一部が行為者の役割分担をするということではないが、両者の結合は、批判的な実践哲学の成立する必要十分条件といえよう[21]。

一方で、カントは代議制を認めているのも事実である。アーレントは、その文脈で注視者と行為者を論じていることになるのだろうか。アーレントはこのあと、カントの美的判断力批判に基づき、構想力と共通感覚の議論を展開していく。その際に、注視者については、外的感覚によって知覚したものを内的感覚の対象とすることによって、そして感覚的に与えられたものの多様性を集約し凝縮することによって「見る」ことができるとしている[22]。それが注視者の能力ということである。それが、それぞれの行為者＝演技者が自分の役割しか知らない、あるいは、演出の流れ（acting）の見通しに従って判断すべき時でさえ、全体の内の自分の役割に関わる部分について知らないのに対して、注視者＝観客の利点は、劇（play）を一つの全体として見ていることだという。この注視者による是認と否認の判断

(17) Beiner, p. 104.（一九九ページ）。
(18) Arendt, 1982, p. 55.（一〇三ページ）。
(19) 千葉、一九九六年、一八〇ページ。
(20) これについてアーレントは、カントの次の部分を参照している（Fak, VII, 88-89）。
(21) これが、カントの「理論と実践」、つまり世界市民としての市民性を表しているとも考えられる。これについては、第五章を参照。
(22) Arendt, 1982, p. 68-69.（一二七－一二八ページ）。

の尺度が、伝達可能性（communicability）あるいは公共＝公開性（publicness）であるとしている。そして、それを決定する基準が共通感覚（common sense, sensus communis）であるという。カントの『判断力批判』を参考にアーレントは、カント的な意味での共通感覚（common sense）とは、私的感覚（sensus privatus）から区別される共同体感覚（sensus communis）のこととしている。この共通感覚が人々の訴えに妥当性を与えるものであり、人は共同体の一員として判断を下すことになる。[23] これは、カントの人類としての普遍性、これをアーレントは統一された人類としているが、こうしたカントの考えと結びつくのは理解できる。

そこでアーレントは、人々が人間的であるのは、あらゆる単独の人の内に現前するこうした人類の理念によってであり、人々は、この理念がその判断力のみならず、活動の原理になっている度合いに応じて、文明化されている、あるいは人間的であると呼ばれうるという。これが、カントの普遍的な道徳法則ということになる。まさにこの点において、行為者と注視者が一体となるというのである。つまり、行為者の格率と注視者が世界の光景を判定する際に従う格率、基準が一つになるというのである。[24] 活動のための定言命法があるとするならば、「常に、この根源的契約がそれを通して一般的法則へと現実化されることが可能になるような格率に基づいて行為せよ」と、アーレントは述べている。[25]

アーレントは次のように結論づけている。

> 人は常に、自分の共同体感覚、自分の共通感覚に導かれながら、共同体の一員として判断します。しかし最終的な分析として、人は、人間であるという端的な事実によって、世界共同体の一員である、ということができます。これが人の「世界市民的なあり方 cosmopolitan existence」です。人が政治的な事柄に関して判断を下し、行為する時、人は自分が世界市民であり、したがって世界観察者（Weltbetrachter）であり、世界注視者でもあると

いう——現実ではなく——理論に基づいて自分の位置を見極めなければなりません。[26]

アーレントの『カント政治哲学講義録』からわかるのは、注視者と行為者の役割分担で、注視者として行為せよということになる。こうしたことから、アーレントにとっての行為者とは政治の舞台での役割を担う政治的エリートが、文字通り演技者（actor）ということになる。そして、それを見ている人民が注視者＝観客ということなのである。また、アーレント自身の政治哲学についてはこの論考では本旨から外れるので深くは言及しないが、彼女の判断論は、ベイナーも指摘しているとおり、当時は西洋の道徳と政治の一般的な危機が影響しており、判断においての伝統的基準にはもはや権威がなく、究極的な価値は拘束力を持たなくなり、政治的・道徳的な市民性の諸規範が急速にもろくなったことが背景にあるとしている。こうした状態で私たちが望みうるのは、理想的な判断共同体の内部での「判断の一致（agreement in judgments）」だからである。[27]

しかし、これはカントがヘレニズムと関連づけた最高善が、すでに無意味であるということになる。たしかに宗教の世俗化については近年議論されているところであるが、カントの道徳法則や自然観におけるキリスト教的性格を考慮していないのは、カントの道徳法則の根拠を否定し、それが土台となっているカントの政治哲学の否定にもつながる。というのも、カントの政治哲学には、後述するキリスト教的道徳観の影響が強いからである。その一方で、アー

（23） Ibid., p. 72.（一三三―一三四ページ）。
（24） アーレントはカントの以下の文からこの考えを導いている。「人間では誰でも、普遍的な伝達を顧慮することを、あたかも人間性そのものによって定められている根源的な契約から生じたものであるかのように、あらゆる人に期待し、要求する」（U, V, 297, §41）。
（25） Arendt, 1982, pp. 74-75.（一三八―一三九ページ）。
（26） Ibid., pp. 75-76.（一四〇ページ）。
（27） Beiner, pp. 113-114.（二一五ページ）。

レントも最高善は存在すると発言をしている[28]。さらに、アーレントは別のところで、カントの神学的な傾斜を指摘している[29]。つまり、アーレントによるカント解釈は、アーレントが置かれていた当時の政治状況と、精神生活と政治の世界との関連において活用しようとしたものだが、彼女とカントの間には架橋できない溝が横たわっていたといえる。

そうした問題はあるが、世界観察者としての市民は、カントにとっての世界市民になくてはならない必要条件である。そしてまた、現代の世界情勢を語る上でとても有用であるといえる。とくに、ある地域で起こった出来事がインターネットなどで世界中に配信・拡散され、それが世界観察者に十全に認識されることで行為者としての世界市民の活動を促し、国際世論の形成によって抑圧的な政治権力者の行動を抑えることもある。この意味では、アーレントのカント解釈は妥当であるといえよう[30]。

## 4　ロールズのカント受容

政治哲学を復権させたといわれるJ・ロールズはカントの影響を受けて、自らの正義論と政治的リベラリズムの議論を展開していったといわれている。これは、後述するように彼自身がカントの影響を受けていると明言していることもあるが、彼の議論の節々にカントの影響が見られることも事実である[31]。ロールズ自身も「カント的構成主義」という内容の論考を残している[32]。さらに、彼の哲学史講義においてもカントに多くのスペースが割かれている。しかも、ロールズは、カントについてはほとんど批判を行わずに、彼の努力は学生にカントの考え方を伝達しうるべく、彼の主張を理解しようと努めることに集中したと述べている[33]。

ロールズの主著の一つである『正義論』において、「結果としてもたらされた理論は、実際きわめてカント的なものとなった」と記している[34]。それはまた、次の文にも現れている。

私は、カントの見解（『恒久平和のために』）は正しく、世界政府は、グローバルな抑圧的専制か、諸々の異なる地域や文化がその政治的自律を獲得しようとして頻発する内乱によって引き裂かれたもろい帝国のいずれかであ

---

（28）Melvyn A. Hill ed., *Hannah Arendt: The Recovery of the Public World*, St. Martin's Press, 1979, pp. 311-315.

（29）Hannah Arendt, *The Life of the Mind*, Harcourt Brace & Company, 1971, p. 41.（佐藤和夫訳『精神の生活　上・下』岩波書店、一九九四年、上巻、四九ページ）。

（30）アーレントには、公平な注視者、観察者の立場に立って歴史を判定するという意味での、多元主義の思想が顕著である。それが、カントの「自然の意図」と「自然の歴史」という、全体性のカテゴリーに基づいて展開される歴史観を批判することになる。つまり、カントの道徳論は人間の尊厳や人格の絶対的な価値を強く主張したにもかかわらず、歴史の発展、歴史の目的、歴史の法則の必然性の主張には、歴史の進歩発展と歴史の目的を実現するために、個々の人間を「自然の意図」を実現するための道具と見なすような見解が潜んでいる。つまり、カントの歴史観は人間を道具主義化しているというのが、アーレントの批判でもあった。そして、これはカントの定言命法の精神とも矛盾することになる。しかし、カントが批判したのは、人間や人間性を目的とせず、たんに目的実現のための手段にすることが道徳に反する行為である。その理由は、人間が他者と共同生活を営み、政治空間のうちで行為する限り、目的実現ために自己と他者の身体や意志を手段として用いることは不可能だからである（牧野、二〇〇三年、二七八―二七九ページ）。

（31）T・マッカーシーは、ロールズがとっている理念戦略に焦点を絞り、「彼（ロールズ）の用語と論及の両方が示しているのは、彼がカントの戦略を意識的に修正して、理性の脱超越論化された理解にもっとうまく合わせようとしている」と指摘している。Thomas McCarthy, "On the Idea of a Reasonable Law of Peoples," in James Bohman, and Matthias Lutz-Bachmann edited *Perpetual Peace: Essays on Kant's Cosmopolitan Ideal*, p. 211,（トーマス・マッカーシー（田辺俊明訳）「道理的な万民の法という理念について」紺野茂樹・田辺俊明・舟場保之訳『カントと永遠平和――世界市民という理念について』未來社、二〇〇六年、二〇五ページ）。

（32）John Rawls, Barbara Herman, ed., *Lectures on the history of moral philosophy*, Harvard University Press, 2000.（坂部恵・久保田顕二・下野正俊・山根雄一郎訳『ロールズ哲学史講義（上・下）』みすず書房、二〇〇五年。

（33）Rawls, 2000, p. xvii.（二〇―二二ページ）。

（34）John Rawls, *Theory of Justice: Revised Edition*. Oxford University Press, 1999a, S. viii.（川本隆史・福間聡・神島裕子訳『正義論　改訂版』紀伊國屋書店、二〇一〇年、xxiページ）。

ろうと考えている。多分、正義に適った世界秩序は、それぞれの国民が、必ずしも民主的でなくても、諸々の基本的人権を完全に尊重している。[35]秩序だった程々の（国内）政治体制を保持している、そのような諸国民からなる社会と見るのが最もよいであろう。

しかし、これは一方で、彼は自身の正義の原理を、正義の多元性や個性を確保するために、国境を越えて適用しない方が無難だと考えているのである。これが、ロールズがアンチ・コスモポリタンであるといわれる所以でもあるが、それでも、ロールズによるカント解釈は、別のところではこのように述べられている。

まず、立憲民主体制に関するリベラルな政治的構想の社会契約論的な観念から出発し、次にそれを第二段階での第二の原初状態へと拡張する。そして、この第二の原初状態こそが、いわば、リベラルな諸国民衆の代表者たちが他のリベラルな諸国民衆との合意を行う場所となるのである。[36]

カントの政治思想はしばしば社会契約論の一つとして捉えられることがあるが、ロールズはカントの恒久平和論と平和連合をこのように解釈したのである。こうした合意は、あくまでも仮説的で非歴史的なものであり、いわば彼の「無知のヴェール」に覆われた原初状態で、それぞれの諸国民衆は対等で平等であり、この約束も公正であるということである。ここで指摘しておかなくてはならないことは、あくまでも国家に属する民衆という考え方であり、少なくとも国家から離れた市民を念頭に置いていることではないということである。つまり、個人ではなく国民だということである。

また、カントの定言命法がロールズの正義の第一原理であるとの指摘もある。[37]ロールズの正義の第一原理は、周知の通り自由の実現をめざすものであるが、自由の実現のために自由を制限するものである。しかし、ロールズの場合、われわれに道徳的拘束力を賦課するものの、実際にはそのように行為することを必ずしも期待してはいない。この点が、道徳法則に則って実践的活動を義務づけるカントと違うところである。

それでも、ロールズの格差原理には人間をたんなる手段と見なすのではなく目的と見なさなければならないという、カントの道徳哲学の投影が見られるとの指摘もある(38)。この影響は、ロールズの格差原理の動機でもある功利主義批判においても見受けられる(39)。しかし、ロールズのカント受容には疑問が残る。これまで見てきたとおり、個人よりも国民という形にこだわり、カントにある普遍性がそこには見られない。受容というよりは、ロールズなりの展開といった方が相応しい。

そこで再び問題になるのは、ロールズがカント哲学をどのように理解したのかである。N・タンピオは、ロールズのカント受容を啓蒙の議論を通して論じている。カントが啓蒙の標語として述べた「自分の悟性を使用する勇気を持て！」を、ロールズは彼自身が現代に特有の政治理論を構築した際に課題として位置づけており、カントの狙いを次のように表している(40)。まず、カントは、自律の観念にすべての人間を統整する機能を与える道徳理論を定式化したと

---

(35) John Rawls, *Justice as Fairness : A Restatement*, ed. Erin Kelly, Harvard University Press, 2001, p. 13.（田中成明・亀本洋・平井亮輔訳『公正としての正義　再説』岩波書店、二〇〇四年、二三ページ）。

(36) John Rawls, *The Law of Peoples : with "The Idea of Public Reason Revisited,"* Harvard University Press, 1999c.（中山竜一訳『万民の法』岩波書店、二〇〇六年、一三ページ）。

(37) 例えば次を参照。崔基成「ロールズの政治的正義論――「秩序ある社会」のための一構想をめぐって」、千葉眞・佐藤正志・飯島正蔵編『政治と倫理のあいだ――二一世紀の規範理論に向けて』昭和堂、二〇〇一年。

(38) 寺島利穂『政治哲学の復権――アレントからロールズまで』ミネルヴァ書房、一九九八年、二二九ページ。

(39) 同書、二三五ページ。

(40) John Rawls, *Political Liberalism*, Columbia University Press, 1996, pp. 99-101.

いうことである。第二に、これと関連して、カントは道徳哲学は本質的な自律を求めるべきと考えていること。第三に、カントは超越論的観念論を基礎として個人と社会の概念を定式化しているということ。第四に、カントは理性的信仰の擁護として純粋道徳哲学を示したということである(41)。

ロールズはここ二百年で実践哲学の問題が変化してきたと考えていた。そこで、ハーバーマス同様、カント哲学の再定式化を狙ったのである。タンピオは、先に触れた『ロールズ哲学史講義』の中に、カントにおける戦略の側面のいくつかがあることを強調している。まず、カントは「道徳についての当たり前で常識的な知識」の擁護に積極的に関与することである。カントの「道徳についての当たり前で常識的な知識」とは、私たちの浅はかな「何が正しくて何が間違っているか」についての認識であるという。カントはこれを、キリスト教的概念を背景に表しているのである。そして第二に、カントはこの「当たり前で常識的」なるものを擁護するのと同様に、再構築に関与しているということである(42)。

ここで、ロールズは「常識」というのを、カントと類似・相違する両方の方法から関連づけ、カントの「常識」についての関与をいくつかの方法で修正している。まず、ロールズは健全な常識の説明を最新のものにしている。今日において、健全な常識は宗教的なものというよりむしろ民主的なものであることから、ロールズは聖書やキリスト教の世界とは別のテキストや伝統から見出しているのである。ロールズはそれを民主的常識としている。これはロールズによれば、市民生活の自由を優先するのと、政治的自由の優先とに分けられる。そして、自らの正義論（公正としての正義）を民主主義への道具として自由と平等の適した公共の理解を定式化しようと企てている。

ロールズはまた、哲学は常識を批判すべきである点でもカントに同意している。しかし、ロールズがそう考える理由は、常識では収入や富、そして一般的な人生における善きことは道徳的価値によって分配されなければならないと考える傾向があるからだという(43)。これについてタンピオは、カントの『道徳形而上学原論』における快楽主義批判をたどっており、カントもロールズも、人間には、たとえ不道徳や不公平を願うとしても、自己の願望を正当化しようとする本質的な傾向があるとしている。しかし、ロールズは生まれつき持つ才能や、その後の成長過程に起こる偶然事についても道徳の観点からの裁量によるべきであると主張する。ロールズは、当時の自由主義と保守主義との論争の中で、民主主義的常識を強化し、保守的常識を弱めることを狙いとしていたのである。(44)

つまり、ロールズとカントとの相違点は、道徳哲学と常識との関係をどのように受け取っていたかであると、タンピオは指摘している。カントの場合、純粋道徳哲学の空間は常識の範囲を超越している。しかし、ロールズの場合は、このカントの道徳哲学における二元論を克服するのが目的である。ロールズは、実践哲学は常識の分析と哲学的概念の構築を往復しなければならないと考えている。(45)つまり、常識を掘り起こすのと、哲学的観念を考察するのとを交互に行うこととなのである。しかも、この二つを往復する果てしなさは、ロールズにとって、経験主義の枠組みにあるカント哲学が払わなくてはならない代償であるということなのである。

ロールズは、カント哲学の道徳哲学と政治哲学への大きな功績の一つが構成主義であるとしている。(46)ロールズによると、カント的構成主義から導かれるアイデアとは、構成の手続によって、人間特有の意思と正義の第一原理との間

(41) Nicholas Tampio, "Rawls and the Kantian Ethos," *Polity*. Volume 39, Number 1, January 2007, pp. 84-85.
(42) Tampio, p. 85.
(43) John Rawls, "Kantian Constructivism in Moral Theory," (1980) in Samuel Freeman Ed. *Collected Papers*, Harvard University Press, 1999b, p. 273.
(44) Tampio, p. 89.
(45) Rawls, 1999b, pp. 8-9.
(46) カントとロールズの構成主義については次を参考にした。福間聡『ロールズのカント的構成主義――理由の倫理学』勁草書房、二〇〇七年。

にふさわしいつながりを構築することであるという(47)。

さらに、カントの哲学における正しさとの優位性と道徳法則のアプリオリな対象として、目的の国という概念を理解するために、ロールズはまず、カントの道徳原理の構成には、六つの善の概念が配置されており、それらを区別する必要があると述べている。この一連の流れによって、カントが人間生活における条件下での純粋実践理性の受容をどのように構想したのかが理解できるというのである。そのロールズの善についての六つの理解は次の通りである(48)。

・無制約な経験的実践理性(49)。
・真の人間的欲求と呼ばれるものが充足されること。
・日常生活において許容される消極的目的、つまり、道徳法則によって設定された限界に違反しない目的であること。
・善意志、すなわち十分によい意志とは、人格と人格の理性的かつ合理的な性格の（完全ではないにせよ）至高の善さのことであるとするもの(50)。
・道徳法則の対象としての善である、目的の国という理想。
・目的の国が実現し、すべての民がそれぞれ善意志を持ち、生存する上での条件が許す限りにおいて幸福を達成した時に獲得される、完全な善。

これはいいかえると、実践理性がどのようにして目的の国の実現、つまりどのようにして最高善を達成するのか、その過程をまとめたものといえよう。しかし、この六つの理解においては、カントがあれほど重視した道徳法則への言及が少ない。ここが前述したカントとロールズの道徳法則に対する姿勢の違いであるといえよう。しかし、こうした姿勢の違いは、カントの再定式化ということでカントを継承するのではなく、自らの正義論のために利用していると受け取れるのである。ロールズによれば、カントの道徳原理は「価値（配分）の正常な状態が真に存在し構成されている」のを取り戻すことを熱望するというのである。(51) つまり、ロールズにとって、カントはすべての人々が権威があると思うことができるであろう、この世の包括的な道徳原理を構築しようとしていたというのである。(52)

　ロールズはカントと同じように、ある推論の手続を展開することによって正義の政治的概念の内容を構成している。この二人にとって、狙いは、すべての正しい推論の適切な判断基準が、できるかぎり一体化されて公開されているような手続上の申立を公式化することである。そして、正しい手続に正しく従うという結果に達し、唯一の間違いのない前提として信頼するのなら、判断は理性的で健全なものになることも狙いであった。

　一方で、ロールズとカントの構成主義での大きな違いは、「純粋」実践理性の評価に関係するとタンピオは指摘。カントは、まるで純粋理性批判は自然界と歴史的偶然性を超越する能力であるかのようにしばしば述べている。一方

---

（47）　Rawls, 1999b, p. 304.

（48）　John Rawls, *Lectures on the History of Moral Philosophy*, Barbara Herman ed., Cambridge : Harvard University Press, 2000, pp. 219-226.（坂部恵監訳、久保田顕二・下野正俊・山根雄一郎訳『ロールズ哲学史講義』東京、みすず書房、二〇〇五年、上巻三二一―三三〇ページ）。

（49）　真面目で合理的な行為者にとっては、幸福という概念を構想する上でも特定の格率を定式化する上でも、入手できる情報にはどんな制約もないということである。つまり、欲求、能力、状況、また考え得る代案といったことについて、関連するものはすべて既知と見なされるということである。

（50）　カントの言葉を借りれば、純粋な実践的な関心から成り立っており、それが義務に基づいて行為することに関心を持つよう、私たちを導くものであるとしている。

（51）　Rawls, 1996, p. 99.

（52）　Tampio, p. 92.

で、ロールズは当初超越論的観念論の原理より「道徳感情理論」の方が理にかなったものだと見なせると考えていたが、後に数多くの受け容れられる理性的であるとみなされる無難な方法があり、日々の発言への訴えが公的理性を進める上でただ最もよい方法であるという立場をさらに洗練させていくことになる。(53) つまり、ロールズはすべての市民が共有できるような、形而上学的ではない正義の概念を構築しようとしていたのである。(54)

公的理性という観念は、十分に秩序立てられた社会の市民が、各々の正義の政治的概念をお互いに正当化できる方法を認めることといえよう。この考えはカントの『啓蒙とは何か』(*Beantwortung der Frage: Was ist Aufklärung?* 1784) において再構築されたとタンピオは指摘している。カントは理性の公的使用 (der öffentliche Gebrauch seiner Vernunft) という表現をしているが、そのなかで「ある人が読者世界の全公衆を前にして学者として理性を使用すること」と定義している (WA, VIII, 37)。一方、ロールズは公的理性を「根本的な政治的問題が危険に曝されている時に、理性 [市民] の性質が適切にお互いに与えてよいものである」という立場である。(55) つまり、ロールズはカントの計画とは反対に、公的空間外の真実や正義の包括的な原則を得ようとしていた。それは、ロールズにとって公的理性とは、市民 (もっとも重要なのは公務員) がどのようにお互いの正義の政治的概念を公的に正当化できるのかに限界を見ていたからである。(56) そこでロールズは、どのように十分に秩序立てられた社会の市民が公共的正当化を受け容れられるのかをさらに考えるために、共通する意見の一致を導入している。カントは当時、理性による意見の一致や、彼の普遍的道徳原理の客観的かつ妥当な理性的存在者としての人間が果たすという希望を持っていたのであった。(57)

つまり、ロールズとカントの違いは、時代背景だけのものではなく、人間や道徳に対する信頼の強弱の違いという側面も見て取れるのである。さらに、ロールズの正義論は、カントの道徳原則や啓蒙による自由主義とも距離を感じざるを得ないことになる。(58)

それでもロールズは、カントのアイデアを新たに作り直したり、新しいものを作ったり、つまり再定式化をすることで、彼自身はカント主義者であることを主張している。さらにいうと、そうであると受け入れられている。これについてタンピオは、ロールズにとっては、カント的特性（精神）はわれわれを駆り立てて、カントが一八世紀に行った哲学的勇気をわれわれの時代に行おうとするものであったという。

これは、ロールズは、歴史的文献を研究する利点の一つとして、哲学的な問題の思考の枠組みからして、異なる特色を帯びうるのか、その枠組みによって形成されさえしうるのかを、私たちが理解できるようにすることで、今日の私たちが直面している問題を、比較対照を通して考察するように促してくれることだという。その意味で啓発的であるというのである。(59) つまり、ロールズは先人の哲学を明確にし、そして自分の理論を構築しようとしていたということになる。当然のことながら、そういった姿勢そのものは批判されるようなものではなく、普通に行われていることでもある。そして、ロールズはカントの哲学、特に道徳哲学を発展させようとしたのであろう。これについてタンピ

---

（53） Rawls, 1999b, p. 44.

（54） Tampio, p. 93.

（55） John Rawls, "The Idea of Public Reason Revised" in Samuel Freeman Ed. *Collected Papers*, Harvard University Press, 1999b, p. 574.

（56） Tampio, p. 99.

（57） Ibid. タンピオの原文では comprehensive moral doctrine と書かれているが、カントの日本語のテキストで一般的な「普遍的」という訳語を当てはめた。

（58） これについては例えば、カント研究者であるラリー・クラスノフ（Larry Krasnoff）やオノラ・オニール（Onora O'Neill）、アレン・ウッド（Allen W. Wood）などがいる。また、一般的なロールズ批判においても彼のカント受容はよく批判の対象にされている。例えばアラン・ブルーム（Allan Bloom）やマイケル・サンデル（Michael Sandel）、ボニー・ホニッグ（Bonnie Honig）である。

（59） Rawls, 2000, pp. 17-18.（四六ページ）。

オは、ロールズは、啓蒙を継承するものはカントの『道徳形而上学原論』と、潜在的には『公平としての正義』の書き直しをすべきであるという立場だというのである。(60)

しかし、こうなるとロールズのカント受容は、かなりの程度で自身の理論構築の素材として活用されているといえる。それゆえに、カントの道徳哲学を内在的に掘り下げる面がどうしても弱くならざるを得ないであろう。当然のことながら、ロールズもカントの人間性（Menschheit）に対しての考察を行っている。カントは人間それ自体の完全性、あるいは本来の人間性を目的の一つとしなければならない義務があるとしている（MS, VI, 387-388）。この義務には、本性的な能力を開発するという義務と、意志をもっとも純粋な徳の態度に発展させるという義務があり、私たちの人間性を現実のものにするということは、人間の文化的発展が表す私たちの道徳的な力と本来的能力の双方を現実のものとするということなのである。そして、自分自身の人格のうちにあるものにせよ、他人の人格のうちにあるにせよ、人間性を形成する能力を、けっしてたんに手段としてではなく、同時に目的としても扱うように、常に行動すべしということと定式化している。(61) ロールズはカントの人間性をこのように解釈できると結論づけている。これは、いわば定言命法の内容そのものといえるが、あくまでもカントの道徳法則下における人間性であって、カントが人間をどうとらえていたかまでには、ロールズの考察は及んでいないように思われる。換言すると、カントがなぜ定言命法を提示したか、その背景にある人間性が考慮されていないのではなかろうか。カントの哲学はそもそも人間そのものへの洞察であり、道徳哲学も人間に対する思考があってこそのものである。そのため、こうした道徳法則が必要である理由が人間性になければならない。ロールズの目的は、社会契約の伝統的理論を一般化し、抽象化の程度を高めることであり、しかもデモクラシーの精神と制度を兼備した社会の道徳的基盤を構築することであった。(62)

つまり、ロールズはカント哲学から制度設計の基盤をとしての理念を導き出そうとしたのであるが、タンピオが指摘したとおり、カントと違って人間の善意志を十全に評価し得ておらず、その理由を説明し得ていないといえよう。

## 5　義務を果たす者として――グローバル・エシックスの基礎として

前述したロールズは、カント主義者を自称しているものの、彼の正義論は国内にのみ適用されるものであり、国境を越えた正義というわけではない。つまり、ロールズの正義論は、結局のところはカントの「普遍的」概念や世界市民の観念と矛盾することになる。

一方で、近年はカントの世界市民思想がグローバル・エシックス（地球倫理）への基礎づけとして論じられることが多くなってきた。

グローバル・エシックスは、一九九三年に開催された世界宗教会議にていくつかの宣言が出され、その最後にグローバル・エシックスの原則が提示されたことに遡る(63)。ここでは、地球規模の危機に立ち向かうことのできる一つの倫理が、世界の宗教の教えの中に存在し、それがグローバル・エシックスの基礎とされた。そして、二〇〇一年のアメリカ同時多発テロ以降のアメリカの単独行動主義に抗する動きとして、カントのいう世界市民の見地から語られるだけでなく、その状況に応答しつつ対話を積み重ねることを通じて形成ないし、構築されるべき何らかのものであったといえる(64)。

---

（60）Tampio, p. 102.
（61）Rawls, 2000, p. 189.（二八三ページ）。
（62）Rawls, 1999a, p. xxi.（xxiページ）。
（63）Hans Küng, *Project Weltethos*, R. Piper GmbH & Co. KG, 1990.
（64）この経緯については次の文献に詳しく述べられており、多くを負っている。寺田俊郎「グローバル・エシックスとは何か」、寺田

このグローバル・エシックスの原則を提示した中で大きな役割を果たした一人が、スイスのカトリック神学者でありながらエキュメニストとしても見られるH・キュンクである。この中でキュンクは、「世界倫理なくして生存なし」、「宗教間の平和なくして世界平和なし」、「宗教間の対話なくて宗教間の平和なし」の三つを基本精神として、宗教学者としてグローバル・エシックスの基盤を構想した。もっとも、彼は宗教間の平和を世界倫理において重要視したため、カントについての言及はわずかにとどまっている(65)。しかし、キュンクが最終的に結論づけたのは「真に人間的であること」であり、人間性が最終的な基準となるということである(66)。つまり、グローバル・エシックスが求めるのは人間らしさの追求といえよう。この点においては、カントの人間に対するまなざしや、個人としての人間への尊厳を求めた考えと一致するところではある。

しかし、これに対して考えられる批判として、宗教をグローバル・エシックスの基礎とすると、他の宗教を尊重することやジェンダーの問題などの実践的困難がつきまとうことが挙げられる(67)。宗教の前向きな役割を低く評価してはならないが、後ろ向きの面、しばしばいわれる原理主義的側面からの排他主義的な姿勢にも敏感でなければならないのである(68)。

そして、グローバル・エシックスの可能性をグローバルな市民社会に求める動きもある。いわゆる下からのグローバリゼーションという理論を、カントの恒久平和論にルーツを持つ世界市民主義の伝統に連なるものという位置づけである。しかし、こうした伝統に共感しつつも、この論者たちは内側からの批判的検討を試みている。グローバルな市民社会はカント的な世界市民社会から生じたものだが、「世界国家」や「国家連合」という政治的次元のみで成立するものではない。やはり、倫理的次元における視点も重要であろう。そのため、政治的次元と倫理的次元とを区別することが肝要であるという(69)。そのために、グローバルな市民社会を理解するための理論的枠組みが必要になる。そうなると、市民社会は本来的に倫理的な空間である必要がある(70)。

つまり、グローバル・エシックスは、グローバルな市民社会が成立するための基盤である。寺田は、グローバル・エシックスを暫定的と断りつつも「様々な社会的相互作用が国民国家の枠を越えて地球規模で活性化した時代において、正義にかなった世界のあり方を規定すべき規範、およびその規範を明らかにしその根拠を批判的に問う哲学的探求」であると定式化している。(71) しかし、キュンクが提唱するような諸宗教の教えから共通価値を析出するのはできないとも判断している。(72) その理由は、宗教を前提としなければならない倫理は、結局すでに特定の宗教にコミットしている人々しか受けられないものになり、グローバル・エシックスの可能性を狭めることはあっても広めることはないだろうからである。そして、キュンクが提示するグローバル・エシックスの内容は非宗教的な倫理規範とほとんど異なるところはない。これは、先に見たように人間性を重視していることからも明らかであろう。しかし、それならば

---

俊郎・舟場保之編『グローバル・エシックスを考える』梓出版社、二〇〇八年、五－三〇ページ。
(65) 実際、キュンクの著作において言及されているカントの著作は、『道徳形而上学原論』と『実践理性批判』にとどまっている。
(66) Küng, S. 48.
(67) 例えば、*The UN and the World's Religions : Prospects for a Global Ethic*, Boston Research Center for the 21st Century, 1995, p. 15. こうした批判に対しては、キュンクも宗教間の平和を求めたことから、それを考慮していることは明白であろう。一方で、カントの哲学を前提とするのならば、普遍的な人間という観念で克服できると思われるが、カントはキリスト教をもっとも理想的な宗教であると評価しているため、(当時としては仕方ないところではあるが) 宗教を基礎とするには他宗教を無視しなければならないことになってしまう。カントの道徳がキリスト教を前提としていると考えられる以上、彼の思想を現代に実践するとなると、同じ問題が生じる可能性がある。どちらに重点を置くのかによって、カントの哲学は有効性を持つか、あっさり限界を迎えてしまうかになる。
(68) Ibid., pp. 17-20.
(69) J. Eade & D. O'Byrne Ed., *Global Ethics and Civil Society*, Ashgate Publishing, 2005.
(70) Ibid., p. 4.
(71) 寺田、二〇〇八年、一三ページ。
(72) 当然ながら、寺田はキュンクの業績を否定しているわけではない。

宗教に基盤を置く必要がなく、グローバル・エシックスの動機が宗教以外にあってもいいということになる。そのため、寺田はグローバルな市民社会の倫理としてグローバル・エシックスを構想する道を取るべきだと主張する。市民社会が様々に展開していく過程で様々な個別的・具体的な問題に取り組み、公共的な対話と思考とを重ねることを通じて規範が形成・創造されていき、そこで必然的に倫理的・哲学的問いに答えるための助力となり、規範の形成・創造を促すのもグローバル・エシックスだという。こうしたダイナミックな哲学的探求の営みとしてグローバル・エシックスを構想することを提案している。

しかし、その構想のために哲学的・思想的資源に採用されるであろう西洋思想は、ヘブライズムの影響を受けているのはいうまでもないことである。グローバル・エシックスがカント哲学の影響を受けているのなら、ヘブライズム、特にキリスト教の影響を無視することはできない。アメリカ同時多発テロ以降しばしばいわれている宗教間の対立を見ると、宗教に所属することが地球全体の基盤を形成することは難しいように見える。しかし、宗教を前提としないで、グローバル・エシックスでコンセンサスを取ることができるのだろうか。キュンクは諸宗教の融和という意味でのエキュメニカルな構想を提唱した。それは宗教を前提としない基盤作りよりも遠回りだろうが、強固なものを形成する可能性も秘めているのではなかろうか。なにより、宗教にはナショナリズムを相対化する効果もある。

結局のところ、カント哲学の系譜でグローバル・エシックスを構想するのなら、宗教的観点を欠くわけにはいかない。これは、カントの思想の根底にはキリスト教的概念が存在しているからである。現在において繰り広げられるグローバル・エシックスをめぐる議論で、西洋哲学の伝統に依拠して議論が行われるのは国内外を問わない。しかし、これはカントに対する議論でなくても、西洋哲学の基礎にヘブライズムがある以上、グローバル・エシックス議論において宗教的観念が欠けているのは問題ではなかろうか。もちろん、前述したとおり、宗教間の対立がグローバル・エシックスの構築を困難にさせているのも事実である。それでも、宗教を基礎としたグローバル・エシックスの方が、構築されたときにより強固なものになるのではなかろうか。

これに関連して注目すべきは、このあと詳しく述べることだが、カントはキリスト教を道徳的宗教として、他の宗教よりも高く評価している。つまり、宗教によって道徳法則を支えることを彼は考えていたのではなかろうか。様々な倫理観の基礎にそれぞれの宗教が影響しているのは、いまさらいうまでもない。もっとも、カントはキリスト教を高く評価しているため、それが現代の宗教対立と同列に語られる可能性もある。だが、カントが考えたキリスト教は、他と争うような信仰ではないことは明らかであろう。そして、宗教がナショナリズムを相対化する機能を持っていることも否定できない。グローバル・エシックスには、それ自体が持つ包括性と共に、文化の多様性をも視野に入れなければならない。宗教の影響を軽んじるグローバル・エシックスは、その根拠をも弱めてしまう可能性を考える必要があろう(73)。

## むすびにかえて

この章ではカント思想におけるメタ理論の一つである、人間そのものに視点をおいた道徳学・形而上学としての側面を中心に見てきた。それは、恒久平和のためには啓蒙による自律した人間が必要だということである。この過程で、ヘルドやアーレント、ロールズといった論者がどのようにカントを論じてきたかを見てきた。しかし、こうした現代政治思想の大物たちも、各々の主張・議論に合うように、いわばかなりの自由度を持ってカントを引用した側面が強

(73) 他にグローバル・エシックスについての論者としては、R・シャプコットが挙げられよう。しかし、彼もカントに言及した主張を展開しているが、宗教的背景までは議論をしておらず、道徳論や制度論にとどまっている(Richard Shapcott, *International Ethics : A Critical Introduction*, Polity, 2010.〔松井康浩・白川俊介・千知岩正継訳『国際倫理学』岩波書店、二〇一二年〕)。

い。これは、彼らが自らの理論やモデルを形成していく際にカントに依拠したということであり、一概に否定できるものではない。そしてまた、前章のハーバーマスもそうであるが、こうした大物がカントを取り上げることが、カントの評価につながっていることも否定できない。しかし、こうした理論家たちからカントを理解しようとしても、当然のことながら彼らのめがね越しに、つまりフィルターを通してしまうので、厳密にカントに内在した認識は期待しにくく、カントの真意とは離れたカント像が一人歩きしているのがリスクであるともいえ、また現状でもあるといえよう。

# 第三章　キリスト教哲学者としてのカント

## 1　宗教哲学との兼ね合いで

カントの世界市民構想、並びに恒久平和論の根底に見えてくるのは、自然の意図によって物事が進んでいくという世界観である。その自然の意図というのは、キリスト教に基づく摂理（Vorsehung）に基づいていると分析できる。

ここでいう摂理とは、神が自身の被造物を、これから到達しなければならない究極の完成に向かって導く計らいのことである。(1)実際、カントの歴史哲学には、摂理に依拠する箇所が多く見受けられ、キリスト教を自然的宗教として位置づけていると受け取られる。(2)

(1)　例えば、日本カトリック司教協議会教理委員会著・監修・訳『カトリック教会のカテキズム』カトリック中央協議会、二〇〇二年、九四ページ。

(2)　これは、カントの形而上学においても重要であると言える。カントの「物自体」という概念は、存在してはいるが現象はしないで、現象を引き起こすものである。

カントにとって道徳としての自然的宗教は、最終目的に対して結果を創り出せるものの概念、つまり道徳的な世界創始者としての神の概念に結びつくと、この働きかけを誰にでも義務として期待できるほどなのであると述べている。すなわち万人への妥当性（universitas vel omonitudo distributiva）、つまり普遍的合意と理解されるかぎりでの普遍性への的確性を満たしているというのである（R, VI, 157）。さらに、すべての義務を普遍的規則と、特殊な規則のかたちで、次のように総括している。

（一）（人間たちの内的ならびに外的な道徳的関係を内包するような）普遍的規則は、義務への直接的な尊重の念以外の動機から義務をなしてはならないこと、すなわち何にもまして神を（つまりあらゆる義務の立法者を）愛しなさいということに他ならない。（二）特殊な規則とは、普遍的な義務として他人への外的な関係にかかわるものに他ならず、相手が誰であれ、あなた自身を愛するように愛しなさいということである。つまり、直接相手の幸せを願う気持ちから他人の幸せを促進しなさいということであり、利己的な動機から他人の幸せを導き出して、それをしてはならないということである（R, VI, 160–161）。

これをカントは新約聖書の「マタイによる福音書」の黄金律（七章一二節）――「だから、人にしてもらいたいと思うことは何でも、あなたがたも人にしなさい。これこそ律法と預言者である」――から導き出している。また、この考えはカントがいう「理性の公的使用」につながる考えである。そして、そのままカントの定言命法にもつながる。さらに、これらの命令は徳の法則であるばかりではなく、聖性を指し示す準則でもあり、この準則について努力するだけでも徳と呼ばれるのだとしている（R, VI, 161）。また、道徳的振る舞いに対して人間が報酬を求めるのは自然であるとし、その報酬は来世であるとしながらも、キリストはそれを行為の動機とするようにといったのではなく、むしろそれを（人類を導くうえでの神の慈愛と知恵の完成という、魂を崇高にするような表象として）人間の使命全体を判定する理性に対する客体とするようにだけ、つまりこの上なく純粋な崇敬とこの上なく大きな道徳的満足との客体とするようにだけ、これを通していわれたというのである。カントにとっては、こうしたキリスト教こそ完全な宗教であって、これは自分の理性により理解できるようにと、また確信できるようにと万人に供せられうるものである（R, VI, 162）。

つまり、カントはキリスト教がこうした普遍性を持った道徳であると判断しており、彼にとってキリスト教の教えに則ることに大きな疑問はないということになる。したがって、これだけ評価しているキリスト教の道徳観が、カントの道徳観に影響を与えていると考えるのは必然といえよう。事実、カントは、最高善は神の現存という条件下でのみ生じるのであって、神の存在することが義務と不可分に結びついているのであり、神の現存を想定することは道徳的に必然であると述べている（P, V, 125）。さらには、キリスト教の教えは最高善の（神の国の）概念を与えるのであって、この概念のみが実践理性の最も厳格な要求を満足させるのだとも述べている。道徳法則は、仮借がないという意味ではあるが神聖なものであって、道徳の神聖性を要求するのである（P, V, 127–128）。

さらに、キリスト教の啓示論では、啓示された諸命題への無制約な信仰からはじめて、学識的認識をその後に続かせ、これをいわば殿《しんがり》に襲いかかってくる敵への、たんなる備えにするといったことはできないとカントは述べている。というのも、このようなことをすれば、キリスト教は命じられた信仰《フィデス・インペラータ》どころか奴隷的信仰《フィデス・セルウィ》にさえなってしまうからである。したがって、キリスト教信仰はつねに、少なくとも歴史的に自由な信仰（historice elicita）として教えられなければならなかったというのである（R, VI, 164）。

つまり、これまでで述べたような自律した人間をカントが求めることや、理想の社会を形成していくプロセスに、キリスト教の影響をみて取ることができる。また、前述したとおり、カントは形而上学と道徳と宗教とを人間学としてまとめているが、最初の三者は並列関係にあるのではなくて発展的関係にあるのだから、人間学の中心は宗教であるといっても失当ではないだろうという意見もある。[3] いわば、カントの思想はキリスト教的観念の影響を受けており、こうした宗教哲学の要素が彼の政治思想の基礎になっていることを考慮しなければ、「恒久平和」や「啓蒙」といった政治思想も理解できないのである。

カントにとっての宗教とは、人間が道徳的に生きることを前提とし、その上に築かれる宗教である。[4] カントは宗教を次のように定義している。

> 宗教とは（主観的に見ると）私たちの義務のすべてを神の命令として認識することである（R, VI, 153）。[5]

つまり、宗教とはわれわれに課された「一切の義務」を「神の命令」として認めることである。[6] カントはその中でもキリスト教を道徳的宗教として高く評価している。その理由は、人間は誰でもより良い人間になるためには自らの力のうちにある限りを尽くさなければならず、善への根源的素質をより良い人間になるために利用した場合にのみ、自らの能力のうちにないものがいっそう高次の協力によって補足されるであろうと希望することができることをカントは原則としているのだが、その条件を満たしているのがキリスト教だというのである（R, VI, 51f）。[7] 実際、『たんなる理性の限界内の宗教』（*Die Religion innerhalb der Grenzen der bloßen Vernunft*, 1793）（以下『宗教論』）という仕事によってカントを導いたのは、良心を確保することとキリスト教に対する尊敬とであった。その際、良心の確保とキリスト教に対する尊敬に加えて、然るべき公明正大さの原則、すなわち何事も秘密にせず、彼が如何にしてキリスト教と最も純粋な実践理性との可能な合一を洞察したと信じたかをあからさまに述べるという原則が、彼自身を導いてきたと述べている（Brief, XI, 429）。つまり、カントの宗教論の企ては、実践理性とキリスト教の合致なのである。これは、いい換えればカントの「人間とはなんであるか」という問いは「神とはなんであるか」という問題と深く結びついていることにつながるといえよう。そして、カントはそれを希望の問題として扱うのである。[8]

さらに、カントは宗教を二つに区別している。それは、「恩恵を求める（単なる祭祀の）宗教」か、それとも「道徳的宗教」すなわち善き行状の宗教かである。恩恵を求める宗教は、人間はより善い人間になることを特に必要としなくても、（その人の罪責の赦免によって）神がきっと彼を永遠に幸福にしてくれるであろうと都合よく思っているか、もしくは神はきっとその人をより善い人間になすことができ、その際彼自身はそれを乞うこと以上に何もする必

---

（3）たとえば、量義治『宗教哲学入門』講談社学術文庫、二〇〇八年、二二一ページ。さらに量は、ピヒトの「カント哲学は、全体として宗教哲学以外のなにものでもない」（Georg Picht, *Kants Religionsphilosophie*, S. I.）という解釈も、あながち牽強付会とはいえないであろうとしている。

（4）宇都宮芳明『カントと神』岩波書店、一九九八年、二五九ページ。

（5）この定義によってカントは、宗教一般に対する間違った解釈のいくつかが予防されるという。そのうちの一つは、宗教は神に直接関係づけられるような特殊な義務の総括であるという間違った考えである。これによって、倫理的＝市民的な人間的義務（つまり人間の人間に対する義務）以外に、宮仕えのように神への礼拝を機械的・儀礼的に行わないように、そして人間的義務の不足分を宮仕えで償おうとしないように、予防できるというのである。

（6）宇都宮、一九九八年、二六〇ページ。これについては、カントの『実践理性批判』（P, V, 129）や『判断力批判』（U, V, 481. Anmerkung）にて道徳から最高善を経て宗教に至る連関を示している。

（7）または、次も参照。宇都宮、一九九八年、二六〇ページ。

（8）量、二〇〇八年、六ー七ページ。これはこの後（第四章）で詳しく述べるので、ここでは簡潔に説明しておく。カントの道徳論では、人間は目的そのものであり、手段として利用してはならず、しかも道徳法則の主体なのである。さらに、道徳法則は神の命令として従うものである。したがって、人間自体が神聖であるものの主体だということになる。しかし、こうした道徳論を達成するには、それだけの成長の余地が人間になければならない。カントは人間は生来的に悪であると言うが、一方で人間の本性は最高善に向かって努力するように規定されているというのである。さらに、こうした道徳的な誠実さが、神の命令に従うように行為する人間への希望となっているのである。

要がないと、やはり都合よく思ってしまうものであるという。一方、道徳的宗教は、人間は誰でもより善い人間になるためには自らの力のうちにある限りを尽くさなければならず、善への根源的素質をより善い人間になるために利用した場合にのみ、自らの能力にないものがいっそう高次の協力によって補足されるであろうと希望することができることを原則とするというのである。それもまた、キリスト教だけが道徳的宗教であるのではないかとカントが判断する材料の一つでもある（R, VI, 51f）[9]。

また、カントは「自律か神の信仰か」という二者択一を誤りであるとし、義務の意識と神の信念とを結合させるために宗教的体験に本質を置いたのである。これは道徳とキリスト教が一致することを意味し、カントの自律の概念がキリスト教と両立することを意味する。そこで、この両者を媒介するものが最高善であり、両者の完全なる一致は自由（道徳）と自然との両界に等しく住民として生存する人間本性上必然的なる要求である[10]。

しかし、古代から現在に至るまで、人間本性の内には根源悪が潜んでいるという考えが伝統的に存在するのは周知の通りである。カントもこの立場であるが、この人間本性に内在する根源悪について、彼が述べるのは趣を異にする。

人間が生来善であるとか生来悪であるというとき、それはおよそ、よい格率を採用するか、悪い（法則に反する）格率を採用するかの（私たちには究めがたい）最初の根拠を含むのは人間であり、しかも人間であるかぎり普遍的にそうであって、したがって人間は、格率によって同時に自分の類の性格を表現しているほどであるという意味である（R, VI, 21）。

つまり、元々人間には善と悪の両面性があり、そのどちらの行動を取るのかは、その人次第ということになるのである[11]。善や悪というものは、本来は行為に関わるのであり、個人の感覚状態に関わるのではないものである。したがって、善き人間、悪しき人間としての行為する人格そのものでしかなく、善もしくは悪とよばれることがあるような事象ではないとしているのである(P, V, 60)[12]。しかし、この判断も選択意志の自由によるものであるが、理性の判断においては道徳法則だけが動機なのであり、この法則を格率とする人が道徳的に善であるとしている(R, VI, 24)。

また、このカントの根源悪は、キリスト教で説かれるいわゆる「原罪」の解釈であることはいうまでもない[13]。そうしたことからも、カントの思想を分析するにおいてキリスト教の影響は考慮すべきものであり、それはカントの多岐にわたる分野の思想においても当然のことなのである。また、カントは、道徳が宗教にいたるのは避けられず、道徳は宗教により人間以外の力を持った道徳的立法者という理念にまで拡大されるというのである(R, VI, 6)。したがって、カントの道徳観もキリスト教的価値観に則った考えであるといえるのである。神への真の(道徳的)奉仕は心情の奉仕であり、もっぱら神のためだけに定められた行為にあるはずがないとカントはいう(R, VI, 192)。聖書に、「義の実は、平和を造り出す人たちによって、平和のうちに撒かれるものである[14]」という言葉がある。このように、カン

(9) この論拠として、カントは「マタイによる福音書」七章二一節の「わたしに向かって『主よ、主よ』言う者がみな天の国に入るわけではない。わたしの天の父の御心を行う者だけが入るのである」という一節を好んで引用している。
(10) たとえば、波多野精一『宗教哲学序論・宗教哲学』岩波文庫、二〇一二年、一一八ページ。
(11) これには、次のように新約聖書の影響を見ることができよう。「わたしは、自分の内には、つまりわたしの肉には善が住んでいないことを知っています。善をなそうという意志はありますが、それを実行できないからです。わたしは自分の望む善は行わず、望まない悪を行っている。もし、わたしが望まないことをしているとすれば、それをしているのは、もはやわたしではなく、わたしの中に住んでいる罪なのです。それで、善をなそうと思う自分には、いつも悪がつきまとっているという法則に気づきます。『内なる人』としては神の律法を喜んでいますが、わたしの五体にはもう一つの法則があって心の法則と戦い、わたしを五体の内にある罪の法則のとりこにしているのが分かります」(「ローマの信徒への手紙」七章一八―二三節)。
(12) なお、カントは人格(Person)のことを、行為の責任を負うことのできる主体であるとしている(MS, VI, 223)。
(13) 宇都宮、一九九八年、二七四ページ。

トにとって、キリスト教への信仰が、信徒のたんなる充足感を満たすものではなく、最終到達点である恒久平和へとつながっているといえよう。(15)

## 2　カントの「神の国」――キリスト教の普遍的倫理的共和国

最高の道徳的善である徳の法則に従う普遍的共和国が実現するには、最終的には神の普遍的な諸法が必要であるが、それでも人間が人間の力の及ぶ範囲でこの共和国の実現に向けて努力することが、すべての人間に課せられた義務ということになる。つまり、完全性を求めるのではないにしろ、それに向けての行動を求めていることになる。

そして、カントは人類全体を包含する倫理的共同体を「教会」に求める。倫理的共同体は、人間による管理の下では、神的命令の下にある民としてのみ、いい換えれば、神の民であってしかも徳の法則に従う民としてのみ考えられることができるのである（R, VI, 98f）。この倫理的共同体が教会であり、それが可能な経験の対象ではない限りにおいては見えざる教会であり、これに対してこの見えざる教会を原型とし、人間がこの理想と一致する全体を目指して作る現実の合致が見える教会である。真の（可視的な）教会とは、人間になしうる限りにおいて、神の道徳的な国を地上に現す教会なのである（R, VI, 101）。

こうした倫理的共同体の建設は、自由な個人に課せられた道徳義務でということになる。カントは「道徳的な神の民を建設すること」は「その実施が人間にではなく、神そのものにのみ期待される業」である。しかし、人間はこの仕事に関して何もしないでよしとなるようなことはなく、また各人はただ自分の道徳的な私事にだけを専念すればいいのであって、人類の出来事全体は（その道徳的規程に関して）ある一段と高い知恵に委ねてよいといった具合に、摂理に任せきりでもよいともされない」のである。その際人間は、むしろすべてが人間にかかっているかのように振る舞わなければならないのである（R, VI, 100–101）。

この点について、カントの思想と神人協働説[16]との関連性を見出すことができるのである。カントは、根本悪は他人が代わって贖うことが出来ないので、全く心を入れ替えるという前提のもとでのみ、罪責を負った人間にとって天の義の前での赦免が考えられるというのである（R, VI, 76）。つまり、カントは自力による心の入れ替えが可能であり、そのような心の入れ替えが贖罪の前提条件であるというのである。しかし、聖書は、聖霊が人を十字架に導き、そこで回心が起こるというのだから、カントの立場は神人協働説であるといえるのである[17]。

---

（14）「ヤコブの手紙」三章一八節。

（15）これについて、カントの言説がかいつまんで利用されたように、カントもキリスト教を自分の哲学のために利用したというがった見方ができるかもしれない。しかし、その意見は否定される。カントは、自らの心中に、最初に母親から受けた精神的影響が自分の人生観や生活態度全体に決定的であり続けたという意識を持っていた。それは、カントの母親の宗教上の助言者である敬虔主義の神学者であるフランツ・アルベルト・シュルツ牧師の勧めによってフリードリヒ学院（Collegium Fridericianum）に通ったことも関係している。カントの両親は母親のみならず父親も敬虔主義であったため、こうした影響がカントの思想に色濃く反映されていると考えるのが妥当であろう。また、敬虔主義は、最初は純粋に個人的な信心の活性化を目指しながら、次第に一般化された陳腐な型へと硬直化していく運命にもあった。純粋に信心の活性化をカントは求め、一方でこうした信心の規則化や機械化にとって嫌悪の感情を常に抱いていた。つまり、カントの哲学が、道徳性の宗教と「恩恵を求める」宗教とに分けられる理由がここに存在するのである。カントの『人間学』が刊行された際に、シラーがゲーテ宛の書簡で、少年期の陰気な印象が彼の中に打ち消し難く数多く刻まれたままであるとの嘆きを述べている。その一方で、カントが幼年および少年の頃すでに、人間の義務を満たすことを学び取っていたように、彼はそれに最後まで義務に忠実にあり続けただけであると解釈すべきであろう（Cassirer, Ernst, *Kants Leben und Lehre*, Bruno Cassirer, Berlin, 1918, SS. 10–6, 37.（門脇卓爾・高橋昭二・浜田義文監訳『カントの生涯と学説』みすず書房、一九八六年、一六–二一、四一ページ））。

（16）神人協働説（神人共働説とも）とは、福音において共に働くことであるが、ある種の救済観（特に半ペラギウス主義とアルミニウス主義の救済観）を指し、救いに至るために人間の意志は神の意志と共に働くと説く考えである。

（17）量義治『宗教哲学としてのカント哲学』勁草書房、一九九〇年、二八五ページ。この点から、量は聖書のキリスト教はカントのい

## (1) リッチュルのカント論①——神の国、神の民

カントとキリスト教との関係を強調するためには、カント及び新カント派の影響を受けたA・リッチュルのカント論に触れることが有効である。

リッチュルは、キリスト者の完全性について語ろうとするとき、念頭にあるのは宗教的完全性であるが、これは自分達の内面的、外的生活の不完全さを率直に容認するところにこそ、まさしく獲得されると述べている[18]。彼は、正しいと認めたキリスト者の完全性は各人の流儀で宗教的信仰を持ち、倫理的行為を行うことで一つの全体であり、またかかる全体にならねばならないという意味を持っているという[19]。つまり、各人の個性や独自のあり方を認めつつ、全体を構成しているということになる。キリスト教における神による自己の補足の追求は、人間が自分のために、一つの全体価値でありたいという欲求を一般に表しているが、これは本来人間が世界の一部分としての悲惨な立場を占める事実を、全体的価値によってつぐなおうとするためだという。人間精神は、このような補足ができるという保証を神の表象において、神への服従を捧げ、神を礼拝しつつ、神の接近を感ずる感情の中に求めていく。この意味で宗教は人間精神の一つの法則を示すものであるという[20]。こうしたことから、世界は一つの全体であるという信仰があり、この信仰はまた、私たちは世界が一つの全体であることを確信しつつ、人間生活の最も些細な事物においても、最も重要なことにおいても、かかる全体を実現することを目指すのだという[21]。ここでリッチュルは、「マルコによる福音書」八章三六節を元に、倫理的な神の国へと生きるイエスへの奉仕において、個人の人格的生命の真価を確かめることを要求しているとしている。これは、人は宗教的信仰と倫理的行為によって世界を超越するという課題を引き受けることで自己の性格を発展させながら、すべての世界の価値がこれに対して劣化していくことを体験するからだという[22]。

かくして彼は、統一的世界像を次の二つの根拠によって確立されるという。それは、唯一の創造神への信仰であり、

世界の統一的関連全体を超越する、つまり多様に分化した自然の交互作用の関連を越える私たちの精神的生命の価値を尊重することである。(23)

これについては、カントも、世界を神の御心の対象とし創造の目的としうる唯一のものとは、まったき道徳的完全性をそなえた人間性（理性的世界存在者一般）であり、幸福は最上制約としてのこの完全性の、最高存在者の意志における直接の結果であるとしている。また、幸福であることは、人間のような必然的に理性的であるが有限なすべての存在者の要求であり、それゆえこの存在者の欲求能力の不可避的な規定根拠である。それは、人間は生まれつき充足しているのではなく、その都度その都度必要（欠乏）に迫られ、それを満たして幸福になるように強いられているからである（P, V, 25）。ただひとり神に嘉されるこの人は「永遠の昔から神のうちにある」し、その理念は神の本質から発するのであって、そのかぎりで彼は創造されたものではなく、神のひとり子であり、「それにより他のすべてのものがあり、造られたもので、それなくしては何ものも現実存在しない言（かくあれ！）」なのだという（R, VI, 60）。そして、私たちは彼においてのみ、そして彼の心術を受け入れることによってのみ「神の子となること」を希望できるのである（R, VI, 61）。つまり、道徳的完全性は神意にかなう人間性ということになる。ここでいう神の子という理性宗教ではないということを忘れてはならないとしている（同書、二八六ページ）。

(18) Albrecht Ritschl, *Die Christliche Vollkommenheit ein Votrag*, Göttingen, 1874, S. 4.（「キリスト教者の完全性　講演」、『現代キリスト教思想叢書1』白水社、一九七四年、二〇〇ページ）。
(19) A. a. O., S. 8.（二〇六ページ）。
(20) A. a. O.（二〇七ページ）。
(21) A. a. O., S. 9.（二〇八ページ）。
(22) A. a. O.（二〇八―二〇九ページ）。
(23) A. a. O., SS. 9-10.（二〇九ページ）。

は、もちろんイエス・キリストのことである。人間はこのキリストへの実践的信仰において、神に嘉されるようになれるという希望を持てるようになるという。それは、人間は信じることができ、根拠ある信頼を自らに置くことができるような道徳的心術を意識しているならば、神の御子と類似の試みや苦難にさらされても（ちょうどそれがかの理念の試金石とされるように）、あくまでも変わることなく人間性の原像にしたがうだろうし、忠実な学《まね》びにより、あくまでもその模範に相似であり続けようが、そのような人こそに、また、そのような人だけに、神に嘉されるのに自分はふさわしからざる対象ではないと思う機能があるからである（R, VI, 62）。ここでいう原像も、これまたキリストのことを指していることになる。このような一点の曇りなき道徳的心術というキリストにまで高まることが、カントにとって人間の普遍的な義務になるのだが、キリストは天から人間のところに降りて来られた存在で、それは人間性を受け入れたのであるという解釈を行っており、その方がいっそうよく表現できるというのである（R, VI, 61）。

またリッチュルは、普遍的な倫理法則というものは、およそ善を成就させることができるに違いないと考え得る限りのあらゆる面で、善き業を是非ともしなければならない欲求をしまい込んでいるという。[24] キリスト教が見出すべての倫理的秩序、たとえば家族、階級、民族などは、私たちの精神的共同体という場合にのみ限定されている。そして、この精神的共同体は、自然の制約を受け、したがって常に人類の一部分（自分の家族や階級、民族）にのみ関連していくものに過ぎないものである。だから、普遍的な人間愛の法則は人間相互をすべて包括する超自然的な結合へと人間を義務づけている。これは、人間が特殊な相互依存の中で、自然の特殊な生活関係の中で、他人を人間として尊敬し愛するとの理由によるものである。そのようにして、人間は家族精神や階級的関心や愛国心などが持つ危険性をも克服することができ、どんな事態に際しても、遠くに離れて立つ人間たち自体にも、私たちの関心と奉仕を捧げることができるだろうというのである。[25]

したがって、キリスト教の倫理的行為の規則は、いわば自然の行為に基づくあらゆる特殊な人間の結合関係を、人間そのものに対する普遍的な愛によって醇化し、自然を超えて精神の規則へと高めることを命じているとリッチュルはいう。そのため、特殊な倫理的召命の課題と、これを私たちの公共的行為の普通の領域とみなす価値評価は、他でもない神の国の実現というキリスト教の使命から生じてくるというのである(26)。

カントにとっての神の国とは、人間社会において徳を広めるための基礎づけのようなものである。それは、次の文が明らかにするところである。

> 人間が寄与しうるかぎりでは、善の原理による支配は、徳の法則に従い徳の法則のためにあるような社会を起こし広める以外には実現できないのである。つまり、その範囲内に徳の法則をふくむことが、理性により全人類の課題とされ、義務とされるような社会を、起こし広める以外にはないのである。〔中略〕この理念の準則に従う、たんなる徳の法則下での人間の結びつきは、倫理的社会と呼べるし、法則が公である場合、（法的＝市民的社会にたいして）倫理的＝市民的社会、または倫理的公共体と呼べる。この倫理的公共体は政治的公共体のただなか

---

（24） A. a. O., S. 10.（二一〇ページ）。ここでリッチュルは聖書から、パウロが「召されたままの状態に留まっているべきである」と語り（第一コリント七章二〇節）、教会においては「働こうとしない者は食べることもしてはならない」とも語り（第二テサロニケ三章一〇節）、最後にある業を完成したことに自信をもつように各人に命ずるだけでなく、神の裁きにも耐え、神の祝福を保証するような召命の業を遂行したと、自分自身を価値判定しているとしている（ガラテヤ六章三―四節、第一コリント一三章五―八節、第一テサロニケ二章一九節、ピリピ二章一五―一六節）。これらから、パウロの提示はまさしく人間共同体の倫理的課題をキリスト教的に把握することから生じたとしている。

（25） A. a. O., SS. 11-12.（二一一―二一三ページ）。リッチュルの神の国については、次でも説明がある。Albrecht Ritschl, *Unterricht in der christlichen Religion*, Adolph Marcus, 1875 (2. Aufl.), SS. 1-29.（深井智朗・加藤喜之訳『神の国とキリスト者の生――キリスト教入門』春秋社、二〇一七年）。

（26） Ritschl, 1874, S. 12.（二一三ページ）。

に存立しうるし、その上政治的公共体の全成員が構成員となっていることもある（そもそも政治的公共体が根底になければ、人間は倫理的公共体を成就することもできまい）（R, VI, 94）。

こうした公共体をカントは倫理的国家とも、徳の（善の原理の）国とも呼べるとしている。この根拠は、人間理性の内にあるものだとしている。そして、これがカントにとっての「神の国」となるわけである。そして、それは到達点としての最高善を達成する空間でもある。さらに、キリスト教の道徳論は、カントにとって、道徳法則と幸福をもつなげる概念となっている。幸福は自然秩序一般の概念に照らしてみると、道徳法則の遵守と必然的に結合していないので、道徳法則はそれだけでは何ら幸福を約束しないものである。そこで、キリスト教の道徳論は、この欠如を理性的存在者（vernünfiges Wesen）が道徳法則に全霊を献げる世界を「神の国」として現示することにより補うのである。つまり、神の国において、自然と道徳は神によって調和されることになる（P, V, 128）。

したがって、カントにとっての道徳としてのキリスト教的原理は、純粋実践理性それ自体による自律にあるとみなされるのである。その公共体に住む者は神の民となる。これは、神の命令下にある民としてのみ、しかも（ここが重要なのだが）徳の法則に従う神の民としてのみ、こうした倫理的公共体を考え得るとカントは述べている。道徳法則は究極目標である最高善の概念を通じて、宗教へと、つまりあらゆる義務を制裁としてではなく神の命令と認識するのであって、それが他者の意志の指図ではなく、各々の自由な意志それ自身の本質的法則として認識することにつながっていくのである（P, V, 129）。自由な意志によって神に従うことによって、人間が最高善を実現するために道徳法則による行為を行っていくことになるのである。そして、世界創造における神の最終目標を尋ねられた際に、世界における人間の幸福ではなく、最高善を答えとしてあげなければならないのである（P, V, 130）。

こうした神による道徳的な民を創始することは、実は人間には実現が期待できない。つまり、神そのものにしか期待できないことであるが、人間がこの営みに関して何もせず、なすがままに委ねることは人間には許されていないというのである（R. VI, 100）。ここでカントが明確にしているのは、個人的な道徳的関心事と、人類の関心事全体との区別である。つまり、人間は己の利害だけを考えるのではなく、すべてが自分自身にかかっているかのように振る舞わなくてはならないというものである。

これに関連してリッチュルは、人間はこうした自分自身の倫理的召命が高尚なものに思えたり、不如意なものに思えるかもしれないが、この召命に忠実に奉仕することで倫理的行為を一つの全体に作り上げていくのだと述べている。なぜなら、全体とは、普遍目的の下に位置づけられることによって、特殊として法則に従って分化された多様性を意味するからである。[27]

また、人間は世界の一部分として、世界のあらゆる部分と部分の相互作用の中に置かれ、あらゆる点で自立性を持ちえないものであり、人間の自由を妨げるありとあらゆる可能性にさらされ、自然と人間社会にあり得るすべての悪によって脅かされている。にもかかわらず、「体を丸くして小さくなっている虫と同じではない」という自信は、神と同じような真剣さをもって振る舞うしか逃げ道がないというところから来ているとリッチュルは述べている。[28] この保証を与えるのは神の啓示であり、私たちを困難に陥れることはなく、神を父として信頼するにいたらしめ、神に近づかせ、謙遜に神によりすがらせ、一切のものが神を愛する人々すべてを善に到達させることを経験させることを、人間の心に深く刻み込むものであるという。これが根拠となって、各人が一つの全体として、不滅の全体として、自己を世界のうえに高めることのできる能力が、私たちの宗教的完全性から生み出されるのである。[29]

(27) A. a. O.（二一三ページ）。
(28) A. a. O., S. 15.（二一六―二一七ページ）。
(29) A. a. O.（二一七ページ）。

リッチュルによれば、キリスト教の世界観は、世界を一つの全体として、神の理念の観点の下に表象することとかかわるが、それは、人間が神的生命との交わりによって、世界以上に高められるためであるという。人間は、確かに自己が自然の中に生まれついた存在であることから、制限された世界の部分であることを認識するが、自己の精神的素質とキリスト教的規定によって、世界よりも高い地位を求めて努力し続けるものであるという。なぜなら、人間の認識と倫理的意欲がこの目標に到達する手段を持たずとも、宗教とは一般に、被造精神の与えられた状態と、その自然界に対する要求との間の緊張を、解決するはずの機能だからである。だが、キリスト教においては、人間に共通の、また倫理的な神の国の理念が世界の究極目標として措定され、人間共同体のあらゆる自然的特殊的制約は凌駕され、人間性は精神全体として世界以上に高められるとしている(30)。

この人間が到達点へ向けて努力をするということについて、カントはこのように述べている。

人間性の尊厳は、人間が己の人格とその規定という点で崇敬しなくてはならないものであり、またこれに到達しようとして人間は努力するのであるが、このような人間性の尊厳には、魂をきわめて崇高にするような何かがある。〔中略〕ところが義務を私たちへの命令とするような世界支配者の概念は、人間からはまだはるか遠いところにあり、それにこの概念から始めるならば、それは人間の勇気（これも徳の本質をなしている）を挫くことになろうし、そのために篤信は専制的に命令する力への、卑屈で奴隷的な屈従に変えられてしまう危険に曝されることにあろう（R, VI, 183）。

この前提として、篤信と徳の違いについてカントは説明している。篤信は徳の完成であって、篤信は私たちのよき目的はついにはすべてを成就するという希望の冠で飾られうるというのである（R, VI, 185）。カントはこのことで何をいいたいのだろうか。カントによれば、篤信は神との関係における道徳的心術の規定を二つ含むという。まず、負い目のある（臣下の）義務から、すなわち法則への尊敬から神の命令にしたがう場合の神に対する畏れである。そして、自らの自由な選択から、そして法則に覚える満足感から（子としての義務から）神の命令にしたがう場合の神への愛であるという。この二つの規定は道徳性を超えてさらにある超感性的存在者の概念をふくんでおり、それは道徳性が目指しはするが私たちの能力を超えてしまっているような最高善、これを完成するのに必要とされる性質を備えた超感性的存在者の概念である。

しかし、篤信だけでは道徳的な究極目的へは到達できないというのである。それは、篤信論だけでは手段としてしか、すなわちそれ自体では、より善き人間の本質的成分である徳の心術を強化するための手段としか役立ちえないというのである。それに対して、徳の概念は人間の魂から取ってくるものである。つまり、徳の概念は開発はされていないが、すでに人間の中に完全にあり、宗教概念のように推論によって考え出される必要もないのである（R, VI, 183）。

つまり、カントは人間の内部にこうした義務を遂行したいという動機を導き出していることになる。そして、人間の内なる能力を信じていることになる。それが、人類が最終的には最高善を達成する根拠になっているのである。つまり、人間は善と悪を併せ持つものであるが、こうした徳の概念が内在していることによって、人間は善を選択し、そして最高善である恒久平和へと到達していく歴史に乗せられていることになる。その乗せられている歴史のレールは、キリスト教による神の摂理によって作られていることになる。

そこで、リッチュルは新約聖書の「ヤコブの手紙」を参照し、律法と自由の議論に入っていく。ルターが倫理法則

---

（30） Albrecht Ritschl, *Die christliche Lehre von der Rechtfertigung und Versöhnung*, Olms, 1883, S. 464.（森田雄三郎訳「義認と和解」、『現代キリスト教思想叢書1』白水社、一九七四年、二五〇ページ）。

と市民法を区別しなかったことと対比して、人格的志向と注意深さと信実が律法に捧げられる限り、キリスト教の倫理法則は自由の律法と考えられ、祝福はこのような条件の下における倫理法則の充足をあらわす特徴であるとヤコブは理解する。というのは、祝福は、神の究極目的に対する自由な賛同より生じるからである。(31) それゆえ、ヤコブは律法における自由を主張したのである。

カントはキリスト教を高く評価するが、あくまでも聖書の解釈を通じて、そこに純粋な道徳的理性宗教を見出した結果である。しかし、カントがキリスト教を評価するのは、キリスト教の要求によって人間が最高善に向かい、そして倫理的共同体を実現させることは、神の業が人間の応答によって達成されるという神人協働説であると解釈でき、それが基礎になっていると考えられるのである。

恒久平和に向かっていくのは自然の摂理であり、当然の流れであるというのがカントの考えである。そして、人間はその流れに棹さしていくようになっているという。すべては神の掌の上のこととでもいうような考えが、カントの世界市民思想の背景に存在するのである。

カントは『実践理性批判』において最高善の促進はわれわれの義務であると述べているが、それが『宗教論』では「全人類の課題とされ、義務とされる」(R, VI, 94) というような社会を起こして広める以外にはないということになり、その他の一切の義務から区別される一種独特の義務とされる。ここで最高善に対するカントの関心が、個人よりも人類に、彼岸よりも此岸に向けられていることが明確である。(32) さらに、カントは、人間は個人として自己の最高善を促進するという義務の他に、人類として共同体的最高善を促進するという義務があるとしている。この共同体的最高善は、個々人がその個人的最高善の促進に専念していれば自ずから促進されるというものではなく、全人類的な倫理的公共体が建設されていなければならないとしている。この倫理的公共体とは神の命令の下にある「神の民」である。つまり、神が行うものであって人間が行うものではないということになる。

しかし、カントは、神の道徳的な民などというものを創始することは、それゆえ人間には実現が期待できない業、神そのものにしかできない業であると指摘する。だからといって、この営みに関して何もせず、摂理のなすがままに委ねることは、人間には許されていないのである。それはまるで、誰もが個人的な道徳的関心事のみを追求しておればよく、しかし人類の関心事全体の方は（人間の道徳的使命からいって）いっそう高次の知恵に任せてしまってもよいかのようになってしまう。むしろ人間は、一切が己にかかっているかのように、振る舞わなくてはならないのであって、またこの制約下でのみ、いっそう高次の知恵も人間の善意の努力に完成を授けてくれようと、希望してもよいのであるとしている（R, VI, 100–101）。これから、量は、隣人愛の掟は道徳的「私事」ではなくて、「人類のこと」、すなわち公事であるとしている。[33] カント自身は、人間は理性の規律の下にあり、こうした規律に服従していることを忘れてはならないとしているのだが、このことと聖書にある「何ものにもまして神を愛し、汝の隣人を汝自身のごとく愛せよ」という掟が可能であることは一致するとしている（P, V, 82–83）。[34] この掟は命令として愛を命ずる法則に対する尊敬を要求しており、この愛を原理とすることを気ままな選択に委ねてはいないからである。だが、神への愛は、神が感官の対象ではないので、傾向性としては不可能である。神を愛するということは神の命令を喜んでなすという

（31）A. a. O., S. 471.（二五八ページ）。
（32）宇都宮、一九九八年、二七七ページ。
（33）量、二〇〇八年、一九八ページ。
（34）ここでカントが聖書の言葉を引用したのは、道徳的狂信を防ぐためであるとカント自身は述べている。人間が立っている道徳的段階は道徳法則に対する尊敬であり、「徳」すなわち「傾向性との戦いのうちにある道徳的心術」であり、高貴とか崇高とかの名で行為を鼓舞してはならないからである。この道徳的狂信とは、実践的な純粋理性が人間性に対して設定した限界を踏み越えることである。純粋実践理性がこの限界設定によって禁止するのは、義務に適合した行為の主観的規定根拠を、すなわち行為の道徳的動機を、法則以外の何かに置くことであり、またこのようにして格率のうちにもたらされた心術を、法則に対する尊敬以外の何か別のもののうちに置くことである（P, V, 85–86）。

ことであり、隣人を愛するということは、隣人に対するあらゆる義務を喜んで実行するということである。しかし、人間の欲求や傾向性は、自然的諸原因に基づくから、道徳法則と自ずから一致することはないので、道徳法則に従うためには強制が必要である。だが、法則に対する純粋な愛は、たとえ到達できないにしても、いつも人間の努力のたえざる目標でなければならないと、カントはいうのである（P, V, 83）。

つまり、隣人愛の掟にしたがって生きることは、それが公事への参加の最も確かな端緒であり、それが恒久平和という究極目標につながっていくのである。実際カントは、このように述べている。

教会信仰が普遍的理性宗教に、かくして（神の）倫理的国家に移行するための原理がこの地上で普遍的に、どこかで公に根付いただけでも、これ〔「神の国は私のところに来た」ということ〕はいえるのである。たとえその国家の現実の樹立は私たちから無限に遠く離れたところにあるにしてもである。そもそもこの原理には、かかる完全性へのたえざる接近の根拠をふくむゆえに、成長してやがては種を落とす萌芽としてのこの原理には（目に見えない仕方で）全体がふくまれており、この全体がいつかは世を照らし世を支配するはずなのである。しかし真にして善なるもの、これへの洞察や悲願のための根拠はいかなる人間の自然的素質にもふくまれているので、これが一度公になると、理性的存在者一般の道徳的素質との自然的な親和性ゆえに、必ずや隅々にまで伝達されずにはいないのである。その普及には政治的市民的原因による様々な妨害が次々と降りかかろうとも、むしろそのような妨害は善に向かう人身の統合をさらにいっそう緊密なものにするのに役立つのである。これが人間の目には見えないにしても、たえず前進していく善の原理による働き、すなわち徳の法則による公共体としての人類のうちに主権を樹立し、国を樹立しようとする働きであって、この国は悪に対する勝利を固守し、善の原理の支配下での世界の恒久平和を保証するのである（R, VI, 122-124）。

世界創造における神の最終目標とは、人間の幸福よりも最高善があげられなければならず、この最高善が、人間の道徳性を付け加えることになるのである（P. V. 130）。このようにカントは、キリスト教的道徳観から恒久平和への岐路を導き出そうとし、それに向けて人類が行動することを義務という形で課しており、それは人類に対する期待でもある。この考えは、カントの「啓蒙」であったり、後述する人間学に共通する考えなのである。

### (2) リッチュルのカント論②——普遍的な人間愛の原則

ここでいう倫理法則は、全体目的である神の国から必然的に発する諸目的、志向、行為の体系である。愛はこれらの合法則的な行為の構成要素のすべてを透徹する動機であるが、同時に倫理法則に総括されるすべての目的を認識しようとする衝動でもある。[35] このキリスト教の世界観の究極目標は神からの愛であると、リッチュルは述べている。

神の国は世界における超世界的な究極目的である。この究極目的は、神の自己目的の内容であると同時に、愛としての神の概念から確立される。また、神の国は何らかの仕方で自然界のものと考えられるいかなる動機よりも上位に置かれる。普遍愛の法則は、個体及び自然の種としての人間の感覚的自己保存の動機を凌駕するだけではない。家族、市民的職業、階級、国家といった個々の倫理的共同体の領域での精神的自己保存の目的をも凌駕するという。その善の程度がこのように段階づけられた共同体や諸目的によって測られる倫理的行為を行う場合にも、人間は常になお世界にある精神的存在の自然的制約に依存するものである。[36]

(35) A. a. O., S. 473.（二六〇ページ）。
(36) A. a. O., S. 474.（二六一ページ）。

また、リッチュルは、この普遍愛の思想は自由の概念と無関係ではないとしている。そもそも人間精神は自由の概念において、自己と自然との本質的な相違を見出すからである。自由は自然原因からの独立性であり、人間を繋縛する自然原因の連鎖を中断する原因である。人間は個人的衝動と世界の諸善との対応から生じ、自然の強制を部分的に表現する行為への衝動を、普遍的な目的の思考によって引き止め無力ならしめるところに、この自由を真に実感するという(37)。つまり、人間の力ではどうしようもできない自然からの自由が真の自由ということになる。そして、自由の経験の高まりは、個人の人格的な究極目的を把握することによって、個々の衝動全体を首尾一貫して規制し秩序づけるところに成立する。そして、自由の最高段階とは、人間の連帯という最も普遍的な目的が個人の究極目的とされ、いっそう緊密な共同体形式を目指す段階の自由であるという。その理由は、このような普遍的な目的から、粗野なものであれ、洗練されたものであれ、利己心への機会は決して生じないからである(38)。

したがって、リッチュルは自然の関連としての世界を超越する自由、神の国の実践という形で表現されている自由は、一般に肯定される自由概念の線上に立つだけではない。もし自由一般の独自性を完全に表明しようと思えば、必ず思考しなければならない最高の自由を形作るのであるという(39)。

ここでリッチュルはカントに立ち返る。自由と倫理法則を結合するカントの思考は、神の国という一切を包括する目的と、普遍的な人間愛という主観的動機から必然的に生ずる志向、意図、行為の体系として存在する倫理法則は、倫理的な善行のそれぞれ可能な場合について、これこれの行為は必然的であると規定するためのものとして法典化されない。

しかし、カントは、神の国の統制の諸原則が公になり始めるだけでも、それはすでに善の原理による支配の始まりであり、「神の国が私たちのところに来たまうこと」の徴《しるし》であるとしている。そもそも、神の国はすでに悟性界に現存在しており、そのためにこそ、その神の国をそれだけで実現しうるような諸根拠が悟性界には普遍的に根づいているというのである（R, VI, 151）。

カント自身は神的権威を他律の特徴としたが、実はカントの自律はキリスト教的法則の属性であるとリッチュルは指摘する。普遍的な人間愛の原則は、根源的に、客観的公式のかたちで妥当性をもつのではなく、キリストの主観的志向において効力をもつからである。キリストは普遍的な人間愛の原則を、彼の建設すべき神の国の法則として、また自己の神の国を志向する行為の動機として認識したのである[40]。また、キリストの教団に属する人たちが父なる神を信仰しつつ、首尾一貫して、神の国の主に対する従順をも決意することを、キリストは前提とした。このことによってこそ、普遍的な人間愛の原則は、客観的公式として表現されることができたのである[41]。

つまり、普遍的な人間愛の原則において、家族や民族の自然的関係、階級や職業から生じる自然的連繫は、非常に制限され、問題となっている精神的人間存在の共同体ないしは人間の尊厳を妨げるものではない。あるいはむしろ、われわれが家族、同一階級の人たちの中で、規則的に運動しつつ同胞たちと交わることによって、彼らに対する有限

(37) A. a. O., S. 475.（二六三ページ）。

(38) A. a. O., SS. 475-476.（二六三ページ）。リッチュルは、思考された究極目的に手段として有益に使用される程度と場合に応じて、個々の衝動が許容されることになるとしているが、この自由の段階は最高段階ではないと述べている。これは、個々の感覚的もしくは精神的衝動を制御する個人の究極目的は、その充足のために様々な種類の悪徳や、組織立てられた利己心、共同体の諸目的に献げられる様々な段階の倫理的な善き性格は、善でも悪でもありえるからである。

(39) A. a. O., S. 476.（二六三ページ）。

(40) A. a. O., S. 477.（二六五ページ）。なお、こうした考えに対して、J・モルトマンは、リッチュルと影響を与えたカントの普遍愛の考えを、隣人愛として、道徳が宗教との代わりとなっているというプロテスタント的な主張は、指摘および政治的な道徳を腐敗させ、それを窮屈で、やっかいで、曖昧なものにしていると批判している（Cf. Jürgen Moltmann, *Der Gekreuzigte Gott*, Chr. Kaiser Verlag, 1972, S. 28.（喜田川信、土屋清、大橋秀夫訳『十字架につけられた神』新教出版社、一九七六年、四四七ページ））。

(41) Ritschl, 1883, S. 478.（二六五ページ）。

の自然的な行為は、すべての人間に共通な人間の尊厳に普遍的価値を与えることによって理想化される。究極目的たる神の国をめざす公共的行為においては、様々な形態の利己主義も無価値たらしめられるものなのである[42]。そのため、リッチュルは、神の国という超自然的な究極目的を目指す行為が、カントが絶対的倫理法則の概念から排除した他律というもう一つの特徴を持つとは認められず、カントの自律とはキリスト教的法則の属性であるという。

これによってリッチュルは、カントの自律の原則がキリスト教における人間の行為と一致すると指摘しているのである。確かに、ここまで見てきたリッチュルの一連の考えは、カントの思想はキリスト教的世界観に依拠するものであることを示すものでもある。キリスト教で提起される共同体の倫理目的において、人間は神に対する奉仕を実行することになる[43]。他方では、世界からの自由、あるいは、信仰の中で経験する永遠の生命は、いずれにせよ、神の国での人間の交際と交わりへと方向づけられている。この目標に到達するためには、普遍愛の動機から発する全面的行為によって相互の結合を追求していくことがどうしても必要であると、リッチュルは述べている。つまり、自己の和解の共感を完全にするために必要とする人々との結合を愛の実行によって求めなければならぬ動機を、個々に見出すのである[44]。

カントがいうように、人間価値の法則によって倫理的に結び合わされた人間と人間の関係のなかに、世界のなかにあり、しかも世界を超える究極目的を認識し、自由のなかに、自然原因による動機づけからまぬがれて、絶対法則を自己自身から生み出す意志原因を認識するなら、このことは事実として現存するという。なぜなら、これらの理念はキリスト教においても妥当するからである。あるいはむしろ、カントはキリスト教をまねて、これらの理念をつくったとリッチュルは指摘している[45]。

こうした世界観は、人間の宗教の必要に応答するものであり、自然と人間社会との関連のなかで人間に一つの精神的道徳的全体としての地位を与えるものである[46]。キリスト教がこうした目標へと導く世界支配は、経験的意味として考えられたものではないのである。これは、カントのアプリオリな概念とも合致することになる。

このような宗教的な世界支配が実行されるのは、神の摂理への信仰においてであり、この摂理信仰はキリスト教によって獲得されたものであるともリッチュルは指摘している。[47] これはわれわれの神との和解に基づいてのみ確実なものになるのだが、一つの難問題が存在すると指摘している。それは、宗教のこうした実践遂行にも、利己的な独善が入り込み、常に聖書の誤用によって自己を正当化しようとする試みが歴史上の経験からしても見受けられることである。[48] そのため、おびただしい数のきわめて身近な人間の生まれつきの性質による経験を、神の摂理の普遍的信仰のもとに理解するためには、忍耐と謙遜以外の手段は存在しないとしている。とりわけ、人生の悪を神の摂理の光の下に照らして見る気分は忍耐である。[49] 喜びのもとに苦痛が存続しないなら、問題の状況において、喜びは持続せず、む

---

(42) A. a. O.（二六六ページ）。

(43) 一方でカントのこのようなキリスト教の概念は、カントがいつもとりわけ疑わしい具体化に聖書が資格を与えているとの批判がある。たしかにこれはキリスト教的概念の一つの表象であるが、それはたまたまだったのではないかというのである（Karl Barth, *Karl Barth Gesammelte Werke Band 12 : Die protestantische Theologie im 19. Jahrhundert Ihre Vorgeschichte und ihre Geschichte II*, Evangelicher Verlag, Zürich, 1947a, SS. 259-60.（酒井修、佐藤司郎、戸口日出夫、安酸敏眞訳『カール・バルト著作集12　十九世紀のプロテスタント神学　中』新教出版社、二〇〇六年、一四七ページ）。しかし、この後でリッチュルの議論を中心にカント哲学とキリスト教との関連を述べていくが、たまたまであるにしては多くの一致が見られるのも事実であり、偶然とは言い難い。やはり、カントの哲学の根底にはキリスト教ないし神学的な素養があり、それが基礎となっていたと判断するのが自然であろう。

(44) Ritschl, 1883, S. 478.（二七〇ページ）。

(45) A. a. O., S. 491.（二八〇ページ）。

(46) A. a. O., S. 573.（三七五ページ）。

(47) A. a. O., S. 580.（三八三ページ）。

(48) A. a. O., S. 581.（三八五ページ）。

しろ無関心へと逆転するであろうという推測からである。このことは、キリスト者の自由の特有な活動である忍耐の実行によって生起すると指摘している。[50]

また、神への畏れというものが、われわれがわれわれの倫理的な自発活動の全範囲にわたって神に依存していることを認容することを表している。[51]この気分は宗教的な卑下ないしは謙遜として、高ぶった思いと誤れる自立活動に対立するものである。つまり、人間のおごりを抑制してくれるものである。ここから、われわれが神をわれらの父として識り、われわれの自由を神の目的へと用いることと結びつき、同様にまた、われわれの自由が影の側面をも有し、神の道は個々の点では窮めがたいことと結びついているものであり、謙遜というものが気分である限り、これらの点で対立する感情を一致させるものなのである。

さらに、この謙遜も忍耐も、努力して獲得される心情や気分であり、両者はともに意志を動機づけて導く力であるかぎり、徳目とみなされるという。[52]また、この謙遜は、新約聖書の言語表現で表される「人間に対する慎みぶかさ」、つまり他の人格に対する尊敬の原則であるのに似ていると指摘している。この原則は、一つには、人はいっそう高次の共通目的を目指す共同活動のために、相互に結び合わされていることにもとづき、各人はこの結びつきのなかで独自の位置を占め、自己自身を通して倫理的共同体の価値をわれわれに表すという前提にもとづくものである。[53]これがいわば、カントの構成主義的な思考と共通する要素が存在するのである。

そうでありながらも、われわれは日ごとに不完全性を自覚するものである。そして、これが、キリスト教の倫理的課題を解決しようとする熱意に対してかなりの障害となることをリッチュルは認めている。しかし、それにもかかわらず、われわれは神の恩寵の作用の下に立っているという結論を認識すべきであるという。[54]

そこでリッチュルは、各個人が倫理的に行為するのは、普遍的法則を自己の特殊な召命によって満たすことによるか、あるいは生活行為のなかで統合しうる諸種の召命の結合によって満たすことによるかであると結論づけている。

つまり、個人の召命に適合しない目的を目指して善行を行う倫理的必然性はすべて排除されることになる。(55)しかし、善行と召命は類比のものであるという義務についての判断によって態度を決定されること、つまりあらゆる状況を十分に考慮した上でなお、この驚くべき愛の義務を実行すべく召されているという制約の下では、義務であることが知られるというのである。

つまり、この状況下では、あらゆる瞬間に可能な限りのあらゆる方向の善行をおこなわなければならないという見せかけの要求を無効にすることになるのである。特殊な召命の分野で最高の普遍的な究極目的を目指して行為するように規定された志向から、それぞれの一群の倫理的行為を規制する原則が展開されるのである。そしてこの原則と一致しつつ、与えられた状況のなかでどうしても善の究極目的を実現しなければならない、と考える個々の義務判断が形成されるというのである。このような状態の下に、このようなかたちで、個々の人間が、自己の自由に基づいて倫

(49) A. a. O.(三八六ページ)。こうした考えは、カントでは悪の原理が善の原理と並び住むと考えているが、こうしたカントの悪の原理の考慮の仕方が、つまり理性の中にある悪の起源について、その意味で根源悪について語るという仕方で悪を考慮していることは、当時として驚くべきことであり、それは今も変わらないと、カントの神学的批判を行っているK・バルトが批判している。そのため、再びカントが不承不承にキリスト教-教義学的な教説の深いことと愚行を犯してしまったのではないかが問われるかもしれないと批判しているのである。また、根源悪の原理を直ちに引き入れることなしに、ここの人間における宗教の現実について語ることができていないとの批判がある(Barth, 1947a, S. 262f, 272.(一五一、一六三ページ))。
(50) Ritschl, 1883, S. 585.(三八八ページ)。
(51) A. a. O., S. 591.(三九六ページ)。リッチュルは、この考えを『新約聖書』「ピリピ人の手紙」二章一二節、「ペテロの第一の手紙」一章一七節から導いている。
(52) A. a. O., S. 592.(三九七ページ)。
(53) A. a. O., SS. 592-593.(三九八ページ)。
(54) A. a. O., S. 615.(四〇九ページ)。なお、人間の不完全性に対するカントの見解については、第六章にて詳しく述べている。
(55) A. a. O., S. 620.(四一四ページ)。

理法則を生み出し、あるいは自由の律法において生きるのであるというのである[56]。

これらの制約の下に、個々の人間の倫理的実践行為もまた一つの全体となるという。ここでリッチュルは、パウロが倫理的な義の習練を自己聖化の目的と関連づけていることを引用し[57]、共同体が徳ある性格の形成と、その獲得する事実に注目し、共同体のあらゆる目的を目指す善行は、同時にまた人格的な徳を生むように、再帰的に作用するとしているのである[58]。

こうしたことで、自由は律法のなかで実現されるという。しかし、ここでいう自由は摂理信仰、忍耐と謙遜、祈りの宗教的機能と同種であるという[59]。つまり、リッチュルにとっては、自由はキリスト教に内在するものであり、キリスト教による律法によって実現することになる。こうしたキリスト教と自由の関係が、カント思想における道徳法則下での自由に影響を与えているといえよう[60]。

### 3　カントに内在する理神論的性格

リッチュルは、個人も自己をキリストの全生涯の業と結合させることによってのみ、罪の赦し、ないしは義認[61]、和解、神の子とされることを、自己の所有になるものと言明することができるとしている[62]。つまり、キリストとキリスト教信者の同一を意味していることになる。さらには、キリスト教は、和解とそれに対応する精神的な世界支配によって、信仰者が一つの全体の価値を獲得し表現することに関係づけられるとしている[63]。

ただし、カントの「宗教」の規程において重要なのは順序である。「宗教」とは「われわれの義務」を「神の命令」として認めることであり、その逆、つまり「神の命令」を「われわれの義務」として認めることではないのである。この区別について、宇都宮芳明は「神の命令」を「われわれの義務」として考えると、人間に義務を指令する神の意志が人間の意志に先立ってあらかじめ前提されなければならず、そうなると義務は人間の意志に対する「ある他の意思の随意的なそれ自体偶然的な指図」となり、カントが斥ける「意志の他律」を招来することになるからであると指摘している。つまり、カントはキリスト教を評価しつつも、それに基づく道徳とは区別していることになる。そして、宗教は道徳が幸福への希望と結びつくことによって成立するのである(64)。

---

(56) A. a. O., S. 621.（四一五ページ）。

(57)「ローマの信徒への手紙」六章一九節。

(58) Ritschl, 1883, S. 622.（四一七ページ）。

(59) A. a. O.（同書）。

(60) こうしたカントの考えを、モルトマンは、カントにとって実践理性は神学並びにキリスト論の範疇的な枠組みになっていたと指摘している（Moltmann, 1972, p. 91.（一九七六年、一三五ページ））。また、カントの実践理性では、イエスは「善の原理という、人格化された理念」になってしまうとモルトマンは指摘している。カントがイエスという名を使うことをできる限りさけているのは、神のみ旨にかなう人間という理念を、実践的信仰のための純粋な模範として叙述するためだと述べている（Moltmann, 1972, p. 92.（一九七六年、一三六―一三七ページ））。同じような指摘を、カール・バルトも行っている。バルトはカントの宣教の（理性に合致した）内容によってしか正当化されず、根本的に宣教の下に位置づけられる宣教者として登場せしめていると批判している。バルトは、カントの著作にはどこにもイエスまたはキリストの名前が出てこなかったと指摘し、イエス・キリストをただ「福音の教師」や「教会の設立者」、神の子ないし神に遣わされた者とでしか扱っていないとしている（Barth, 1947a, S. 256.（二〇〇六年、一四二ページ））。たしかに、カントの著作には「キリスト教」という言葉は出てくるが、イエスやキリストは登場しない。もっとも、バルトの神学はキリスト論的神学と言われ、イエス・キリストの神性を重視し、人間を神に導く唯一の道はキリストであるとの立場からすると当然の批判であろう。

(61) リッチュルは義認を、在任と神との交わりの中へと受け入れることであるとしている。また、義認は罪責と罪責意識の廃棄とも考えられ、義認が効果多きものとして表象される限り、義認は和解と考えられなければならないとしている（Cf. Ritschl, 1883, SS. 26-81）。

(62) A. a. O., S. 536.（三三一ページ）。

(63) A. a. O., S. 618.（四一一ページ）。

これは、前述した自然的宗教としてのキリスト教についての説明で、以下の通りに述べている。

道徳的善がまるで天から降ってくる賜物であるかのように、手をこまねいて全く受動的にそれを待ちのぞもうと思っている人々には、そうした希望を師（キリスト）はすべて打ち消される。善への自然的素質が（その人に委ねられた才能として）人間本性に含まれているのに、それを用いないままにしておき、それを用いずとも、自分に欠けている道徳的性質や完全性を、より高次の道徳的影響が補ってくれるだろうと、気の抜けた期待をもっている者に向かっては脅かして、自然的な素質にもとづけばなしえたはずの善ですら、その怠りのゆえに、その人のためにはならないものにしてしまおう（「マタイによる福音書」二五章二九節）、といわれるのである（R, VI, 161）。

つまり、人間には能動的に神の期待に応えなければならない性質が人間本性に内在していることになり、いわば神がわれわれの下に降りてくるのではなく、道徳的善を達成するための神への義務が人間本性に内在していることになる。また、このようにも述べている。

どんな人間でも自ら神を作り出すといえば、それどころか道徳的諸概念によって（これらの概念には無限に大きな諸性質が伴っていて、そうした諸性質は概念に適合した対象を世界において表現する能力に属している）自らそのような神なるものを作り出さざるをえないのであって、それは、自らが作った神を、自らが作った神において崇敬するためであると、こんなふうにいえば、いかがわしく聞こえるが、しかしけっして非難されるべきことではない。そもそもある存在者が神だと、どんなふうにして他人から知らされ描写されたにしても、それどころか、そのような存在者自らが（それが可能だとして）どのような仕方でその人に現れるにせよ、しかしまずは、その人がこの表象を自分の理想と照らし合わせるのでなければ、それを神聖と見なし崇敬する権能が自分にあるかどうか、これを判断することもできないからである。したがって、神の概念をあらかじめ純粋な形で試金石として根底に据えていなければ、たんなる啓示からだけでは、いかなる宗教も存在しえないし、神の崇敬はすべて偶像崇拝ということになろう（R, VI, 168-169）。

ここからカントはどのようなことを主張したいのであろうか。それは、そもそも人間本性には、神に十分嘉された行動を行う素質があるということであろう。神が求める素質が人間に存在し、いわば内なる神によって人間は、それこそ定言命法のように道徳律に則って行動することである。すなわち、神が人間に内在することにつながるのである。実際、道徳法則は神聖（不可侵）であるとカントはいっている。人間はいささかも神聖ではないが、しかし人間の人格における人間性は、人間によって神聖でなければならないのである。ここから、人間は自らの自由の自律のゆえに、神聖である道徳法則の主体でもある（P, V, 87）。

これがいわゆる理神論的であると批判されることになるのである。さらには、前述したように、聖書は、聖霊が人を十字架に導き、そこで回心が起こるというのに対して、カントは自力で心の入れ替えが可能であり、それが贖罪の前提条件であるというのである。そして、神は神の国を造り、それ以降は神自身は神の国について関わらないのも、理神論的であるとの批判がある。

ここで、理神論について簡単に触れておこう。神はその創造物の中に、蒸気と水の驚嘆すべき循環の中に、人間や

---

(64) 宇都宮、一九九八年、二六〇―二六一ページ。

動物や植物の呼吸の中に世界の秩序の中に見出されるという原理に対して一八世紀が与えた新しい解釈が理神論の核心である。(65) 理神論については、たとえばC・テイラーは次のように述べている。理神論形成の初期段階にはロックが大きな影響を与えている。ロックは、人間は被造物の実際の性質からきわめて簡単に神の命令を読み取ることができると考え、神の命令と人間理性とを独特の方法で結びつけた。それは、ロックが神学的主意主義に傾倒していったのと、彼自身が快楽主義者であったからだとテイラーは指摘する。(66) そしてロックは自然法が神の命令であると同時に理性の指示でもあると考えることになったというのである。このロック的理神論が、神は理性的存在者としての人間と関係するという見解を展開するにつれて、神の計画は人間の自律的理性を十分に尊重するということが理神論の中心的観念になった。(67)

それとは別のタイプの理神論は、シャフツベリによるものである。これはいわゆる道徳感情論であり、ロック的理神論はピューリタニズムに起源をもつが、シャフツベリはプラトンやストア派の諸理論に依拠している。シャフツベリは道徳的源泉を距離を置いた主体の尊厳のうちに置き、無力な自然を対象化するのではなくして、善としての全体への愛に向かう人間本性の内在的傾向のうちに道徳的源泉を求めるという。(68)

このシャフツベリの影響を受けたのがF・ハチスンである。ハチスンにとっては、形式はどうであれ人間本性の中に仁愛(69)を認識しないことには人間の道徳感情を窒息させ弱めるものであった。自分達の道徳的傾向を信じないことは人間を落胆させるし、逆にそれを信じることは強さを与えるとも考えていた。善であるためには、自分自身のうちだけでなく、他の同じ人間たちのうちに、そしてもちろんこれらすべてを設計した神のうちにである。つまり私たちは人間本性の善を指し示さなければならないのである。(70)

こうした理神論では、神の善性は、神が私たちの善をもたらしてくれることに存する。そして、神の仁愛を定義する元となる人間の善がきわめて自己完結していることも特徴である。(71) いわば、自己完結的な人間の善のために計画された自然的秩序ということになる。この考え方は自然の秩序の善性を信仰するという形を取り、摂理は一般的な観念として理解された。つまり、摂理は事物の規則的な配置に反映されているのであり、諸個人や民族の物語に介入するような、いわゆる特殊的摂理には存在の余地がなかったのである。

そして、理神論は人間に都合よく事物を動かすために奇蹟を用いて恒常的に介入を行うという考え方を取らなかったのである。理神論の枠組みでは、神の善性は事物の規則的秩序という恩恵の中に現れるものである。したがって、秩序に最高の地位を与えることは、奇蹟による介入を排除することになる。それだけでなく、ユダヤ教、キリスト教、イスラム教にある、服従と敬虔の歴史的性格をも周縁に追いやることになるのである。キリスト教の伝統そのものに深く根ざしているのは当然なのだが、いくつかの理念にも依拠していたとテイラーは述べている。[72] 様々なものや変化が、うまく規制させられた相互に連鎖した秩序の中で生活するという感覚を育てるのに寄与し、この秩序に、人間は

---

(65) Louis J. Rogier, Roger Aubert and M. David Knowles, *Nouvelle Histoire de l'Église : Siècle des Lumières, Rèvolution, Restaurations*, Paris, 1966.（上智大学中世思想研究所編訳・監修『新装版キリスト教史　第七巻　啓蒙と革命の時代』講談社、一九九一年、二三ページ）。
(66) Charles Taylor, *Sources of the Self : The Making of the Modern Identity*. Harvard University Press, 1989, p. 236.（下川潔・桜井徹・田中智彦訳『自我の源泉――近代的アイデンティティの形成』名古屋大学出版会、二〇一〇年、二六九ページ）。
(67) Ibid., p. 245.（二七九ページ）。
(68) Ibid., p. 254.（二九〇ページ）。
(69) ハチスンの見解における中心的な徳であり、以前からの神学的な徳である慈愛（charity）の位置を占め、かつその機能を受け継ぐものである。
(70) Taylor, p. 262.（二九八―二九九ページ）。
(71) Ibid., p. 267.（三〇四ページ）。
(72) Ibid., p. 274.（三一二ページ）。

自らの自然的能力によって調和しているし、この自然秩序に対する信頼感こそが、理神論の中にごく自然に宗教的表現を見出したのである。理神論とは、相互に連鎖する諸存在からなるこの秩序を、神とその善性を理解するための鍵に、したがって敬神の基礎にしようとする神学であるとテイラーは結論づけている。(73)

たしかに、こうした考えとカントの道徳観は一致するところが多い。そうでなくとも、一七六〇年頃のドイツでは、道徳こそ真の宗教であると説く書物がいろいろ出版され、また多くの説教壇でも説かれていた背景がある。(74) また、カントは（これはカント自身も認めているが）人間本性への期待をルソーとの思想的邂逅で形成していくが、そのルソーはハチスンと思想的親和が強いのである。カントの自然研究はニュートンによって導かれたのだが、ルソーは人間本性と道徳原理の探求において同じ役割を果たしたのである。(75)

これらの点からカントが理神論的であるとして批判している者には、フィヒテやヘーゲルなどがあげられる。(76) 両者ともカントに対する批判では周知の通りではあるが、ここではカントを理神論者としてどのように批判しているかを大まかに紹介する。たとえば、フィヒテは「宗教と理神論に関する断章」において、そもそもカントは彼の自由一般の概念をどこか別のところから（間違いなく感覚から）入手していると指摘している。さらに、その証明においてカントが行っていることは自由の概念を正当化したり説明したりすることにほかならないとしている。(77)

ヘーゲルは、宗教を基礎づける原理そのものを見失いかけたことから、カントの哲学に疑問を抱くようになる。(78) カントの道徳論、及び宗教論に対するヘーゲルの批判は『キリスト教の精神とその運命』において、端的にこう現れている。

カントの実践理性は普遍性の能力、すなわち〔特殊なものを〕排除する能力である。この動機は〔道徳法則に対する〕尊敬である。すなわち、この排除された特殊なものは、怖れによって〔普遍的な道徳法則へ〕屈服させら

れたのである。排除されたものは止揚されたものではなく、分離されたままで存続している。〔道徳法則の〕命

(73) Ibid., p. 306.（三四七ページ）。

(74) ロジェ、五〇ページ。

(75) こうしたルソーとの思想的対話の所産として見られるのが、いわゆる「『美と崇高の感情にかんする観察』への覚え書き」である。カントによれば、自然の人間とは、自然な欲望以外の、または自然な欲望より大きい欲望をもたないものである（Bem, XX, 5）。この自然な欲望は、自然を満足させるために必要とされる認識（知識や技能）の獲得が含まれるが、本性の必要以上のものを求めない人が自然な人間という認識である。そして、自然によって必要以上のものを欲望することを学んだ人は奢侈（üppig）である（Bem, XX, 6）。「奢侈」は文明の発展に伴って生まれた、生活の必要に直接関係しない豊かな生活習俗を指している。これは伝統的に宗教的・道徳的立場からは贅沢と言われ、非難の対象であったが、啓蒙時代において進歩を体現したものとして積極的に評価されることになった。しかし、ルソーはこれを虚妄であるとして批判している（前川貞次郎訳『学問芸術論』岩波文庫、一九六八年、三一ページ以降）。しかし、カントは文明化した人間から批判を始めるので、この奢侈を否定しているわけではなく、むしろ肯定的にとらえるのである。このように、カントとルソーの間には、社会に対する評価と、奢侈の是非という点で相違が見られるのも事実である。しかし、カントが述べた、この世の創造主である神との関係において、神の国である最高善を達成するために、道徳法則下において義務を果たしていくといったあるべき姿の人間を求めるのは、ルソーと合致するととらえていい。カントの人間の期待は、これまで見てきたとおり神学の摂理的な下支えが強かったのだが、信仰の肯定と、人間の成長を確信に変えたのがルソーだったといえるだろう。

(76) 理神論そのものへの批判はこのようなものである。宇宙において本当に重要なのは人間の幸福であり、人間の幸福こそ神の偉業の目的なのであるという考え方が、従来のキリスト教思想から見ると全く厚かましいというものである。つまり、人間が神のために存在するのであり、その逆ではないというものである。そもそも、人間は「神に仕え、神を愛するために」創造されたのであるというのがその理由である（日本カトリック司教協議会教理委員会著・監修・訳『カトリック教会のカテキズム』カトリック中央協議会、二〇〇二年、一七ページ）。他には、ラディカルな功利主義者らは、神意による秩序という理神論の構成善を排斥した。また、理神論のバラ色にして楽観的な世界観に反対する反パングロス的反論や、人間の意思はただ幸福だけを目指すというあまりにも単純な見方に反対する反平板化論である（Taylor, p. 355.（テイラー、三九七ページ））。

(77) John Gottlieb Fichte, *Einige Aphorismen über Religion und Deismus* (*Fragment*).（小野原雅夫訳「宗教と理神論に関する断章」、フィヒテ全集　第一巻『初期宗教論・啓示批判』哲書房、二〇一一年、七三ページ）。

(78) 山崎純『神と国家』創文社、一九九五年、二一ページ。

令は、なるほど主体的であって人間の定める法則ではあるけれども、人間のうちに現存している別の部分と矛盾する法則であり、〔これらの部分を〕支配する律法なのである。律法はただ命令するのみである。〔人間が律法に対して抱く〕尊敬は、彼を行為へとかり立てるけれども、その尊敬はこの行為が従うべき原理とは正反対のものである。というのは、原理は普遍的であるが尊敬の感情はそうではない。尊敬の感情にとって命令はあくまでも〔外から〕与えられたものに過ぎないからである。(79)

青木茂は、カントとヘーゲルの間におけるキリスト教の認識について決定的な違いは「実定性」であると指摘している。カントは実定性を否定したが、ヘーゲルにとってはそれ自体が弁証法的矛盾を含む両義的な概念であり、肯定も否定もするような状況になっているのである。(80) ヘーゲルにとって、カントの二律背反や形式的な義務論は、自然と人間との対立・離反、そして人間の力による自然の支配（つまり理性に基づく人間の自律）か、人間の無力による自然への隷属（すなわち傾向性に従う人間の他律）として移ったのである。(81)

もっとも、ヘーゲルはいわゆる汎神論の立場であり、有限者全体が無限者である神になり、さらにはすべてに有限者のうちには無限者たる神が含まれているという主張である。本来ならば、無限者たる絶対者が最初から有限者を内に含んでいるという絶対者・神のとらえ方は、変化する有限的世界が絶対者の現れであり、この有限者の全体を離れて絶対者はあり得ないという意味になる。しかし、前述したような汎神論への転換が起こると、歴史も、宗教も、有限者である人間の立場から見られることになるのである。(82) ヘーゲルの立場は人間主義または文化主義と呼ばれるものであるが、プラトンに倣って、人間性の本質は自然的実在を他者とする自然的生より解放されて反省と自由との世界に新たに生きることに存する。認識の徹底したるものにおいては、対象は自然的実在の土臭さを払い落とし純粋の観念的存在者としてイデアとして澄み渡る明証の光のうちに秘密も隠れたる所もなき明るき存在を保つに至るであろうというのがヘーゲルの理想であった(83)。宗教が低級の哲学であるならば、逆に哲学は高級の宗教でなければならないであろう。ヘーゲルは哲学それ自らが神の奉仕(Gottesdienst)であること、宗教も哲学もともに各特異の仕方において神の奉仕であることを言明している(84)。

もっとも、カントは平板化に反対するという路線にしたがって標準的な理神論に反旗を翻すのである。それは、カントは道徳性は自然のうちにも、人間の理性的な意志の外部にあるいかなるもののうちにも見出すことはできないとはっきり主張していることから明らかである。カントの思想は、理神論の影響を受けたロックやルソーに倣うところがあるのは否めない(85)。しかし、人間の尊厳を道徳観の中心に据えているカントは次のように述べている。

自然の事物はいずれも法則に従って作動する。ただ理性的存在者だけが、法則の表象にしたがって行為する能力を、すなわち原理にしたがって行為する能力を、いいかえれば意志を、所有する。〔中略〕意志とは実践理性に他ならない。理性が意志を決定的に規定する場合は、そうした存在者の行為は客観的に必然的と認められると

---

(79) G.W.H. Hegel, herausgegeben von Dr. Herman Nohl, *Der Geist des Christentums und Schicksal* (*aus Hegels theologische Jugendschriften*), (J.C.B. Mohr, Tübingen, 1907) S. 388.(なお、この論文は『キリスト教の精神とその運命』で翻訳がなされているが、引用したこの箇所は付録部分のため、翻訳されていない)。
(80) 青木、六九ページ。
(81) 同書、七五ページ。
(82) 松丸壽雄「宗教批判の行方」、大峯顯編『叢書ドイツ観念論との対話 第5巻 神と無』ミネルヴァ書房、一九九四年、二四七―二四八ページ。
(83) 波多野、一五九ページ。
(84) 同書、一五七ページ。
(85) この点はテイラーも指摘している(Taylor, p. 363.(四〇五ページ))。

もに、主観的にも必然的である。すなわち意志は、理性が傾向性に依存しないで実践的に必然的として、すなわち善として認める当のもののみを選択する能力である（GMS, IV, 412）。

つまり、神が設計された自然に従えるのも、理性的存在者でなければならないというのであり、そうした決意がなければならないというのである。それが、こうしたことで人間は善行や正義へと向かう普遍的な意志を持つことができるということである。[86] これが人間が神から備わった性質の一つでもあり、世界市民としての役割を担うために課せられた行為であるといえるのだろう。そして、こうしてみるかぎり、カント自身は、理神論に影響されながら、独自の理論を構築しようとしていたその姿勢が現れている。[87]

## 4　芸術家としての自然

ヴェイユの『神を待ちのぞむ』にあるように、神が作りたもうた世界には秩序があり、それだけで美しいものであるという考えがキリスト教思想には存在する。事実、世界の美しさはキリスト教にとっても大きなテーマである。ヴェイユは、世界の秩序のイメージを凝視すれば、世界の美しさとふれあうきっかけをつかむことになり、世界の美しさとは、世界の秩序が愛されているということであると述べている。[88] 新約聖書の時代から考えると、美の感情は、そこなわれ、汚されているといえるが、それでも今なお、人間の心の中に強い原動力としてそのまま残っているものである。[89] そして、ただ一つ真に美しいものは宇宙の美しさであるとヴェイユはいう。この宇宙の美しさは、あるとするなら完全な芸術作品の美しさに似ているという。[90]

ヴェイユは聖書やキリスト教からこうした発想をしているのだが、カントの芸術観もキリスト教に依拠しているといえよう。カントは、美とは概念によらない、また目的の拘束を免れた認識、諸能力の自由な調和的戯れ（Spiel）を通じて快の感情をもたらすものである（U, V, 279, §30）。認識能力、とりわけ構想力と悟性の自由な戯れとしての心情状態は、普遍的な伝達可能性（Mittelbarkeit）を有している（U, V, 296, §40）。つまり、美的判断は、概念の拘束を免れているかぎりで主観的であるにもかかわらず、普遍的妥当性を主張しうるのである（U, V, 320, §51）。これをヴェイユは「カントがいみじくもいったように、それはどんな終わりもない究極性なのである」と表現している[91]。

そこで、どのようなものが美しいものであるのか。カントの場合は、ある対象が美しいと判断されるためには、次の二つの条件が主に必要であるという。第一は、対象の認識に快感が伴うことであり、第二は、その快感が普遍性と必然性を持っていることである。第一の点については、一般に認識が基にしている対象の知覚には快（もしくは不快）の感情を伴うが、この対象の知覚に伴う快感が、対象の表象に対して述語の代わりをする場合に「美感的判断」が成立するのである（U, V, 208-211, §4-6）。

しかし、本来美感的判断は個人的な感情によるものである。したがって、たとえば他人がある対象をいくら美しいと批評したとしても、私自身がそれを美しいと感じなければ、それは美しいものだとはいえないはずである。しかし、

(86) Taylor, pp. 366-367.（四〇九ページ）。
(87) ロジェは、カントが啓蒙的教育伝統のなかで敬虔主義的色彩の教育を受けていたことが、カントの人間形成にとって決定的なことであったと指摘している。それは、カントが啓蒙を、後見人からの独立、人間には自分自身以外、後見人はあり得ないと定義していたことから、理神論と宇宙論的自然神学的な神の存在証明を精算していたことを意味していることからも明らかであるとしている。この時から、カントにとって神と宗教は純粋に超越的なものとなったと指摘している（ロジェ、五六ページ）。
(88) シモーヌ・ヴェイユ（田辺保・杉山毅訳）『神を待ちのぞむ（新装版）』勁草書房、一九八七年、一八六ページ。
(89) 同書、一六二－一六三ページ。
(90) 同書、一七九－一八〇ページ。
(91) 同書、一六七ページ。

私がその対象を美しいと判断する時には、他の人もその点を認めるはずだと考えられるのである。それゆえ、この普遍性は主観的普遍妥当性ということになるのである（U, V, 244, §23）。

こうした美を産出するのは、自然美の場合自然ということになる。この自然の美について、カントは、野の花や鳥、昆虫などの美しい形態を美しいと思うだけでなく、この美しい形態が自然のうちで失われるのを忍びないとする人は、自然美に対して直接的に、しかも知性的に関心を持つという。ここで注意しなければならないのは、造花ではなく野の花であり、自然が生み出したものが対象であるということである。このように、美を産出したのは自然であるという思いが美的な快感に伴っているのである（U, V, 299, §42）。その場合、自然の所産と一切の関心とかかわりのないわれわれの快感との合法則的合致を想定せしめるような、根拠を自らの内に含んでいることの、少なくとも痕跡もしくは示唆を示していると思われ、このことに理性は関心を持たざるを得ないというのである。これをカントは知性的関心（intellektuelles Interesse）と呼ぶが、こうした人間に内在する自然素質が駆り立てて差し向ける人間のあらゆる活動を、好んで人間性の最終目的、つまり道徳的に善いものに向けようと意欲した人々が、総じて美しいものに関心を抱くことを善い道徳的な性格の表れと見なしたのは、善意からのことであったというのである（U, V, 298, §42）。

このように、カントは自然が作り出す美を芸術美よりも評価をしているのである。形だけいえば芸術美の方がはるかに優れている場合もあるが、自然美には、作者の虚栄心や我が儘、破滅的な執着する感情に身を委ねてしまうという道徳的欠点が存在しないのである。したがって、虚飾に背を向け自然美に向かおうとする関心は、つねに善い心を示す一つの特徴であり、この関心が習性的になると、それが道徳感情に好都合な心の情調を示しているというのである（U, V, 299, §42）。

そして、この芸術美に対する自然美の優位は、自らの道徳感情を開化するに至ったあらゆる人間が持つ純化された徹底した心構えと適合するというのである。これは、虚栄や社交的な喜びを維持することしかできない部屋を進んで立ち去り、自然の美へと向きを転じ、そこで完全に展開しつくことができない思考過程の途上にある自分の精神に対していわば快楽を感ずる人をわれわれが眺めていると、われわれはこうした人が取った選択を、尊敬を持って眺め、彼のうちに美しい心があると感じるだろうからである。しかも、こうした美しい心は、いかなる芸術家も愛好家も要求することができないものだからである（U, V, 299-300, §42）。これらのことから、われわれが美しいと感じるものは、カントの道徳法則からいうと、自然でなければならないという結論に至るわけである。

また、自然が人間に道徳的関心を喚起するというのは、こうした美しい自然への知性的関心においてだけではなく、さらに崇高な自然に対する感動においても認められるのである。崇高の判断は、美の判断と同様に関心を持たずに快感をもたらすとともに、普遍的妥当性も持つのである。

ここでカントは、崇高の判断が美の判断と異なる点をいくつか挙げているのだが、その中で最も重要な区別は、自然美にはつねにその判断力に対する「合目的性」があるが、崇高には一見「反目的的」な面があるものの、そのことでかえって崇高であると判断されるものがあるというのである（U, V, 245, §23）。ということは、自然の対象を崇高とよぶことは不適切ということになる。本来の崇高なものは、感性を越えた理性の諸理念にのみ、ただ心の内に見いだされることになる。つまり、自然は人間に崇高な気分を持つようにさせる機縁に過ぎないことになるのである。したがって、「崇高なもの」は自然の合目的性の諸理念から分離させられることになるのだが、それによって、自然から全く独立したある合目的性をわれわれ自身のうちで感じさせるようになるのである（U, V, 246, §23）。

この自然すらも、人間の美的快感及び崇高の感情を通して、道徳的関心を喚起させることにつながるのだが、これが神による自然の創造の究極目的のところでさらに考察されることになる。カントは、先に触れた自然美の知性的関心や崇高の判断という考えを宗教的感情に似たものととらえるようになっていくのである（U, V, 481, Anmerkung）。

美に対する賛嘆と、これほどまでに多様な自然の諸目的による感動とは、〔中略〕それ自体ある宗教的感情に類似したものを備えている。したがって、これらは、たんなる理論的観察が引き起こすことができる関心よりももっと多くの関心と結びついた賛嘆を吹き込む場合は、まずこれらが備えている道徳的判定様式に類似した判定様式によって道徳感情（われわれに知られていない原因に対する感謝と尊敬）に働きかけ、それゆえ道徳的諸理念の喚起を通じて心に働きかけるように思われる（U, V, 482, Anmerkung)。

したがって、神学なるものを持つのは、もっぱら宗教のために、すなわち主観的意図における理性の実践的な、とりわけ道徳的な使用のために必要なので重要であることになるとカントは述べている（U, V, 482, Anmerkung)。つまり、これが自然の目的でもあり、決して人間の生存や幸福、私益ではないことになる。さらに、自然が作り出した世界においては、無駄なものは何一つないので、たとえば人間にとっての害虫のような快適さからは遠いような「反目的的」な事物も、賢明な自然の配慮に従って、それだけですでに健康を維持するための重要な手段である清潔さに向けての刺激とカントはとらえ、われわれは諸事物の目的論的秩序への楽しい、時にはためにもなる展望を得るというのである（U, V, 380, §82)。

こういったことで、自然の美も、一旦自然の諸目的の一大体系という理念が与えられた後では、人間もその一つの項目である体系としての自然全体における自然の客観的合目的性と見なされうるというのである。そして、これは先述したように、何か自然からの恵みとして与えられる生存や幸福のようなものではなく、むしろそれから分離されたものでなければならないのである。

## 自然の目的

では、こうした自然の最終目的とは一体何か。人間そのものが自然によって自然の施しで満足させられることができる種類の目的は幸福であり、自然が（外的及び内的に）人間によってそのために用いられることができるようなあらゆる目的に対する有能性と熟練性は、人間の開化（Kultur des Menschen）ということになる。しかし、幸福は人間によって決して達成されることはないだろうとしている。それは、人間の本性が、所有や享受の点でどこかで停止させられるというたぐいのものではないからだとしている。しかし、自然の最終目的を人間のどこに置くべきかを見いだす際には、人間が究極目的であるために人間自身が何をなさなければならないかを人間に準備させようとするのに、自然が何を果たすことができるかを求めなければならず、またそのものをその目的の可能性が、もっぱら自然の手に期待してよい事柄に基づいているようなあらゆる目的から分離しなければならないことになる。これらの目的が、カントにいわせれば「地上における至福」であり、これが地上での人間による一切の目的の実質である。この実質を人間が自らの目的のすべてとすると、人間が自分自身の現存に究極目的を置き、この究極目的と合致することが不可能になってしまうのである。

そこで、自然における人間の一切の目的に関して、ただ形式的な主観的条件だけが残ってしまうが、それは総じて自分自身の目的を設定し、自然を人間の自由な目的一般の格率に適合させて手段として使用するといった有能性なのである。つまり、こうした有能性だけが自然が自然の外にある究極目的を目標として整えることができ、それゆえ自然の最終目的と見なされることができるものということなのである。それが、人間の有能性の産出ということになる。つまり、人間の開化が自然の最終目的ということになるのである（U, V, 429-432, §83）。

この人間の開化においてもっとも重要なのが熟練性の開化である。熟練性の開化自体は、人間の諸目的の規定や選択における意志の自由を促進するには十分ではないものの、こうした自由こそが諸目的に対する有能性の全範囲に本質的に属しているのだとカントは指摘する。ところが、人類にとって熟練性は、人々の不平等を介する以外には発展することはおそらくできないだろうとしている。これは、人間が置かれている現実の社会を直視し、高次の階級の多くの開化は、生活に必要な品々を調達する、労働はきついが享受には乏しい抑圧された地位にある人々を土台にして伸展するからである（U, V, 432, §83）。いわば、社会的エリートは非エリートの犠牲によって、自らの能力を伸展させていくということである。しかし、カントはこれを是認しているわけではない。この開化の進歩において、エリートが非エリートへの支配的暴力によって、そして非エリートの人々にはその内部での足るを知らない貪欲によって、この双方の立場の人々に平等に、しかも強力な難儀が生じるのである。これをカントは悲惨だといいながら、同時に輝かしいとも表現し、人類における人間の自然素質の発展と結びついていて、自然そのものの目的が達成されるというのである。

そこでカントは、自然の究極目標が達成されるには、市民社会（bürgerliche Gesellschaft）と呼ばれる合法的権力が、相互に争い合うような自由の相互侵害に対して対置されなければならないと述べている。ここでいう究極目標とは、他のいかなる目的をも自らの可能性の条件として必要としない目的のことである（U, V, 434, §84）。この市民社会は人間相互の連関において成立するものであり、こうした体制のうちでのみ自然素質は最大に発展することができるという（U, V, 432, §83）。つまり、カントは市民社会が合法的権力を持つということ、つまり、人間による様々な行為、言論の相互作用によって市民社会が構成され、そしてそれが機能しなければ、カントの最高善が達成されないということになるのである。

しかし、この市民社会体制を形成するには、互いに侵害し合う危険があるすべての国家が構成する国際社会を考慮すると、世界市民的な体制が作られなければならないことになる。この世界市民体制が欠けていて、名誉欲や支配欲、所有欲が、とりわけ権力を手中にしている人々のそれらが、こうした世界市民体制の確立という企画の可能性すらも妨げる障害がある場合は、戦争は避けられないことになる。戦争そのものは人間による非意図的な行為ではあるが、それでも意図的な試みである可能性があるとカントは述べている。戦争そのものは、人類に恐るべき困窮をもたらし、平和時における戦争の不断の準備も人類を苦しめる困窮も大きなものであるとカントは指摘しているが、それでも開化に役立つ一切の才能を最高度に発展させる今ひとつの動機であるとカントは述べているのである（U, V, 433, §83）。ここで糺しておきたいのは、カントは戦争を肯定しているというわけではないことである。しかし、戦争は歴史的に、現実に起こっているものである。そして、戦争のみならず、人間の傾向性の数多くの不満によって、人間に過大な禍を浴びせかけることを否定していない。それは、傾向性の粗野や凶暴さ、つまり暴力のことである。それでも、その害悪を乗り越えてこそ、道徳法則下での世界市民体制への道につながると考えており、それが自然の摂理でもある。また、こうした過大な禍を被った人たちを無駄死にさせないというのも、カントが持つ人間に対する尊敬から考えられる意図である。こういったことがカントの本旨であろう。

つまり、自然の目的には、こうした高次の規定を目指す育成に強く抵抗するような傾向性を次第に奪い去り、人間性の発展に場所を設けることも否定できないのである（U, V, 433, §83）。これに関連して、美術と学は、道徳的人間を改善しなかったとしても躾けることはあり、そして、感性的な性癖の暴政からきわめて多くのものを奪い、このことによって人間を理性のみが権力を持つことになる支配へと準備するという。この間に、一部は自然が、もう一部は人間の協調性のない我欲によってわれわれが見舞う禍ですらも、そうしたわざわざ異に屈しないように同時に心を奮い立たせ、高め、鍛えるのであり、人間に内在する高次の諸目的に対する有能性をわれわれに感知させるというのである（U, V, 433–434, §83）。つまり、カントにとっては、すべては自然の掌の上で人類は歴史を紡いでいることになり、戦争などの悲惨な出来事も人類が乗り越えることで、その意味を変えてしまうことを期待しているのである。

ここまで述べてきた内容は、三大批判書の一つである『判断力批判』にあるものである。これが後に、カントが世界市民構想を掲げる根拠になっているといえよう。カントの政治思想の最終目的は恒久平和であるといえるし、それがまた、彼の政治思想においての最高善である。その最高善を達成するために、人間学を分析し、そして何を課題としたのかがカントの政治思想の真骨頂なのである。世界の諸事物が、様々な目的にしたがって作動する最上の原因を必要とすれば、人間こそは創造の究極目標なのである。その理由は、人間を欠くと、相互に従属し合う諸目的の連鎖は完全には根拠づけられなくなり、そこで人間のうちにのみ、諸目的に関する無条件的な立法が見いだされることができるからであり、それゆえこの無条件な立法だけが、人間が究極目標であることを、つまり全自然がそれに目的論的に従属している究極目的であることを可能にさせるからである。

先に述べたとおり、究極目的は無条件的である。つまり、他のいかなる目的をも自らの可能性の条件として必要としないのである。したがって、ある悟性的原因の究極目的として現存すべき事物は、諸目的の秩序において、たんに自らの理性に依存していて、それ以外のいかなる外部（から）の条件にも依存していないような種類のものでなければならないことになる（U, V, 435, §84）。こうした、外部から自律している事物こそが、人間ということになる。それは、人間が自らの理性でもって、道徳的法則下で判断を行う存在ということになる。

このような考えには、カントの道徳論が、いわゆる自然神学が前提になっていると推測できる。あるいは、道徳神学が自然神学と結びつき、自然神学を補っているとも考えられるのである(92)。この両者では、自然神学が道徳神学に先行するのであるが、いずれにしても、自然はこうした神の意図としての最高善を達成するため、いわば無地のキャンバスに美しい絵画を描くように、世の中を創造しているというのがカントの考えである。この自然に導かれる世界というのは、最高善である恒久平和の達成が企図されているのである。カントの恒久平和論には、これはカントの思想そのものに共通することだが、キリスト教哲学が前提となっていることは否めないのであり、こうした視点を欠いた状態でカントの恒久平和論を論じるのは、やはり重大な欠落を意味する。

また、カントの三大批判書は、最終段階で道徳神学的な色彩が強くなり、それが『宗教論』へとつながっていく構図になっている。そして、カントの恒久平和論が最終的な彼の目標であるのだが、彼の恒久平和論があまりにも楽観的であるという批判が存在する。そして、この批判は彼の道徳論にも存在する。しかし、それはカント哲学の基礎になる宗教哲学の側面を見落としているからに過ぎない。つまり、カントにおける摂理、そして自然への尊敬が、彼の恒久平和論に強く影響を与えているのである。西洋政治思想においてキリスト教の影響を無視することはできないが、それはカントも同じである。カントの構想が楽観的であるとの批判の多くは、カントの宗教的側面を軽視していることに起因しているといえよう。

## むすびにかえて

この章ではカント思想におけるメタ理論の一つである、キリスト教の信徒としてのカントの側面を提示してきた。恒久平和の達成には啓蒙による自律した人間が必要であり、さらに彼の思想の根底にはキリスト教哲学者としてのカントの考えがあったことを示した。つまり、カントの平和思想を論じるには、それを達成するための人間の啓蒙、道徳法則下による善意志による行為が必要とされ、さらにはキリスト教が彼の道徳哲学を支えていることを念頭に置かなければならないのである。

これを踏まえて、次章ではカントの哲学と自然、摂理についての議論をしていこうと思う。

(92) 久保、一三六ページ。なお、自然神学とは、自然の諸目的から最上の原因とその諸特性とを推論する理性の試みであり、道徳神学は、自然における理性的存在者の道徳的目的(これはアプリオリに認識される)から、かの最上の原因とその諸特性とを推論する試みであると、カントは区別している(U, V, 436, §85)。

# 第二部　恒久平和論の礎としてのカント哲学

# 第四章　市民性の基礎としてのカント哲学

この章では、カントがどのような道徳論や、人間観を持っていたのかを明らかにするために、カント哲学の概要を見ていく。カントの哲学とは、しばしば理性に対する関心と傾倒に最大の特徴があるといわれるが、それはむしろ、前述したとおり人間に対するまなざしである。すでに議論し尽くされていて周知の事柄も多いのだが、カントの道徳哲学の前提となる彼の理性、自然といった思想、およびカントの人間観におけるキータームについて触れていく。

カントにとって、理性は実践的使用においてもやはり無条件なものを求める。これを、彼は「純粋実践理性の対象の無条件的総体」を最高善の名の下に求めると述べている。そして、この理念を実践的に、すなわちわれわれの理性的なふるまいの格率のために十分に規定するのが知恵の教えであり、それが古代ギリシアの人においての哲学ということになる。古代の人においては、哲学とは最高善がそのうちに措定される概念と、最高善がそれによって獲得されるべきふるまいとに向けての指導であったのである。理性がこの教えのうちで最高善を「学」に仕立てようと努めるかぎりにおいて、昔ながらの語義に従うと、哲学は最高善の教えということになる（P, V, 108）。

つまり、カントにとっては哲学は最高善を教授するということなのである。このために、カントは自らの哲学を展開していくわけである。いうなれば、こうした最高善に関わる考えが、カントの市民性（Bürgerlichkeit/Zivilcourage）において基礎を形成しているのである。

## 1　自然と摂理――カント哲学の根底

### (1)　自然

カントの思想体系において、彼の摂理的な自然観が重要な基礎を占めていることには注意しなければならない。そのため、ここでカントの自然観について簡単に説明する[1]。

そもそもカントは、ニュートン物理学を骨子とした客観的事実から出発し、いかにして客観的経験が可能かという考察を始める。実際カントは、ニュートンにしたがった宇宙の正しい認識は、知ったかぶりな人間理性の最も素晴らしい産物であるといっている（Bem, XX, 120）。つまり、カントの自然とは、彼自身の哲学に登場する超越論的原理であるといえる。これはその内容の如何にかかわらず通常のすべての法に自動的に適用され、ほかのすべての法が機能する次元を超えたレベル、通常の法のレベルを超越した次元で機能するアプリオリな原理ということである[2]。また、『判断力批判』の「第一序論」においてカントは、心の諸能力を認識能力、快不快の感情、欲求能力に還元しているが、そのうちの認識能力は悟性がアプリオリな諸原理を含んでいる。この悟性は客観的必然性を含む合法則性となり、それの所産は自然であるという。それをまとめると、自然は自らの合法則性を認識能力としての悟性のアプリオリな諸原理に依拠するということになる（U, V, 245–246, §23）。

ここからわかるように、カントは、自然法則は自然の中に内在しているものではなく、私たちの意識が構成するものであり、これを用いて私たちは自然を理解するという確信があった。カントの批判哲学は、元々ヒューム的な経験論に対する批判が始まりになっている。そのため、必然的でアプリオリな、つまり経験に論理上先立ち、経験に依存しない諸原理が必要であった。これによってのみ、私たちは自然の中に何らかの秩序を認識することができるのである。したがって、自然における秩序や関連や統一の根源は、実は私たちの意識の中にあり、私たちがそれを自然に付与するのである。[3]

この点については、次のようにカントは述べている。

> 自然の最高の立法はわれわれ自身の中に、つまり、われわれの悟性の中にあるのでなければならず、われわれは自然の普遍的法則を、経験を介して自然から求めてはならず、逆に自然をその普遍的合法則性の上からいって、われわれの感性と悟性の中に存する経験の可能性の制約からだけ求めなければならない。〔中略〕普遍的自然法則はアプリオリに（すなわち、すべての経験から独立して）認識され、悟性のすべての経験的使用の根底におかれることができ、またそうでなければならない（Prol, IV, 319-320）。

---

（1）カントの自然について、貫成人は複雑性の喩えを用いている。地球上の各所で起こる対立や交易を、対流における水分子の動きに相当するミクロの出来事とし、それが地球上の各所で生じることによって各地における各民族の分布や新たな交易網といったマクロの構造が生じてくると言う。一旦生じたマクロの構造は、それぞれ独立した各民族どうしの切磋琢磨や遠隔地訪問といったミクロの動きを生み、またそれを制御する。こうしたミクロの動きはさらに、国家間の平和的共存といった新たなマクロ構造をうむというのである。ここでは、法や国家連合はこうした自然の動きを見て取って、それに乗り、全体の安定への動きや流れを好ましい方向に制御し、助けるための舵取り板、制御板に過ぎないと表現している（貫成人『カント――私はなにを望みうるのか―批判哲学』青灯社、二〇〇七年、二六－二八ページ）。

（2）これが『純粋理性批判』でも、「自然とは、諸現象が、その現存在からいって必然的な規則、つまり法則にしたがって連関づけられていることと解される」とカントは説明している（A216-217/ B263-264）。

（3）Cf. Hans S. Reiss, *Kants politiches Denken*, Verlag Peter Lang, 1977.（樽井正義訳『カントの政治思想』芸立出版、一九八九年、三七ページ）。

さらに、カントはつづけてこのように述べている。

悟性は自然の普遍的秩序の起源である（Prol, IV, 322）。

つまり、カントにとって悟性そのものが自然と近いものであるという認識に立っていることがいえる。他には、『道徳形而上学原論』において、法則の普遍性は、最も一般的な意味で（形式に関して）本来自然とよばれるものを形成するとしている（GMS, IV, 421）。つまり、カントにとっては、自然は混沌状態ではなく、秩序があるものとして考えていることになる。

さらに、『自然科学の形而上学的原理』（*Metaphysische Anfangsgründe der Naturwissenschaft*, 1786）において「引力と斥力という二つの力はどちらも常に相互的に〔中略〕作用する」と述べている（N, IV, 547）。こうした複数個の物体間に働く相互作用の場において考えられる物体の運動は、たしかに真の運動とみなすことができる。というのも、この場合の相対運動は、相互に作用を及ぼし合いながら、たがいに対して生じる運動を意味するのであり、つまりはこの相互作用と律する運動法則のもとで客観的に定まりうる運動（＝真なる運動）と考えられるからである(4)。

こうしたカントの自然観が、後述するカントが構想した市民社会像の根底にあることは否定できないであろう。楽観的ともいえるカントの世界市民への構想は、こうした自然観に依拠するものであると考えられるのである。

また、この自然の事物はいずれも法則によって作動するのである。この中において法則に従った行為をするのであり、法則に従った意志を所有することになるとカントは表現している（GMS, IV, 412）。この意志とは実践理性になるのだが、これについては次章で説明することにしよう。

## (2) 摂理の影響

これまで見てきたカントの「自然の目的」という考えは、中世キリスト教の影響を受けた摂理的なものであるという見方ができる。[5] 前章でも取り上げたが、ここでいう摂理とは、神が自身の被造物を、これから到達しなければならない究極の完成に向かって導く計らいのことである。[6]

本来摂理とは、自然や世界過程に自由な聖意に基づく神の意図のことである。神が永遠の計画にしたがって、無から創造した世界を支配し、その目的に向かって導かれるというのが聖書における摂理の信仰である。

カントは明確に摂理という言葉を用いて議論しているわけではない。むしろ自分の主張を確固たるものにするために用いているといえる。そして、従来のカント研究においても注目された言葉ではない。さらに、彼の道徳学においても頻繁に出てくる言葉ではなく、形而上学でもほとんど登場しない。しかし、カントはこの自然を造ったのは神であり、その自然の目的の一つである人間も、神自らの意志によって、恒久平和へと向かうように造られていると考えたのである。しかも、カントは恒久平和の保証にあたるものは、偉大な芸術家である自然であるとしている。この自然の機械的な流れからは、人間の不和を通じて、人間の意志に反してもなお、融和そのものを生まれさせようとする合目的性が輝き出ていると彼は述べている（Frieden, VIII, 360）。

こうした考えの背景には、第六章でも述べるが、カントは人類史を聖書に依拠して解釈し、堕落してしまった地上が再び神の作品になるまで、つまり自然にしていくまで、人類の課題が続くというのである。カントの場合、摂理は

---

（4） 犬竹正幸「カントの自然観」、牧野英二編『別冊情況　特集カント没後二〇〇年』情況出版、二〇〇四年、五八－五九ページ。

（5） 摂理への信仰はカントに限った話ではなく、ドイツでは一八世紀を通じて維持されていた。

（6） 例えば、日本カトリック司教協議会教理委員会著・監修・訳『カトリック教会のカテキズム』カトリック中央協議会、二〇〇二年、九四ページを参照。

神による自然の計画であり、それがカントの人類に課せられた義務ということになる。そのため、摂理はむしろカントの歴史哲学においてよく見られる。歴史哲学には、摂理に依拠する箇所が多く見受けられ、それに従うのが人間であるとの考えである。[7]

さらに、これがカントの恒久平和の保証にもなっている。カントは摂理についてこのように補足している。

自然機構の中には、人間も(感性的存在者として)その自然に共に属しているが、そこにはすでに自然の存在の根底にそなわっている一つの形式が見出される。われわれはこの形式を、自然をあらかじめ規定している世界創造者の目的を基礎に置いてみなければ理解できないのであるが、こうした世界創造者のあらかじめの規定をわれわれは(神的な)摂理一般と呼び、それが世界の資源に置かれている場合は、創造する摂理(providentia conditrix 創始者の摂理。semel iussit, semper parent 一旦命じられたら、つねに従う。アウグスティヌス)と呼び、しかし自然の流れの中で、この流れを合目的性の普遍的諸法則に従って維持するときには、支配する摂理(providentia gubernatrix 指導者の摂理)と呼ぶ。さらに、人間によっては予知できない成果からのみ推測される特別な諸目的においては、指導する摂理(providentia directrix 指導者の摂理)と呼ぶのである。その上最後に、神の目的と見なされる個々の出来事においては、もはや摂理とは呼ばずに、天命(directio extraordinaria 異常なる指図)と呼ぶのである。〔中略〕摂理がその意図において普遍的と呼ばれるのは、ただ一個のものでもそれから除外することは考えられないためである。〔中略〕道徳的=実践的見地(したがって、全く超感性的なものに向けられている見地)においては、例えばわれわれの心情が真ならば、神がわれわれ自身の正義の欠陥を、われわれには理解しがたい手段を用いても補ってくれるであろう(Frieden, VIII, 361-362)。

このように、神がしっかりと支えてくれるのだから、われわれ人間は善への努力において何事もなおざりにしてはならないと、カントはいうのである（Frieden, VIII, 362）。カントの摂理とは、観念は本質的に、社会的かつ政治的ヒエラルキーは神の計画を反映したものであり、完全な正義は地上を超えて天国にのみ存在するというものであった。実は、政府と教会によって、摂理は身分制社会の露骨な不平等を合理化するために絶えず喚起され、つまり認識されていた社会の不平等も、神の計り知れない計画の一部にすぎないと指摘されていたのである。(8)

しばしばカントの政治思想はラディカルなものと評されるが、同時にキリスト教の摂理信仰の影響をも受けているのは、前章でリッチュルによるカント論を通して見たとおりである。それ以外にも、たとえば、『万物の終わり』（*Das Ende aller Dinge*, 1794）にてカントは終末論を展開するが、その際に、キリスト教はその諸法則の神聖性が有無をいわせず注ぎ込むもっとも偉大な尊敬以外にも、さらに愛されるに値するものをそれ自身のうちにもっていると述べている（Ende, VIII, 337）。さらには、カントはいろいろと予防線を張りながらも、人類史の臆測的始元として聖書を頼りにし、そこから人間の本性がいかなるものかを述べている。

カントにとって、尊敬なしにはいかなる神の愛も起こらないのだから、尊敬は疑うことなく第一のものである。また、愛こそが他者の意志を自分の諸格率のうちへ自由に受け入れることとして、人間本性の不完全性を補完するものなのである（Ende, VIII, 338）。つまり、キリスト教と愛の重要性をここで指摘しているのである。カントは道徳的法則の実行において神の存在を重視している。それは、客観的根拠によって動かされんがために、神を最も神聖にして最も完全な意志を持つものとして表象するのである（Collins, XXVII-I, 278）。

（7） これは、カントの形而上学においても重要であると言える。カントの「物自体」という概念は、存在してはいるが現象はしないで、現象を引き起こすものである。

（8） Beiser, p. 31.（六一ページ）。

さらには、われわれが互いに幸福にしあうことができる舞台に、神はわれわれを置いたという。幸福になるかどうかはわれわれ次第であり、もし人間が悲惨である場合、それは人間自身に責任があるとしている。一人の人間がしばしば苦境に立つのも同じであり、だからそれは神のせいではない。しかし、神はその人を苦境のままに放置する。その人を苦境に立たせているのも、一方でその人を力を合わせて助けることができるのも人間であることの証拠としてである。神はわれわれすべてに、互いに一致して助け合うという使命を与えたというのである（Collins, XXVII-I, 286）。

したがって、カントの思想にキリスト教的な摂理主義といえる要素があるのは否定できない。これが、カントの恒久平和の構想が楽観的といわれる所以であるが、一方で世界市民に到達する人間の進歩にも影響を与えていることにもなるのである。

## 2 悟性と判断力

カント哲学において重要な概念として、理性（Vernunft）と悟性（Verstand）、判断力（Urteilskraft）が挙げられる。これらは、いわゆる三大批判書においてそれぞれが中心テーマとなってカントがいわゆる「批判」を行っているが、『実用的見地における人間学』（*Anthropologie in pragmatischer Hinsicht*, 1798）（以下、『人間学』）においてもたびたび登場している。

ここではこれら三つの概念を概観していくことにする。それぞれの概念の前提として、仮に認識の能力を一般に（その後の最も広い意味で）悟性と呼ぶことにすれば、悟性には次の三つの能力が含まれていなければならないとカントは述べた。

（1）　対象の直観を生むための、与えられた諸表象を把握〔覚知〕する能力（attentio 注意）
（2）　対象の概念を生むための、複数の表象に共通しているものを分離する能力（abstractio 抽象）
（3）　対象の認識を生むための熟慮する能力（reflexio 反省）

これらの能力自身を向上させるために認識能力を全体として使用しようとする場合、理論的な認識の局面でさえもどうしても要求されるのが理性である。つまり、まず理性が規則を与え、ついその規則に従ってのみ認識能力は向上することができるのである。ここでカントは、認識能力に課す要求を、認識能力の三つの階層に応じて三つの問いにまとめることができるというのである。

私は何を意欲するか？[9]　と悟性は問う。
肝心なものは何か？　と判断力は問う。
結局どうなるか？　と理性は問う。

これら三つの問いに答えようとする場合、それぞれの能力に応じて頭脳は異なってくるとカントはいう。第一の問いに答えるには、自分自身を理解する明晰な頭脳だけでよいとカントはいう。しかし、第二の問いに対しては、答えるのに上手くいくことは滅多にないという。これは、当面する概念を規定しようとすると、あるいは課題を解決しようとすると、正しそうなやり方が多種多様に沸いてきて、さてどれが課題に厳密に適合している唯一の解決なのか迷

(9)　ここでの「意欲する」とは、「私は何を真理として主張したいか」という意味で理解して欲しいとカントは述べている（Anth, VII, 227）。

ってしまうからだというのである。ただ、これは手当たり次第にわきまえているだけに過ぎないのであって、肝心なものに的を絞ることができさえすれば即座に解決し、理性による判決が自ずと得られるとしている（Anth, VII, 228）。理性、悟性、判断力について、カントは簡単に次のようにまとめている。悟性は積極的であり、無知の暗闇を駆逐するものである。判断力はどちらかというと消極的で、対象がぼんやりした光の中で現象することが原因となって生じる誤謬を予防する。理性は誤謬（先入見）の源を塞ぐことによって、原理の普遍性を通じて悟性の安全を図るものである。机上の学問はたしかに知識を増やしてくれるが、そこに理性が加わってないと概念や洞察を拡げることはできないとしている（Anth, VII, 228）。さらに、アプリオリな諸原理に基づく認識の能力を純粋理性と、カントは呼んでいる（U,V, 167, Vorrede）。結局のところは、客観的な物事は混沌としていて無意味なものであるが、悟性による主観的な判断ができて、初めて意味のあるものになっていくということである。

そのため、思想家に用いられるものとはいいつつも、こうした格率が人間に対しての変わらぬ戒めになるとカントはいう。それは、自分で考える、（他の人間と交流する際に）自分を一人ひとりの他人の立場に移し替えて考える、常に自分自身と一致して考えるということである。最初の原理は消極的であり、強制から自由な思考様式の原理としている。第二の原理は積極的であり、他人の概念を受けとめることのできる寛大な思考様式の原理である。第三の原理は、首尾一貫した（矛盾のない）思考様式の原理であるとしている（Anth, VII, 228-229）。

ここでカントが強調したいのは何であろうか。それは、カントの思想を貫く理論の一つである、道徳法則の尊重に他ならない。

### (1) 悟性

カントは、人間が自分というものを考える能力を悟性と述べている。ここでいうのは、一人称で何かをしゃべるときは当然自分というものを考えているはずだというのが理由である（Anth, VII, 127）。そして、人間が一人称で語り始めるその日から、自己中心主義（Egoism）は休みなく亢進するのである。その自己中心主義に対置できるのが多元主義であり、自分自身を単なる一世界市民と見なし、そのように行為する考え方である（Anth, VII, 128-130）。

これが、他人のことを考えて行動することにつながり、カントの「他人の幸福を促進せよ」という法則にもつながってくるのである。さらには、それが「汝の格率が普遍的法則となることを、その格率を通じて汝が同時に意欲することができるような、そうした格率に従ってのみ行為せよ」という定言命法にもつながるのである（第五章参照）。

そして、人間は誰しも自然法則の下にあるのだが、この自然法則は、悟性のきわめて通常なあらゆる判断の、経験判断ですらも基礎につねに存している。それゆえ、悟性はいつも自然法則を手許に備えているが、ただし理性の実践的使用においては、自然法則が自由の法則の範型になるのである（P, V, 70）。そして、カントによれば、実際のところは人間は誰しもこの規則に従って、行為が道徳的に善であるか悪であるかを判定しているのである。

その悟性の下に理解されるべき規則は、自然の本能に駆り立てられる動物に見られるのと同じように人間が振る舞っている際に従っているような、自然によって人間が導かれるときの規則ではなく、ただ人間が自力で作る規則だけである（Anth, VII, 197）。それでも、経験を積んでいけば自分で考えるようになり、臨機応変の規則をいろいろ必要としていくものである。

## (2) 判断力

悟性は、教え込んでいけば経験概念をさらに増やしていくことができるが、判断力は教え込むことができない。そのため、ただただ訓練する必要がある。そのため、第二の知的能力ともいえる判断力は、年月を経ないうちは身につかない悟性ともいわれるとしている（Anth, VII, 199）。

この判断力については、『判断力批判』でカントが再三述べているとおり、健全な悟性をひたすら側面から援助するものであり、悟性と理性が連携する際の仲介者の役を務めるだけだからである。悟性が規則の能力であり、判断力がこの規則の事例に当たるような特殊なものを発見する能力であるとすれば、理性とは普遍的なものからの特殊なものを推論し、それゆえこれを原理に則りながら必然的なものとして表象する能力である。それゆえ理性は原則に従って判断し、原則に則って行為する能力を通して解明することができるのである。いかなる道徳的判断においても人間は理性を必要とするのであり、教会法や定着している慣習とかを頼りとすることはできないのである（Anth, VII, 199）。

ところが、道徳が問題である場合でも、人々は自分一個人の問題としていま以上に確実な安心を手に入れようと、理性を自分で使用することをすべて放棄して聖職者が語る慣習的な教会法に唯々諾々と受動的に服するという態度に傾きがちであるとカントは指摘する。ただ、人々がそうするのは、自分達に見識力が欠けているからという感情からというよりも、むしろ狡猾な考え方からであって、それは一つには、ひょっとして道徳的にいって自分達に何かやましいところがありそうな場合にその罪を他人になすりつけることができるようにという魂胆から、もう一つにはとりわけ道徳という、偶像崇拝よりはずっと気の重い本質的なもの（心を入れ替えること）を、お茶を濁して何とか回避するためだという（Anth, VII, 200）。

ここでわかるとおり、カントは人間の弱さ、悪い部分をしっかりと認識しており、それを無視しているわけではない。人間とは他人に罪をなすりつけようとしたり、心を入れ替えることを何とか回避しようとする弱い生き物であるため、賢知（理性を実践的に法則にかなって完全に使用する境地を指す理念）を各自に要求するのは人間にとってたしかにいささか酷な話であるとカントはいう。しかし、賢知を他人から授けてもらうことはできないため、人間はこれを自分自身の内から形成するのでなければならない。しかし、賢知に至るまでを導いてくれる格率があるという。

それは、自分で考えること、（他者と交流する場合には）その他者の立場を考えること、そして常に自分自身に矛盾するところがないように考えることの三つであるという。これは、『啓蒙とは何か』でも出てくるカントの人間に対する成年状態である市民になれという課題であり、義務でもある。(10)

## 3　純粋理性批判と普遍性

『純粋理性批判』（*Kritik der reinen Vernunft* (1. Aufl.) 1781, (2. Aufl.) 1787）における、カントの政治思想の嚆矢ともいえる文章を、前章でヘルドの理論において引用したが、カントの思想における超越論的（Transzendental）なものという概念と普遍性が議論されているのも、この第一批判とよばれる『純粋理性批判』である。ここでも、その普遍性とカントの市民性について、関連を見いだすことができるのである。

カントが批判哲学でおこなったことは、問題になっている事柄の実質を見極めて、実現されるべき状態をはっきりさせ、その実現のための形式的条件を詰めていくものである。その形式的条件は、しかも問題になっている事柄のすべてに、それが機能している次元を越えた、超越的次元から働きかける超越論的原理となるのである。こうした、思考における戦略性、形式主義からなる超越論的哲学がカントのやり方でもあった。(11)

カントの「純粋理性批判」とは、人間が外界に一切依存せずに自分だけで何をどの程度まで正確に認識できるかを一度はっきりと問いただし、その有効範囲を確実に境界設定しようとする試みである（A25）。(12) これは、カントにと

(10) カントにとって、この根底にキリスト教的な摂理があるのは当然であろう。つまり、こうした格率による啓蒙も、神による自然の目的ということになる。
(11) 貫、三〇—三一ページ。

って当時が啓蒙の時代の出発点であったことも影響している（WA, VIII, 40）。啓蒙はカントにとって新しい時代への要請であり、必要なものであった。

そして、カントの哲学は主観と客観の関係性の哲学であり、形而上学にも心理学にも依拠しない新しい哲学である[13]。この哲学をカントは超越論的という言葉で示した。すなわち、カントの哲学は超越論的哲学ということになる。

この純粋理性は、後述する歴史哲学を背景にして初めて可能になるものである。というのも、批判哲学が前提としている知的直観の否定と自然科学の成功は、人類史の出発点と到達点を示しているからである。この批判哲学においては、人類史のこうした事実の可能性が前提とならなければならない。それは「同じ一つの世界」の可能性、つまり世界の同一性の保証である。この純粋理性批判においては、神の視点を排除してしまったので、神が存在していればいいということにはできない。したがって、前述した「関係性」に見出されなければならないことになる。カントにとって世界の同一性の本質は、関係性のただなかに成り立つ同一性でなければならないことになる。

その同一性を、カントは規則性という概念で説明する。人間全員がこうした規則性をアプリオリに共有していれば、同じ対象の「存在」を認知でき、同じ一つの世界に棲みつくことができる。そうした万人に共通な規則性が存在するというのは、論理学が証明するというのがカントの考えである。論理学において、カントは思考の規則を扱う。そして、これらの規則は、何かについて考える時、人間の誰もが従わなければならない規則だからであり、人間ならば生得的に備わっているものであるという（B8）[14]。

ここで明らかになるのは、カントの純粋理性批判そのものに、同一の世界、同一の対象、万人に共通な規則性が存在するという普遍性の概念が存在するということである。これがカントの政治哲学の基礎にもなっており、カント哲学はその初期段階から、恒久平和の礎となる普遍性の基礎が存在していたといえよう。

## むすびにかえて

この章では、カントの道徳哲学の前提となる理性、自然といった概念を概観してきた。また、いわゆる三大批判書における理性、悟性、判断力それぞれについて触れ、これらの概念がどのようにカントの市民性と結びつくのか、そ

---

(12) これについては次を参考にした。村岡晋一『ドイツ観念論――カント・フィヒテ・シェリング・ヘーゲル』講談社、二〇一二年、二四ページ以降。

(13) 純粋理性批判は人間による自分自身の認識能力を問いただすものであり、その外部にあるなにものも前提とするわけではない。しかし、知的直観が人間には与えられていないことと、ニュートン物理学に代表される自然科学は実際に成功しているという根本的事実は受け容れることになっている。知的直観は神のみに存在するものであり、人間には存在しない。それによって、人間が事物の発生場面に、つまり絶対的な始まりを認識できないということである。これは「神の視点」の排除である。そのような状態で、人間が何かを知るということは、すべてのものが人間に向かって現れるという関係性を抜きにして知ることはできないことになる。しかも、これは自分自身を知ることも同じである。したがって、カントの理性批判とは、世の中に存在するもの(存在者)と私という関係性そのものが対象であり、関係性の哲学ということになるのである。また、カントはニュートン物理学を、人類の成長を感じ取る歴史的事実としている(村岡、二四―三〇ページ)。人間は自然が与えた習歩紐に引っぱられて歩むのではなく、理性が先導し、自然を強制して自らが立てた問いに答えさせることができるようになったのである。これは、人間の世界に対する受動性から能動性への態度の変更を意味している。人が世界の表れを受動的に受け取っている限りでは、世界の現れは一人ひとり違っており、人はそれぞれの世界に閉じ込められた「私」にすぎなかった。しかし、人間の普遍的本質である「理性の先導」によって、今や人間は孤独な「私」の境遇を抜け出て、われわれすべてに共通な「ただ一つの世界」を、いわば「われわれ」の共同体を想定できるようになっているのである(B, XIII)。

(14) この同じ規則のことを「純粋悟性概念」や「カテゴリー」と呼び、これらの規則によって構成される万人に共通な対象を「超越論的対象X」と呼ぶ(A109)。なお、規則による対象の存在の構成を可能にする最高の条件は、私という意識の同一性である。つまり、すべての存在の根底には、私の意識の同一性がなければならない。カントはこの私の同一性を超越論的統覚と呼ぶ。

の関連を紡ぎ出してきた。

その一方で、カントの思想には、摂理的な自然観が重要な位置を占めていることはこれまで述べてきたとおり明らかである。しかし、カントを政治学の分野から分析、もしくは引用をした研究や議論において触れられることはなかった。だが、彼の道徳論において重要な概念である悟性は自然と近いものであるという認識であり、彼の法則は自然科学の影響も受けているのである。彼の歴史哲学においては「自然の目的」という考えがある。これは、神学における摂理的なものであるとの解釈もできる。われわれ人間の生活は、所詮は神の掌の上であり、神の計り知れない計画の一部に過ぎないものであるとの認識だったといえよう。

# 第五章　道徳とカント的市民性

バイザーによると、カントの純粋理性批判における根源的な意味とは、①神の王国はわれわれが服従しなければならない神の秩序とみなすべきではなく、われわれがつくり出すべき政治秩序とみなすべきであり、②「最高善」、すなわち神の正義に従って徳と幸福との間に完全な調和があるということは、信仰の対象が地上を超えて天国にあるということではなく、地上の公正な社会こそが行為の目標であるということであると述べている。(1) こうした社会に向けての、カントが考えた人間や市民というのはどういう存在なのかを、市民性（Bürgerlichkeit/Zivilcourage）の概念に焦点を当てて考察していくのが本章の目的である。

## 前提としての市民性

そもそも市民性とは何か。一般的には市民の徳性とされる。キムリッカによれば、シチズンシップ（市民権）とシヴィリティ（市民性）についての議論は、一般的には一九八〇年代以降の政治学者の間における理論的発展と、同時

(1) Beiser, p. 32.（六三ページ）。

代の現実世界における政治的な事象や傾向が影響しているといわれる。理論においては、いわゆるリベラリストと共同体主義者との間で見られたリベラル・コミュニタリアン論争がそれである。(2)政治的事象としては、アメリカにおける有権者の無関心層の拡大や長期にわたる福祉への依存、ヨーロッパにおけるナショナリズムの高揚や多文化・多人種化による緊張、サッチャー政権下でのイギリスにおける福祉国家に対する反動、市民の自発的な協力に依拠した環境政策の失敗、グローバル化への不満、主権国家の揺らぎや喪失感などが挙げられよう。

キムリッカはこのように指摘している。これらの事象が、近代民主政治の健全性や安定性が、基本的制度の正義だけではなく、市民の資質や態度にも依拠しているということを。たとえば、アイデンティティの感覚や国家・地域・民族・宗教といった潜在的に競合するアイデンティティに対する見方であったり、自分達とは異なる他者に寛容にふるまい、彼らと協働する能力である。さらには、公共善を促進し、政治権力を責任あるものにしておくために政治過程へ参加する意欲、そして、進んで自制を示し、経済的要求や、自分たちの健康や環境に影響を与えるような選択において個人的責任を発揮すること、といった事柄である。これらの資質を具えた市民がいなければ、民主政治は統治困難となり、不安定になりさえするのである。(3)

そして、いまや市民の徳性やアイデンティティが民主政治における重要で独立した要因であるというのは広く受け入れられており、政府の政策によって適切な種類の性質や市民的徳性を育成することの必要性について考慮することも、政治学においては要求されるようになっている。

こうした市民的徳性は公共的理性と密接に関連している。これは、政治権力に疑問を呈したり、公共政策の問題に関する公共的討論に参加する能力と意欲を含むものである。また、こうした公共的討論では、会話を続けるために話すだけでなく耳を傾けること、つまり他者のいうことを理解したり、他者の発言に対して尊敬の念をもって応答するということも含まれる。そこでリベラルな市民は、自らの政治的要求を、自由で平等な市民としての自分たちの地位と両立可能なものとして同胞市民が理解し受容しうるという観点から正当化しなくてはならないのである。[4]

これがカントの目指した共和制とどのようにつながっていくのか。いいかえれば、共和制の要求に応えるような市民的徳性を発揮することを人々にいかにして促すことができるのか。それが政治哲学・政治思想における課題でもある。共和主義は、自由民主主義が専制や宗教的・民族主義的熱狂へと堕落するのを防ぐためには、市民の間で一定の市民的徳性が促進されなければならないと主張する（Anth, VII, 181-182）。[5]

こうしたことからもわかるように、市民性はシチズンシップの最低限度の義務といえよう。というのは、これがなければ市民社会を基盤とする政治が、いかなる制度を設けたところで適切な機能をしないのは明白だからである。実際にカントは、政治手腕に長けている政治的芸術家（politischer Künstler）も芸術家と全く同じように、現実の代わりに構想を現実と思わせる術を心得ていると指摘している。だから、たとえば当時のイギリス議会が掲げる国民の自由という構想や、あるいはフランス国民議会における階級や平等という構想のように、単なる形式に過ぎないような

（2）「市民権」としての市民性の概念としては、池亭などの議論を参考にすると、次の三つがあげられよう。①公的な社会生活への積極的な参画を主張し、市民としての義務を強調するものである共和主義的市民性論、②個人の自己保存や私的利益の保護を目的とする合理性によって基礎づけられ、同意と契約、法と権利の言語によって記述される自由主義的市民性概念、③奉仕活動や道徳的・法律的規範を重視する「義務や責任を重視する市民権理解」による新保守主義（新自由主義）の市民性論である（二宮皓編『市民性形成論』放送大学教育振興会、二〇〇七年、一三－一四ページ）。

（3）Will Kymlicka, *Comtemporary Political Philosophy : An Introcuction*, 2nd Ed., Oxford University Press, 2002, pp. 284-285.（千葉眞・岡﨑晴輝他訳『新版　現代政治理論』日本経済評論社、二〇〇五年、四一四－四一五ページ）。

（4）Ibid., p. 289.（四二一ページ）。

（5）ロールズにとっては、市民的徳性のこうした正当化は諸々の徳がリベラルな正義の前提条件として擁護されているがゆえに、彼のリベラリズム観と完全に両立するとしている（John Rawls, "*The priority of right and ideas of the good.*" in *Philosophy and Public Affairs* 17 (4) (1988), pp. 272-273）。

構想によって世界を導き支配することができるとしている[6]。つまり、カントは形式や制度が理想を掲げていたところで、その実が一致しないことを暗にほのめかしているのである。

この市民性を、たんなる「よい作法」に過ぎない凡俗なものだという意見もある。しかし、市民性はいわば道徳的義務であり、他者が自分に同等の承認を与えるという条件下で他者を対等者として処遇することを意味しているのである。つまり、市民性とは市民社会を含む社会の公的生活における平等という規範を支え、そうすることで自由と共和主義を支えるものであるといえる[7]。市民性を欠く制度構築では、恒久平和の実現は不可能である。

こうした市民性をどのように育んでいくのか。この章では、市民性の育みについてのカントの道徳概念と、それにおける人間との関係を見ていくことにしよう。

## 1　カント的道徳と人間の義務——理性的存在者としての人間

カントの市民性については、啓蒙や道徳的美徳と関連づけることができる。なかでも、もっとも関連すると目されるのが、『啓蒙とは何か』でみられる、カントの啓蒙と市民の概念である。

カントにとっての啓蒙は、有名な次の言葉で表されている。

啓蒙とは人間が自ら招いた未成年状態から抜け出ることである（WA, VIII, 35）。

しかも、啓蒙によって運命づけられた人間を、調和の中に連れていくような社会生活の修正が行われるものとしている。よくいわれるコミュニタリアンのカント批判では、啓蒙を主たる悪として見ている。しかし、カントの場合はそれが美徳とされている[8]。しかも、後述するように、啓蒙は人類の権利であるという考えなのである。

カントにとっての市民社会とは、普遍的に統合された人民意志による立法によって統合されているものである。この人民とは、啓蒙され未成年状態から抜け出した市民達のことに他ならない。しかも、市民社会の統合のためには、国家の成員がみな、法則的自由、公民的平等、公民的独立と呼ばれる属性への尊重を要求されるのである（MS, VI, 311-316）。こうしてみると、カントは市民社会を、「国家は評価されるべき」という規範に対抗すると見ている[9]。そして、市民社会を統合するこの啓蒙とは道徳的美徳でもあり、それは道徳法則に則ったアプリオリなことなのである。

### (1) 道徳と善意志

そこで問題になるのは、道徳とは何かということである。カントにとっての道徳を端的に示しているのが、次の文である。

道徳は本来、われわれはいかにしてわれわれを幸福にするかという教えではなくて、われわれはいかにして幸福に値するようになるべきかという教えである。そして、宗教がこれに加わるとき、そのときにのみ、われわれが幸福に値しなくはないように留意した程度に応じていつかは幸福に与るという希望もまた生ずるのである（P, V, 130）。

（6）カントはここで古代ローマの文人であるペトロニウスの語句を引用し、「世間は欺かれることを欲す」と注釈をくわえている。
（7）Kymlicka, p. 302.（四三九ページ）。
（8）例えば、Onora O'Neil, *Toward Justice and Virtue*, Cambridge University Press, 1996, p. 68.
（9）James Schmidt, "Civility, Enlightenment, and Society : Conceptual Confusions and Kantian Remedies," *American Political Science Review*, 92(2), June 1998.

つまり、幸福になるための道徳ではなく、幸福の恩恵を受ける資格・条件を備えるための道徳ということになる。しかも、幸福になるための希望には宗教が必要だというのである。カントの道徳法則は最高善の概念を通じて、宗教へと、つまり神の命令として認識することを要求する。それが、カントの哲学におけるアプリオリなものの一つといえよう。というのは、道徳法則はおのおのに内在する自由な意志によるものだが、それでも最高の存在者である神の命令と見なされなければならないからである。神の命令である以上、それを守るのは当然のこととなる。道徳法則の目標である最高善を実現できるのは神の意志と合致するときであり、この最高善には自分自身の幸福も含まれているが、最高善を促進するのは自分自身の幸福のためではないとことわっているのである。

こうしたアプリオリな道徳哲学が必要な理由を、カントは次のように挙げている。

一、ある法則が道徳的なものとして、すなわち責務の根拠として妥当すべきであるとすれば、その法則は絶対的必然性を伴っていなければならないということ。

二、「汝嘘をつくべからず」という命令は、ただ人間だけに適用されて、人間以外の理性存在者はこの命令を無視してよいといったものではないこと。

三、また、これ以外の本来の道徳の諸法則もすべて同様であること。

四、したがってここでは責務の根拠は人間の本性や人間がおかれている世界の状況のうちに求められてはならず、アプリオリにひたすら純粋理性の諸概念のうちに求められなければならないこと。

五、そして道徳法則以外のたんなる経験の諸原理に基づく指令のすべては、たとえそのうちのある指令がある観点から見て一般的（に通用する）指令であるとしても、それがほんのわずかな部分において、おそらくは単にその動因において、経験的根拠に基づいているかぎりでは、実践的規則とよぶことはできても、決して道徳的法則とよぶことはできないこと（GMS, IV, 389)。

以上に挙げたすべては、誰もが認めざるをえないものである。それゆえ、道徳の諸法則とそれらの諸原理とは、何か経験的なものを含むほかのすべての実践的認識から本質的に区別されるだけではなく、およそ道徳哲学は全く実践的認識のこの純粋な部分に基づいていて、人間に適用される場合にも、かえって理性的存在者としての人間にアプリオリな諸法則を与えるのである。

そこで、この世界の内外を問わず無制限に善いとみなしうるものは善意志（guter Wille）のみであるとカントは述べている。権力や富や名誉、それどころか健康や幸福であったり、気楽で自分の境遇に満足している状態ですらも、そうした幸運の恵みが心に及ぼす影響と、それとともにまた行為の全原理とを正し、それらを普遍的に、つまり目的に適うものとする善意志が存在しない場合には、人間を奔放にさせ、それによってしばしばまた高慢にさせるという。これは、人間は善意志がないと、人間が本来持っている根源悪が人間の行為を左右することを意味する。そして、理性的で公平な観察者は、この純粋で善意志がひとかけらもない人間がずっと順調なのを見るだけでも、不満に思うだろうというのである。したがって、善意志のみこそ無制限に、無条件に善いものであるといえることになる。しかも、この善意志は、ただ意欲するだけでも善いものであり、それ自体善いものであるとカントはいう（GMS, IV, 393)。

ここから、こうしたことができる人、つまり善意志によって根源悪を制御することができる人が、道徳的にはカントにとっての市民の有資格者であるといえる。これらは人間ならば誰しもが内在していることであるが、それができることがカントの市民性の要素の一つといえるのである。

こうした善意志においての理性の使命とはどのようなものか。カントは次のように表現している。

理性の真の使命は、何かほかの意図において手段として善い意志をではなくて、それ自体において善意志を生むことであるに違いなく、まさしくこのことのために理性が必要とされたのである。この善意志は、それゆえ、唯一で全体的な善ではないにしても、しかし最高の善であるには違いなく、ほかのすべての善の、幸福のあらゆる追求すらも条件であるに違いない。〔中略〕理性は自らの最高の実践的使命を善意志の確立のうちに認めており、理性はこの意図を達成して自らに固有な満足を、つまりこれまた理性のみが定めるある目的の実現から生ずる満足を味わうからであって、たとえこのことが傾向性の様々な目的に生ずる多くの妨害を伴っているにしても、そうなのである（GMS, IV, 396）。

つまり、自然が人間に理性を与えたのは、人間が単に生きるためにではなく、善く生きるためであるということになる。いいかえると、たんに幸福であるためにではなく、人間が幸福であるに値するためなのである。これがカントの道徳論の根底に存在することになる。[10]この幸福は、幸福のために義務を果たすのではなく、あくまでも義務に基づいて自分の幸福を促進すべきであるという法則が残り、その場合に人間の行動は初めて本来の道徳的価値を持つのであると、カントはいう（GMS, IV, 399）。つまり、幸福の促進はそれが直接的に傾向性[11]に基づいている場合には道徳的価値がなく、義務に基づき善意志に由来するならば道徳的価値を持つことになるのである。

そして、カントにとっての義務とは法則に対する尊敬に基づいた行為であり、それは必然性の下にある。義務に基づいた行為は、傾向性の影響と、それとともに意志のあらゆる対象とを全く切り捨てるから、意志を規定しうるものとして意志に残されるのは、客観的には法則であり、主観的にはこの実践的法則に対する純粋な尊敬、つまり、自分自身の傾向性のすべてに損害を与えてまでもこのような法則に服従するという格率[12]であるという（GMS, IV, 400–401）。人間は、こうした意志の法則に対して尊敬をしなければならず、この行為には傾向性によって左右されてはならないことになるのである。この尊敬の対象も、われわれがわれわれ自身に、それ自体において必然的なものとして課す法則であるとカントはいう（GMS, IV, 401）。この善意志に対する尊敬は何よりも価値のあるものであることをカントは繰り返す。この尊敬とは（人間のだらしない一面である）傾向性によって賞揚されるものがもつすべての価値をはるかに凌駕する価値の尊重であること、そして実践的法則に対する純粋な尊敬に基づく自分の行為の必然性こそが義務を形成する当のものであり、義務はそれ自体において善意志の条件であって、この善意志は価値のすべての価値にまさるからである（GMS, IV, 403）。

しかも、この義務は人間愛にも基づいているというのがカントの考えである。カントはわれわれのたいていの行為は義務に適合しているといい、行為の意図は、しばしば自己否定を要求する義務の厳しい命令にではなく、この愛しい自己に支えられるというのである（GMS, IV, 407）。こうした義務というのはすべての人間に要求されることができるという。なぜならば、この義務はおよそ義務として、一切の経験に先立つアプリオリな諸根拠によって意志を規定する理性の理念のうちに存するからである（GMS, IV, 408）。つまり、道徳法則は法則である以上、すべての人間一般

---

（10）この理由について、カントは次のような説明をしている。実際に開発された理性が生と幸福を享受しようとすればするほど、人間はますます真の満足から遠ざかり、その結果多くの人々において、しかも理性の使用に最も長けた人々においてある程度の理性への敵意（理性嫌い（Misologie））が生じてしまうというものである。カントは、人々は様々な学問から得る利益をも合わせて利益全体を評価すると、実際のところ幸福を増すよりもいっそう多くの難儀を背負い込んだだけであることに気づいてしまい、単なる自然本能の指導に親しんで自分の理性が行動に多くの影響を与えることを許さない（つまり、理性に則った行動をしようとしない）いっそう平凡な人々を軽蔑するどころかむしろ羨むことになるからであるというのが理由である（GMS, IV, 395-396）。しかし、それならばなぜ理性が実践的能力として賦与されたのかが疑問になる。そこでカントは理性の真の使命を考えるに至ったのである。

（11）カントは、習慣的で感性的な欲望を「傾向性」といい、力を用いずに客観を産出したいと欲求することを「願望」としている。

（12）格率（Maxime）とは、カントによれば意欲の主観的原理であると定義している。これに対して、意欲の客観的原理は実践的法則とよんでいる。

に対して端的に妥当しなければならないものであり、カントはここで理性的存在者としての人間の普遍性を表しているのである。しかも、この人間愛は第三章で述べたとおり、キリスト教の影響を受けていることは否めない。つまり、実践的法則下で善意志による行為という義務も、キリスト教が下支えになっているのである。

こうした道徳性は、実例から取り出そうとしてはならずとカントは指摘しているが、同時にイエスの言葉から取り出そうとしていることからも明らかである。ここでカントは、イエスの「なぜ汝らは（汝らが見る）私を善い者というのか。（汝らが見ない）唯一神のほかに善い者（善の原型）は誰一人いない」[13]という言葉を引き合いに、イエスですらこのように述べると例示した上で、次のように説明している。

では、われわれは最高の善いものとしての神の概念を、どこから得ているのであろうか。それはまさに、理性がアプリオリに道徳的完全性について描き、それに自由意志の概念を不可分なものとして結びつける、理念だからである（GMS, IV, 408-409）。

つまり、神の概念ですらもアプリオリなものであり、神が建設する神の国もアプリオリなものであるということになる。さらには、この神の国で行われるのは最高善の達成であり、それが恒久平和につながるのだが、それすらも一切の経験に依存しない、たんに純粋な理性に基づいている、アプリオリな道徳的完全性が基礎になっているということになる。

すでに指摘したことであるが、ここでも、人間の中に市民性の素質が内在しているとカントが考えていたといえよう。そう考えると、カントにとっての善とは、こうした市民性の素質を発展させることである。そして、それの下支えとなっているのがキリスト教というアプリオリな存在だということになる。これが、カントの人間に対する期待にもつながっているといえるが、同時に彼自身が感じた敬虔主義に対する疑問と神に対する畏怖の現れともいえよう。それは、カントが人間はこの理性を、自分の幸不幸を考慮するよりもさらにいっそう高次の使命のために備えていると考えているからである。その使命とは、全く感性的な関心を持たない純粋な理性だけが判断できるものをも一緒に考慮するばかりか、この善悪にかんする判定を、かの幸不幸に関する判定から全く区別し、この判定をかの判定の最上の条件とするという使命である（P, V, 62）。つまり、カントがいいたいのは善悪の判定の方が、幸不幸の判定よりも優先されるということなのである。したがって、幸せや禍を元にして善や悪を判断することはできないということになる。[14] こうした意味からも、純粋実践理性の優位性が強調されるのである。

## (2) 定言命法

こうした意志は、理性が傾向性に依存せず実践的に必然的として、すなわち善として認める当のもののみを選択する能力である（GMS, IV, 412）。この実践的に善いものが「命法（Imperativ）」として語られ、快適なものからは区別されることになる（GMS, IV, 413）。これは、快適なものは行為の対象に関わるものであって、傾向性の欲求を満たすのに役立つようなものになるからである。義務に基づく命法はすべての理性的存在者である人間にとって妥当するものであり、客観的法則の下に立たなければならないというのである。

ここで登場するのが、カントの道徳論で触れなければならない定言命法という概念である。カントはこのように定

(13) 「ルカによる福音書」一八章一八－一九節。
(14) 幸福は、前述してきたとおり、カントの道徳論の要素の一つでもある。しかし、徳の格率と自分自身の幸福の格率とは、その最上の実践的原理に関しては全く異種であり、両者は最高善を可能にするという意味で最高善に属してはいるが、一致しないどころか互いに甚だしく制限しあい傷つけあっているのである（P, V, 112）。

義している。

すべての命法は、仮言的に命ずるか、それとも定言的に命ずる。前者は、ある可能な行為がわれわれが意欲する（もしくは意欲することがとにかく可能である）何か別のものに到達する手段として、実践的に必然的であることを表示する。定言命法は、ある行為がそれ自体として、別の目的に対する関係を持たずに、客観的＝必然的であることを表示する命法であることになろう。〔中略〕命法はすべて何らかの様式において善意志の原理に従って必然的である行為の規定を示す方式である。ところで行為自体がたんに何か別のもののために手段として善い場合は、命法は仮言的である。行為がそれ自体で善いと考え得る場合は、したがってそれ自体が理性に適合し、理性を自らの原理としている意志において必然的であると考えられる場合は、命法は定言的である（GMS, IV, 414）。

つまり、道徳的完全性を求める命法は定言命法ということになる。それは、これまで見てきたとおり、客観的である、つまり必然的であるからである。

しかし、一方でカントは人間の誤謬性や、意志の弱さを明確に認めており、それを考慮に入れている。実際、この意志はその行為がよいからといって直ちに行為するとは限らないとしている。その理由は、主観がその行為がよいということを知っているとは限らないし、また仮に知っていたとしても、その主観の格率が実践的原理に反したものであるかもしれないからである。あらゆる人間において、現実的として前提することができる一つの目的が、一種の自然必然性によってこれら理性的存在者のことごとくが所有すると確実に前提できる一つの意図が存在するのであって、それはすなわち、幸福への意図に他ならないと、カントは述べている（GMS, IV, 415）。つまり、自分自身の幸福のために、道徳的完全性を求める定言命法が守られないかもしれないというのである。
そして、自分自身への幸福のための手段を命ずる命法は実然的であって、これは怜悧（Klugheit）の命法とよぶことができるとしている。怜悧とは、自分自身の最大の幸福への手段の選択における熟練であると定義づけている。[15] つまり、自分の幸福を最大にしようとする行為といえる。しかし、これは仮言命法に他ならない。
そこで、自分の幸福よりも道徳が優先されなければならないことになる。定言命法は、行為の本質である善が問題であって、結果は問われないものであるとカントは定義している。

定言命法は、行為の実質や、行為から結果する事柄にはかかわりをもたず、形式と行為そのものを生む原理とに関わるのであり、行為の本質的＝善は心術のうちにあって、結果はどうであろうとかまわない。この命法は道徳性の命法とよんでよいであろう（GMS, IV, 416）。

つまり、定言命法に則る行為こそが、道徳的完全性に向けた行為ということになる。しかも、これに無条件にしたがうことを強制することになるのである。
さらにこのようにも述べている。

定言命法は、それゆえただ一つであって、しかもそれは次のような命法である。「汝の格率が普遍的法則となる

---

（15） カントは原注にて、ある人間が他人に影響を与えて他人を自分の様々な意図のために使用することに熟練していることを世間的怜悧とよび、すべての意図を自分自身の持続する利益のためにまとめる分別を私的怜悧とよんでいる。カントによれば、後者の私的怜悧が真の意味での怜悧であるとしている（GMS, IV, 416）。

ことを、その格率を通じて汝が同時に意欲することができるような、そうした格率にしたがってのみ行為せよ」(GMS, IV, 421)。

ここでカントは、個人的な格率の意欲がそのまま、他からの強制もなく、普遍的法則となることの意欲でもあることを示すことを意図している。そうなると、個人的な格率の意欲と、普遍的法則となる意欲は、別のものではないということになる。いわば、個人的な動機がそのまま普遍的法則へとなっていくような行為が必要ということになる。

さらに、義務の普遍的命法について、このように述べている。

汝の行為の格率が、汝の意思を通じて、普遍的自然法則となるかのように行為せよ(GMS, IV, 421)。

『実践理性批判』では、純粋実践理性の根本法則としてこれらの法則が提示されている(P, V, 30)。この根本法則によって示されているのは、純粋実践理性が直接的に立法的であり、意志は経験的条件から独立する純粋意志として、法則のたんなる形式を通じて規定されるということである。この根本法則は理性の事実とよばれるが、これもまたアプリオリなものである。したがって、純粋理性はただそれだけで実践的であり、道徳法則とよばれる普遍的法則を人間に与えることになるのである(P, V, 31)。

これゆえ、「他人の幸福を促進せよ」という法則について、カントはこのように述べている。

他人の幸福を促進せよという法則は、この幸福の促進が各人の随意の客観であるという前提から生ずるのではなく、自愛の格率に法則の客観的妥当性を与えるための条件として理性が必要とする普遍性の形式が、意志の規定根拠となる、ということだけから生ずるのである（P, V, 34）。

つまり、他人の幸せを願うこと、及びそのために行う行為も、自愛の格率という自分自身の幸福の原理が前提になるのである。もちろん、この自愛の格率がすべてに先立ってしまうと、まさに道徳性の原理の正反対という状態になり、前述した定言命法の説明と矛盾することになる。したがって、この両者に抗争が生じることになるのだが、カントはこの両者の間に深刻な抗争は生じないという。それは、道徳性と自愛との境界はきわめて明確に、またきわめて厳格に引かれていて、ごくありきたりな目ですら、あることが双方のどちらに属するかという区別を誤ることはないからだというのである（P, V, 36）。自愛の格率はたんに勧告するものであるが、道徳法則は命令するものである。つまり、われわれに勧告される事柄と、責務があるとして命令される事柄との間には、きわめて大きな差異があることになる。この、何が責務であるか、何が義務であるかは、自律にしたがっていれば誰にでも自ずと明らかであるとカントは述べている（P, V, 36）[16]。

さらに、カントはハチスンの名前を挙げて、人間にある種の道徳的な特殊な感官があると想定する道徳感情を批判している。いわゆる道徳感情論は、カントの解釈では、徳の意識を安らぎと満足に、悪徳の意識を不安と苦痛に直接結びつけ、安らぎを感じて苦痛を感じないのが幸福なのだから、すべては結局自分自身の幸福への要求に委ねられるとするものである。しかし、カントにとってはこれは誤りであると批判する。それは、義務を履行する人が安らぎの

(16) なお、カントにとっての義務（Pflicht）と責務（Verbindlichkeit）の定義は次の通りである。責務とは、理性の定言命法の下における自由な行為の必然性である。義務とは、ある人がそれへと拘束されているところの行為であるとしている。したがって、それが責務の実質であり、しかも、たとえわれわれがその行為へと拘束される仕方が様々でありうるにしても、行為という観点からすれば同一の義務であり得るとしているのである（MS, VI, 222-223）。

感情を持つのは、その人がすでに有徳だからであり、義務に違反する人が苦痛や不安を感じるのも、その人がすでに道徳的に善であるからだとしている（P, V, 38-39）。なるほど、徳を持っている人は道徳法則による命法を行うだろうし、悪徳な人は、道徳的義務に反したところで苦痛や不安を感じることがなかろうというのは想像に容易いことである。つまり、こうした感情を持つ以上、人間は本来道徳的善の性質を持ち合わせていることになり、それは人間という理性的存在者であればみな同じだということになる(17)。

この道徳法則の普遍性には、神が造り賜うた自然という考えが影響を及ぼしている。自然は混沌状態ではなく、秩序があるものと考えるかぎり、この自然はあらゆるところで普遍的法則によって規定され、そのことで調和した一全体を成立しているという、自然への尊敬である。カントもこうした姿勢をとり、たびたび指摘するように、彼の道徳法則の普遍性にもキリスト教的な摂理の概念が背景として存在しているといえる。人間はこの秩序ある自然に位置するには、この普遍的自然法則に従わなければならないのであるが、それが定言命法ということになるのであり、それは神の命令でもある。

この定言命法については、人間が最高善を達成するためには人間の成長が必要となるのだが、カントは人間の才能を開発しないのも定言命法に反すると述べている。ある能力を持ちながらもそれを発展させない人でも、理性的存在者である以上、その能力は様々な可能な意図のために役立ち、またそのために与えられているのだから、自らの能力が発展させられることを必然的に意欲するという（GMS, IV, 423）。つまり、これは自分自身に対する不完全義務に反する一例をカントは挙げているのだが、未成年状態から脱する成長をしないことは人間としてありえないということである。したがって、人間は成長を欲する存在だというのである。事実、カントは人間性のうちには、より大きな完全性に向かう素質があって、この素質はわれわれの主体のうちに人間性に関する自然の目的に属しているというのである（GMS, IV, 430）。

さらには、自分は平穏な生活をしていて、他人が苦しんでいるのを知りながら、助けることができるにもかかわらず何もしないことを決め込んだ場合も、定言命法に反するとしている。その理由は次の通りである。その人が他人の愛や同情を必要とする場合がいくらでも生じるであろうし、その場合に彼は自分自身の意志から生じた自然法則によって、自らが望む援助のあらゆる期待を自分から奪うことになろうから、こうしたことを決心する意志は自分自身と衝突することになる。したがって、他人を助ける義務が生じるわけであるとカントは述べているのである（GMS, IV, 423）[18]。

そして、定言命法はあらゆる理性的存在者（つまり人間）に、あらゆる意欲に妥当する必然的原理であるため、実践的法則ともいい換えている。また、一般に定言命法の目的自体の方式として実践的命法とよんでいる。この、実践的命法について、カントは次のように定義している。

汝の人格や他のあらゆる人の人格のうちにある人間性を、いつも同時に目的として扱い、決してたんに手段としてのみ扱わないように行為せよ（GMS, IV, 429）[19]。

（17）この理由は、『純粋理性批判』によってカントが明らかにしたのは、まず、われわれが経験において関わる対象は、決して物自体そのものではなく、たんなる現象であることである。次に、ものについて措定される場合は、現象としては一つの経験において、ある仕方で必然的に結びついていなければならないということである（P, V, 53）。ここから、カントは行為の原因はアプリオリな概念として演繹が可能であり、原因の概念の可能性、つまり人間の行為の動機が、経験的源泉によらないで純粋悟性から証明できるとしたのである。

（18）これは現代においてコスモポリタニズムやグローバル・エシックスの思想的根拠にもされる考えであるが、その礎をカントは定言命法という概念で形成していたことになるのである。詳しくは、終章で再び言及することにする。

（19）意志とはある法則の表象に適合して自己自身を行為へと規定する能力として考えられるものである。つまり、定言命法にしたがうつまり、他人を手段として扱うことを認めるのだが、その場合でも他人が同時に目的それ自体であること、つまり客観的根拠として役立つことを無視してはならないのである。これが最上の実践的原理であるとカントは述べている。こうしたことから、人間はおしなべて、その人のあらゆる行為はいつも目的それ自体としてみられなければならないことになるのである。

そして、こうした法則は体系的に結合したすべての目的の全体を考えることが可能となる。ここでカントは目的の国という概念を提示する。この「国」という表現は、それぞれ異なった理性的存在者としての人間が、共同の法則によって体系的に結合していることを理解するものである（GMS, IV, 432）。そして、この目的の国は人間の尊厳に基づくものである。なぜなら、先述したとおり、自分自身と他人を決してたんに手段としてではなく、つねに同時に目的それ自体として扱わなくてはならないからである。こうした結合、つまりこうした人間関係を目指しているのが目的の国ということになる。さらに、この目的の国では道徳性と道徳性を備える人間性のみが尊厳を持つのである（GMS, IV, 435）。そして、その目的の国によって最高善が達成されると神の国となる。それは恒久平和の達成ということである。つまり、カントの恒久平和論は、これまで見てきた彼の道徳法則が基礎になっていて、そうした人間が構築するものなのだが、その下支えとしてキリスト教の概念が根底に存在しているのである。

ところで、こうした道徳性、つまり善意志や徳にこれほど高い要求をするのはなぜだろうか。それは自由と自律の概念が影響しているのである。

### (3) 道徳における自由と自律

自由はカントの道徳哲学において疑う余地がなく重要な概念の一つである。この自由について、カントはこのように述べている。

いかにして純粋実践理性をこの能力の意識が行い（徳）を通じて、自己の傾向性を支配する意識を、それゆえそれによって傾向性から独立であり、従ってまた傾向性につねに伴う安らぎのなさから独立しているという意識を、それゆえ自分の状態に対する消極的適意を、つまり安らぎを、生み出すことができるということであって、この安らぎはその根源において自らの人格に対する安らぎなのである（P, V, 118）。

ここでいう「この能力」とは、前後の文脈から自由のことを指している。自由の意識が生み出した安らぎは、そもそも自由の意識は感情に影響されないので、幸福とよぶことはできないことになる。もっとも、自己満足を達成する意味では、浄福に似ているとカントはいうが、自己満足という段階で道徳法則から外れてしまうことになる。幸福と最高善とが、その発生源が異なることもあって、これらが一致することはない。ここで、幸福と最高善の明確な区別をカントは示していることになる。

ここまでをまとめてみると、人間は、人間独自の本性によってすでに目的の国の成員であるべく定められていたというのがカントの考えである。そして、道徳性は人間に普遍的立法への関与を与え、すべてのものに価値を定める立法は、無条件で比較を絶した価値、つまり尊厳を備えているというのが、道徳性に最高の価値、つまり尊厳が与えられているカントの理由である。また、目的の国において立法するものとして、すべての自然法則に関して自由であるというのがカントの考えである。それは、自分自身が自らに与える法則のみに服従するからである。

---

能力と言っていいだろう。ただし、意志はたんに法則に服従するのではなく、自分が立てる法則に自らが服従するという仕方で法則に従うことになる。そして、意志にとってその自己規定の客観的根拠として役立つものは目的である。これに反して、自らの結果を目的とする行為の可能性の根拠を含むに過ぎないもの、つまり自らの利益を追求する行為は手段と定義している。そして欲求の主観的根拠が動機であり、意欲の客観的根拠は動因であると定義している（GMS, IV, 427, 431）。

これらからカントは、自律が人間及びあらゆる理性的存在者の尊厳の根拠であるとしているのである（GMS, IV, 436）。特に、意志の自律は道徳性の最上の原理と位置づけられている。

> 意志の自律とは、それを通じて同じ意志が自分自身に対して（意欲の諸対象のあらゆる性質に依存しないで）法則となるといった、意志の性質である。それゆえ、自律の原理は、意志の選択の格率が同一の意欲のうちに同時に普遍的法則として含まれる、という仕方でのみ選択して、それ以外の仕方では選択しない、ということである（GMS, IV, 440）。

つまり、自律の原理は、自分の内面から規定されるものであり、他者から、そして（自分自身で規定するという意味での主観的に対するものとして）客観的に、規定されるものではないことになる。こうした道徳性を達成するには、人間の内面からでてくる尊い意志が必要であり、そのためには人間個人の自律が必要だということなのである。仮言命法はいわゆる意志の他律が生じている状態である。つまり、「私は何か他のものを欲するがゆえに、何かをなすべきである」ということである。意志の他律は道徳性のあらゆる不純な原理の源泉であるとカントは定義している。それに対して、道徳的命法である定言命法は、「たとえ私が何か他のものをまったく欲しなくても、斯く斯く然々行為すべきである」と告げるのである（GMS, IV, 441）。カントにいわせれば、一切の対象を捨象するのが定言命法であるが、これは自らが行為するものに左右されてはいけないということである。

そして、この自律と自由の関係を、カントは、自由の概念が意志の自律を解明するための鍵であると述べている。そもそも自由とは、自由が発生する原因が、それを規定する外からの原因に依存しないで作動できるときに持つ特性のことである（GMS, IV, 446）。したがって、意志の自由とは自律のことであり、それは自らに対して法則であるという意志の特性ということになる（GMS, IV, 447）。自由な意志とは、すべての行為において自らが自分自身に対して下す命令である意志のことである。そして、自由な意志と道徳法則の下にある意志は同じである。つまり、自由な意志と道徳法則下の意志は不可分なのである。道徳性はもっぱら自由の特性から導出されなければならないのだから、自由もあらゆる理性的存在者としての人間の意志の特性として示されなければならないのだとカントは述べている（GMS, IV, 447）。これは、理性は自分自身を自らの創始者として見なければならず、理性は実践的である理性となり、自らの客観に関して原因性をもつ理性となるからである。したがって、自由は道徳法則の存在根拠であり、道徳法則は自由の認識根拠であることになる（P, V, 4）。

ここでの理性とは、人間は自らのうちに、自分を他のあらゆる事物から、それどころか対象によって触発されるかぎりでの人間そのものからも区別する能力を見出す能力である（GMS, IV, 452）。つまり、人間に内在する、知覚や感覚に触発されるものではない純粋な活動性と、それ自身で活動するものこそが理性であるということになる。また、理性は自然の概念も自由の概念も、ともに放棄できない。したがって、人間の行為に関して自由と自然必然性との間には何ら真の矛盾は見出せないことになるのである（GMS, IV, 456）。

ここまで述べてきた自由と自律についてまとめると、カントにとって自律があってこその自由であり、道徳法則下において自律した行動をとることが自由ということになる。また、こうした道徳法則がわれわれにとって妥当性をもつのは、その法則が関心を引くからではなく、それが人間としてのわれわれに妥当するがゆえに関心を引くということである（GMS, IV, 460–461）。それが理性によっても裏付けられていることになるのである。

カントにしてみれば、経験的には表せない行為の原因が自由であることになる。つまり、自由な意志はアプリオリなものであり、経験的諸条件から独立していなければならない。しかし、自由の最初の概念は消極的だから、われわれは自由を直接に意識することはできないし、自由を経験から推論することもできない。それゆえ、われわれが直接に意識するのは道徳法則になり、この法則がわれわれに最初に現れることになるのである（P, V, 29）。そして、自由のみがアプリオリに実践的であって、この自由がなければいかなる道徳法則も、また道徳法則に応じたいかなる帰責も不可能なのである（P, V, 97）。そのため、自由の法則は自然法則と区別して道徳的とよばれるのである（MS, VI, 214）。

道徳的によき心術を抱く人間なら、人生において悪の原理による挑戦との戦いに、善の原理の指揮下で耐え抜かなくてはならないわけだが、人間がどれほど努力しても、この戦いから獲得できる報酬は、悪の原理による支配から自由になることよりも大きなものではないとカントはいう。つまり、自由になること、「罪の掟に服した奴隷の境涯を免れて義に生きるようになる」ことこそ、人間が勝ち取れる最高の勝利であるという（R, VI, 93）。

ここで明らかなのは、カントにとっての自由が、彼の思想において如何に上位にあるかということである。すなわち、カントにとって、自由が道徳法則の条件なのである。自由と立法的な形式によってのみ意志を規定する無条件的な実践的法則とは、互いに他を指示しあう関係にある。それは、自由な意志が経験的諸条件から独立しており、そのため法則の実質からも独立しているのだが、それでもなお法則によって規定可能でなければならないからである（P, V, 29）。したがって、われわれが思弁理性の一切の理念のうちで、その可能性を、洞察しないまでもアプリオリに知っている唯一の理念であるとしている（P, V, 4）[20]。

さらに、道徳法則は、それ自身においても積極的なものであるから、つまり知性的原因性の形式であり、すなわち自由の形式である。そこから、この法則は主観的な敵対者に対立して、つまりわれわれの内にある傾向性に対立して自らのうぬぼれを減殺することにより、同時に尊敬の対象であり、道徳法則がその上さらにうぬぼれを打破することによって最大の尊敬の対象である。したがってまた、ある積極的な感情の、つまりその起源が経験的ではなく、アプリオリに認識される積極的感情の根拠なのである（P, V, 73）。

つまり、カントにとっての善とは無条件で善いものであるということになり、その善にしたがうことも無条件の義務だということになる。こうした道徳必然性は、人間及び一切の創造された理性的存在者にとって、強制すなわち責務であり、この責務に基づいたすべての好意は義務と考えられるべきであって、われわれ自身がすでに愛好している、もしくは愛好することができる行動様式と考えられてはいけないとカントは述べている（P, V, 81）。いい換えれば、道徳・責務・義務は、行為が生み出す結果への愛や愛着に基づくものではないということなのである。そのため、結果を求めるような人間愛や、同情を元に善をなす行為も道徳的ではないのである。カントはこのように述べている。

人間愛や同情に富んだ行為から人々に善をなすとか、あるいは秩序に対する愛から公正であることは、きわめて麗しいことであるが、もしわれわれがあたかも志願兵であるかのように不当に思い上がり、高慢な自負心を持って義務の思想を無視したり、命令に依存しないでたんに自分自身の快に基づいて何かをしようと欲し、そのためにはわれわれに命令などは必要ではないと考えたりするならば、これはまだわれわれのふるまいの真正な道徳的格率ではない、つまり人間としての理性的存在者の間におけるわれわれの立場にふさわしい道徳的格率ではない。われわれは理性の規律の下にあり、あらゆるわれわれの格率において、こうした規律に服従していることを忘れてはならないのであって、理性からは何ものも奪ってはならない、換言すれば、法則の威信（たとえ法則がわれわれ自身の理性によって与えられるにしても）から私愛の妄想を通じてなにものも減じてはならないということで、われわれがそのような羽目になるのは、われわれの意志の規定根拠を、法則に適合しているとしても法則そのものやこの法則に対する尊敬のうちにではなく、それとは別のもののうちに置くことによるのである。〔中略〕

(20) カントは様々な傾向性が一つになって我欲（solipsismus）を形成し、この我欲を自愛（何ものにもまして自分自身に対する好意（philautia））の我欲と、自分自身についての適意（arrogantia）としての我欲に区別している。

われわれはなるほど、自由によって可能な、実践理性を通じて尊敬すべきものとして表象された道徳の国の立法する成員であるが、にもかかわらず同時にその国の臣民であって元首ではない（P, V, 82）。

つまり、特に後半で強調されているように、われわれは道徳理性の規律の下にあり、こうした規律に服従しなければならないということである。そして、純粋実践理性が命令するのは、一切の傲慢と虚栄的な自愛とを打破する義務思想を人間における一切の道徳性の最上の生命原理とすることなのである（P, V, 86）。最高善を意志の自由によって生み出すことは必然的である。それゆえ、最高善の可能性の条件もまた、アプリオリな認識根拠に基づかなければならないのである（P, V, 113）。

それにもかかわらず、人間は依然として悪の原理からの攻撃にさらされたままで、その自由はたえず試練にあう。それゆえ、自由を主張するためには、今後もつねに戦いに備えて、武装していなくてはならないというのである（R, VI, 93）。ここでいう武装とは、人間が悪ではなく善を選択するための武装である。こうした最高善を達成するには、人間の「心の不死」が前提とならなくてはならないとカントは述べている（P, V, 122）。つまり、実在的な不完全な自由は完全な理念的自由を実現すべく努力するのである[21]。これも、純粋実践理性の要請であるというのだが、こうした個々の人間としてではなく、人類としてのたゆまぬ前進が、恒久平和への礎を築くことにつながるといえる。

カントはこのように道徳を信じたことになり、それは道徳法則を遵守する人間を信じたことにもなる。それゆえに、道徳を維持する者として、そして善の完成者としての神を信じたことになる。そして、この確信の上にカントの恒久平和論は築かれたといえるのである[22]。

つまり、カントの恒久平和論には、共和制などの制度論以前に、こうした人間に対する道徳法則への無条件の服従が求められているのである。さらに、ここでもキリスト教の影響が指摘できるのである。

## 2　カントの啓蒙

倫理的共同体である市民的体制を形成するために、自然が人間に要求しているのが啓蒙であるが、その啓蒙とはなんであろうか。カントは次のように、自らが目指した「市民」を高らかに宣言している。

啓蒙とは人間が自ら招いた未成年の状態から抜け出ることである。未成年状態とは他人の指導なしには自分の悟性を用いる能力がないことである。この未成年状態の原因が悟性の欠如にではなく、他人の指導がなくとも自分の悟性を用いる決意と勇気の欠如にあるなら、未成年状態の責任は本人にある。したがって啓蒙の標語は「あえて賢くあれ！ Sapere aude!」「自分自身の悟性を用いる勇気をもて！」である（WA, VIII, 35）。

つまり、自分で考えることを要求しているのだが、そのために自由が必要であるということになる。[23] 自分で考えるために啓蒙されることが必要なのであるが、自分の悟性が他人の指導なしに自力でどれほどのことができるのかを予め確信していなければ、自分の悟性を用いる勇気を持てるものではないのではなかろうか。実は、これこそが純粋理

---

（21）　これに関連して量は、カントの哲学は「自由から自由への自由の哲学であるともいえる」と表現している（量、一九九〇年、一六ページ）。

（22）　三谷隆正『世界観・人生観　神の国と地の国　三谷隆正全集　第四巻』岩波書店、一九六五年、八ページ。

（23）　カントが自由を道徳の第一原理として考えるようになったのも、ルソーと出会ったからであるとバイザーは指摘している（Beiser, p. 33.（六四ページ））。

性の批判の課題であり、それは啓蒙という当時の新しい時代の必然的要請なのである[24]。そうした意味で展開されるのが『純粋理性批判』なのである。

## (1) 啓蒙と自由

しかし、個々の人間ではなく、公衆が自らを啓蒙することは可能であり、自由が与えられると啓蒙はほぼ避けられなくなるという。というのは、啓蒙された人間は、自らの使命として啓蒙を進めていくからであるという。こうした啓蒙を実現するにはどうしたらよいのか。カントは、啓蒙の実現のために要求するのは自由以外の何ものでもないとしている。ここでいう自由とは、万事において自分の理性を公的に使用する自由、いわゆる理性の公的使用である(WA, VIII, 36)。さらに、自分の理性の公的使用は常に自由でなければならず、これのみが人々のなかに啓蒙を実現できるという。その一方で、私的利用はしばしば極端に制限されることがあってもかまわないともいう。ここでいう私的利用とは、自分に許される理性使用のことであるとカントは述べている。つまり、これまでの道徳哲学の文脈からすると、自己愛に基づく理性の使用ということになろう。そして、人々の理性の公的使用を、ある人が読者世界の全公衆を前にして学者(Gelehrter)として理性を使用することとカントは解している(WA, VIII, 37)。そして、議論することを求めている。

つまりは、ここでいう学者という言葉を、学を修めた者、あるいは知識のある者という解釈でとらえると、公の場において啓蒙された人同士での議論によって、啓蒙がさらに促進していくということになる。自由の概念はカントの倫理学において頻繁に強調され、そして注目されるが、ここでカントがいう議論をする自由とは、いわば自然の目的に沿う形で、人類が世界市民社会へ移行するための内面を成長させるのに必要不可欠なものである。そうした議論を通じて、カントは恒久平和に向けて歴史を展開していこうとしていたと考えられる。

## (2) 啓蒙活動は人類の権利

こうした歴史の展開を考慮した上で、カントにとっては、啓蒙の進展こそ根本使命である人間本性であると位置づけている（WA, VIII, 39）。さらには、啓蒙を断念してしまうのは人類の神聖な権利を損ない踏みにじることを意味するとまで述べている（WA, VIII, 39）。また、カントは、人間が一人の支配者を必要とする動物であるといいながらも（Idee, VIII, 23）、国民が自分自身についてすら決議できないことを、君主が自分の国民に対して決議するものではないとしている（WA, VIII, 39-40）。というのは、君主の役割は国民の全意志を自分の意志のなかで取りまとめることであり、それが君主の立法上の威信であるからである（WA, VIII, 40）。

こうした考えは、『実践理性批判』においても、最高善を実現するための条件として次のように述べられている。

> 意志が道徳法則に完全に適合していることは神聖性であり、感性界のいかなる理性的存在者も、その現存のいかなる時点においても所有不可能な完全性である。それにもかかわらず、この適合は実践的に必然的として要求されるから、この適合はかの完全な適合への無限に進む進行のうちにのみ見出されることができるのであり、こうした実践的進行をわれわれの意志の実在する客観として想定することが、純粋実践理性の原理に従って必然的である（P, V, 122）。

いわば未成年状態からの脱却であり、市民になっていくための啓蒙は、純粋実践理性からも要請されていることであり、それが人類の権利としてではなく、課せられた義務であるともいえるのである。このことを、カントは「心の

(24) これについては、村岡、二五ページを参照。

不死」を前提としてのみ可能であるとしている（P, V, 122）。

人間は自然本性によって裁判官としての使命を与えられているとしている（Collins, XXVII-I, 450）。自分で考えることというのは、市民というものが教養と財産（あるいは余暇）を持つ存在であり、その市民で構成される市民社会は理性的であるという政治学の前提ともいえるべき概念が存在する。これはロックが『統治二論』で展開した市民像であるが、ロックは自然状態において、すべての人間が自然法の範囲内で、自分の行動を律し、自らが適当を思うままに自分の所有物や自分の身体を処理することが出来る完全に自由な状態であるとしている[25]。つまり、すべての人間は生来的に自由で平等で独立した存在であり、誰も自分の同意なしに、この状態を脱して、他者の持つ政治権力に服することは出来ないのである[26]。ロックがいう独立した存在とは、カントが人間に求めた啓蒙、つまり未成年状態から脱却し自らで考える勇気を持つということに他ならない。図らずも、その後に展開される立場が相互に異なるとはいえ、カントの啓蒙された市民とは、ロックが提示した概念の影響を受けているといえよう。

ここで垣間見えるのは、カントは啓蒙された市民の議論を元に、そしてそれらの合意の下に国家の運営をすべきであるという点である。カントのこうした構想は、ロールズによるカント的構成主義という、道徳的人格を持った人々による秩序ある社会という考えの元になっている。ここで注目すべきなのは、これはロールズの正義論で批判された点でもあるが、人間理性に対する信頼という共通点であろう。カントは自然主義にのっとり、ルソーの『エミール』に感銘を受け、人間の成長に期待を寄せている。ただ、ロールズの原理は民主社会の公共的文化の内部でのみ通用するものに過ぎないと彼自身も述べている[27]。

この点は、カントが人類・世界市民を普遍的なものとして考えていたのとは相違する点である。かねてから、カントは世界市民的見地の下に、自然が与えた人類共通の課題という視点で、世界市民社会の構築を求めていた。彼が生きたこの時代はイギリスで市民革命が起こり、さらにはフランスでも市民革命が勃発した時代である。カントの革命に対する考えはのちほど考察していくことにするが、彼が生きた時代は、近代が始まる時期であるが、カントにとってはこの時代のドイツを、啓蒙された時代ではなく啓蒙の時代であろうとしている（WA, VIII, 40）。つまりこれから啓蒙が始まることを期待しつつ、他人の指導なしに自らの悟性を確実かつ十分に用いる状態にすでになっているためには、まだ非常に多くのことが欠けているとしている（WA, VIII, 40）。

しかし、ロールズがいうところのこの民主社会の公共的文化は、カントが熱望した歴史の彼方にある神の国に近いものと考えられる。それが、啓蒙された市民によって構成される。これは、地球全体が啓蒙された市民によって構成され、統治され、政治や立法が行われることを期待していたと考えられるのである。つまり、それだけのことを人間や人類に対して期待していたことになる[28]。

(25) Locke, John, *Two Treatises of Government*, 1690, p. 108.（加藤節訳『完訳　統治二論』岩波文庫、二〇一〇年、二九八ページ）。なお、原文のページは次を参考にした。http://socserv2.socsci.mcmaster.ca/econ/ugcm/3ll3/locke/government.pdf（二〇一八年七月一二日閲覧）。

(26) Ibid., p. 146.（四〇六ページ）。

(27) 例えば、Rawls, 1980, p. 306.

(28) 同じような議論が『人間学』においても展開されている。人間は自分に備わった理性によって、一つの社会のうちで同じ人間たちと共に生活するように、そしてその社会のうちで技術と科学によって自分を洗練化し、文明化し、道徳化するように使命づけられているのであるとカントは指摘している。たとえ人間が幸福と呼んでいる安楽と逸楽に向かう刺激に受動的に耽ってしまうという動物的な性向がどんなにはなはだしくても、むしろ能動的に、人間の本性の未開状態からして人間に絡みついているこうした困難と闘いながら、自分を人間性に値するように形成する使命を与えられているのだという。したがって、人間は善に向かって教育されなければならないとしている。しかし、人間を教育するのも人間であり、教育を自らやり通さなければならなくなる。こうした事情から、人間は絶えず何度も自分の使命から逸脱しながら、そのつど使命に立ち返ることを繰り替えることになるというのである。そして、人類の内には、人間の使命の究極目的を目指そうとする善なる素質が存在しており、この素質を技巧的に最高度に高めた段階が市民的な立憲体制・共和制であるとしている。しかし、この体制下においてでも純粋な人間性より動物性の方が発現するのが早く、しか一方で、カントは人間の理性に対して期待をしていたが、人間そのものには懐疑的な視点を投げかけているのはこれまで述べてきたとおりである。人間には啓蒙される素養・素質があり、成長する可能性もありながら、人間自身の怠惰と臆病が原因で生涯をとおして未成年状態でいたいと思い、しかもそれが気楽であるので未成年状態を捨てがたく思っていると、カントは述べている（WA, VIII, 35）。先ほど触れたロックは、自然状態から人間が生来的に独立しているというのに対して、カントは未成年状態から脱しなければならないという考えである。すでに、人間には善意志と根源悪がともに内在し、善意志があるにもかかわらず傾向性によって根源悪を制御できなかったりするのが人間であるとのカントの人間観は述べたとおりであるが、やはり啓蒙を議論する上でも、こうした人間の一面をカントは否定しているわけではない。

啓蒙はカントの道徳哲学において重要であり、欠かすことのできないものであることはいうまでもない。しかし、その啓蒙を受ける人間に、啓蒙されて市民となっていく素養がなければならないのだが、そこまでカントは人間を信用しているわけでもない。しかし、人間に対して絶望しているわけでもないのである。人間に対しての希望がカントの哲学には存在し、それがカントの道徳哲学、さらには政治哲学、世界市民の構想の原動力になっているともいえよう(29)。

## 3　カントの市民

前章で述べたとおり、カントの自然観もカントが求める人間への課題に重要な基礎を形成している。また、自然状態においてもアプリオリな道徳法則が存在し、それに則って人間は実践理性による行為を行っていくことになっている。

さて、こうした行為は最高善を実現するためにあるのだが、それもまた自然によるものである。そのため、自然の最上の原因は、悟性と意志とを通じて自然の原因（したがって創造者）である存在、すなわち神であるとカントは明言している（P, V, 125-126）。最高善を促進すべくして、どのように普遍的自然法則に従って考えるべきかということについて、自然の国と道徳の国の厳密な一致を最高善の可能性の条件として考えるのが有効であるというのである（P, V, 145）。

では、こうした可能性を促進するのが目的の国における人民であり、それは未成年状態から脱却し啓蒙された市民である。その市民とはどういうものなのだろうか。

### （1） 倫理的公共体下の市民

カントのテキストにおいて市民（Bürger）という言葉は、『純粋理性批判』を書き終えた三年後の『世界市民的見地における普遍史の理念』（*Idee zu einer allgemeinen Geschichte in weltbürgerlicher Absicht*, 1784）に現れる。ここでカントは世界市民（Weltbürger）の概念を出しているが、その概念について深く言及しているわけではない。しかし、自然が求める目標として、その最高到達点が世界市民という概念であるとしている。そして、人間がその目標に向かっていくのは、神が造った自然が人間に課した義務であるとしている。

---

も根っこからして強力なので、もっぱら動物性の方を弱めるしかないとしている（Anth, VII, 325-327）。

（29） 『実践理性批判』の最後に、カントは（批判的に探求され、方法的に行われたものとしての）学を、知恵の教えに通ずる狭き門であるとしている。ここでいう知恵の教えとは、われわれは何を成すべきかという意味で理解されるだけではなく、全ての人が進むべき知恵への道を明瞭に設定し、人が誤った道に迷い込まないようにするには、何が教える人に基準として役立つべきかという意味でも理解されなければならないとしている（P, V, 163）。

さらに、前述したように、カントは『宗教論』において、善の原理に従うたんなる徳の法則での人間の結びつきは倫理的社会と呼べるし、法則が公である場合、（法的＝市民的社会にたいして）倫理的＝市民的社会、または倫理的公共体と呼べるとしている。

法的＝市民的（政治的）状態というのは、（おしなべて強制法であるような）公の法律下で共存するかぎりでの人間相互の関係のことである。倫理的＝市民的状態というのは、強制のない法則下で、すなわちたんなる徳の法則下で、人間が統一されている状態のことである（R, VI, 95）。

しかし、ここでの市民という言葉は、その前に法的や倫理的という修飾語がある以上、意味としてはたんなる「共同体を構成する者」の域を出ない。ただ、こうした状況下で市民がどう生きるべきなのかをカントは示している。カントは、これまで見てきた道徳法則下での行動を重視しているところからしても、法的＝市民的社会よりも倫理的＝市民的社会の方を評価しているのは明らかである。

そして、カントはいずれの自然状態でも、各々が自分自身に法則を与えるが、それは定言命法に則り、各人が自分自身の裁き手であることを意味する。そこには権力を持った公の権威は、つまり事あるごとに何が各人の義務であるかを、法律によって法律上有効に定め、それを一般に行わしめるような権威は存在しないというのである（R, VI, 95）。つまり、こうした外部からの強制ではない徳の法則下で実践的命法による行為を行う人間こそ、カントの理想の市民像であることはあきらかであろう。

だが、すでに存立している政治的公共体では、すべての政治的市民はそのまま倫理的自然状態にあって、そこにとどまる権利も与えられている。そのため、その市民が他の市民と共に政治的公共体のみならず倫理的統合にも入ろうと思おうが、むしろあくまでもこの種の自然状態のうちにいようと思おうが、それは自由であるとカントはいう（R, VI, 95-96）[30]。

なお、徳の義務は人類全体に関わるので、倫理的公共体の概念は、すべての人間の全体という理想につねに関係づけられており、この点で政治的公共体の概念と区別される（R, VI, 96）。ここで徳の義務の普遍性が現れるのだが、これはカントの歴史哲学に横たわる哲学の「普遍性」と「人類というみな同じ人間」という考えにつながるものである。法律的であろうが倫理的であろうが、カントにとっての自然状態とは万人の万人に対する戦争状態である。倫理的自然状態では、どの人間にもある善の原理が、同じく人間に内在する悪の原理によってたえず戦をしかけられる状態であり、人間は互いに相手の道徳的素質を腐敗させあうし、個々人すべてには善意志があっても、彼らを統一する原理がないので、まるで悪の道具にでもなったかのように、相互の軋轢により善の共同体的な目的から遠ざかり、逆に相手への支配を手中に収めようとして、互いに相手を危険に陥れあう状態である。

当然のことながら、自然的人間はこの状態をできるだけすみやかに脱すべく専心しなければならないのだが、これは人間の人間に対する義務ではなく、人類の人類自身に対する義務であるとカントは述べている（R, VI, 97）。つまり、共同体的な善である最高善を促進するようにと定められている義務になるのだが、この最高善はそれを促進しようとする同じ目的を持った一つの全体に、つまりよき心術を抱く人間たちの体系を目指す一つの全体に、個々の人格が統

(30) この理由は、倫理的目的に照準を定めた体制を、強制により生じさせようと思うような立法者は禍なるかなであり、それによって倫理的目的とは正反対のものを生じさせることになろうし、自らの政治的目的の基礎をも掘り崩し、それを不安定にさせてしまうだろうからである。そうなると、倫理的公共体の概念にはすでに強制がないことが伴っているからである。ただ、しかし倫理公共体は公の法則に基づかなければならず、それを基礎にした体制をふくまなければならないので、こうした制限は承諾しなければならないことになる。

合されていることを要求するものであるというのである。

その全体こそが徳の法則に基づく普遍的共和国であるが、このような全体の理念は道徳法則のすべてとは全く異なった理念であり、かくあるものとして、私たちの力が及ぶのかどうかも知り得ない全体、これに対して働きかけるという理念であり、そういう意味で他のすべての義務と異なっているのである。こうしたことから推測できるように、この義務には高次の道徳的存在者なるものの理念を前提とすることが必要であろうとカントは述べている（R, VI, 98）。これが最高善を指しているのは明らかである。つまり、徳の法則に基づく普遍的共和国、すなわち倫理的公共体は最高善を前提としているものであり、その達成を念頭に置いていることになる。

そして、こうした倫理的公共体を成就しようとするのなら、すべての個人は公の律法に服さなければならず、彼らを結びつける法則はすべて、公共体の立法者なる者の命令だと見なせなくてはならないことになる（R, VI, 98）。こうした倫理的公共体では、最高立法者として考えられるのは、真の義務のすべてが、したがってまた倫理的義務も、同時にその命令として表象されねばならないような者だけであり、それゆえそれは、人の心を知りたまう方でもあって、誰の心術であれ、その最内奥を見抜かなくてはならず、またいかなる公共体でもそうであるように、誰にでも、その者の行いに値するものを授けなくてはならないとしている。しかし、こうなってしまうと明らかに神の概念ということになる。つまり、倫理的公共体は神の命令下ある民としてのみ、いいかえれば神の民、しかも徳の法則に従う神の民としてのみ考えうることになる（R, VI, 99）。

したがって、この倫理的公共体の立法者は神ということになる。これは、第三章にて論じた、キリスト教哲学者としてのカントが前提になっているといえよう。そして、神の立法ということは、神が企図した最高善を達成するための神の国を造っていこうとするための規律である。それがカントの場合は、実は道徳法則ということになるのだが、こうした、自然神学や道徳法則下にある人間をカントは市民と呼んでいることになるのである。

## (2) 市民と義務

カントは実践を、何らかの普遍的に表象された原理に従ったやり方でなされると考えられるような目的実現行為だけとしている（TP, VIII, 275）。しかし、理論の空虚さに対して、義務の概念に基づく場合は、概念が空虚であることを心配する必要はないというのである。というのも、何らかの結果を目指すことが義務ではないはずだからである（TP, VIII, 276-277）。そこで問題になるのがカントにとっての義務とは何かということである。

カントは義務についてこのように説明する。

義務の命令が問題になるときには幸福への配慮を全面的に議論の外へおくこと、そして幸福への配慮を決して理性が人間に命じる法則の遵守が可能になるための条件にしないこと、それどころか、幸福への配慮に由来するいっさいの動機を義務の規程の中に気づかぬうちに混ぜ入れることがないようにできるかぎり意識しようと努めることであるという。つまりは、義務を思い浮かべるときに、それを遵守した結果われわれに得られる利益を結びつけるのではなく、むしろそれを遵守するため（すなわち徳のため）に必要とされる犠牲と結びつけ、そうすることによって義務の命令をその完全な姿において、すなわち無条件な服従を要求し、他のいかなる影響も必要とせずそれ自身だけで十分であるという完全な姿において思い浮かべるのである（TP, VIII, 278-279）。

つまりカントは、人間は自然にもつ目的である幸福を放棄できないが、義務と幸福とを結びつけることなく、それは幸福のために義務を果たすということでもなく、義務に対して服従しなければならないというのである。幸福論においては、経験的な諸原理が全基礎をなすのだが、道徳論においては経験的な諸原理はいささかも付加されないというのが、カントの幸福と道徳の根本的な違いである（P, V, 92）。もちろん、幸福の原理を道徳の原理と区別するのは対立をさせるわけではないのだが、義務が問題となるや否や、幸福を全く考慮してはならないというのである（P, V, 93)。

こうした義務概念が、この世界において可能な最高善（世界全体において最も純粋な道徳性と結びついており、しかもその道徳性に見合うような普遍的幸福）を手に入れるよう全力を挙げて努力するという新たな目的を、人間の意志に対して生み出すという（TP, VIII, 279)。人間の意志が動機としなければならないのは、無条件の法則そのものだけである。意志は自分がこうした無条件の強制としての法則のもとにあると感じており、意志が法則に対して抱くこのような感じは道徳感情と呼ばれるという（TP, VIII, 283)。そして、人間はまったく利己心なく自分の義務を遂行すべきであるということ、そしてまったく混じりっけなしに義務概念を持つためには幸福を求める気持ちを義務概念から完全に切り離さなければならないということを、人間ははっきりと意識しているというのである（TP, VIII, 284)。カントは、人間には自分自身の理性によって何らかの義務に服従する存在者であるという特質があるという（TP, VIII, 288)。これまでカントが再三にわたって述べてきた、人間が世界市民社会に向けての行動を起こす存在であり、世界市民として啓蒙を続け、自然の目標に向かって進んでいくことの前提になっているといえよう。

さらに、市民と呼ばれるに必要な資格として、自分が自分自身の支配者であるということ、したがって生計を立てるための何らかの財産を持っているということである。その国家市民は、元首が思いのままにおこなうことがらのうち公共体に対する不正であると思われるものについて自分の考えを公表する権限が、当然のこととして、しかも元首自身からの恩恵として与えられなければならないのである。それゆえ、言論の自由は国民の権利の唯一の守護神であるという（TP, VIII, 304)[31]。さらには、いかなる公共体においても、強制法にしたがって国家体制の機構へ服従するということがなければならないが、しかし同時に自由の精神が存在するのでなければならないという。というのは、各人は自己矛盾に陥らないためには、人間の普遍的義務に関して、この強制が正当であるということを理性によって確信しているのでなければならないからであるという（TP, VIII, 305）。

### (3) 褒められるべき人間

今述べてきたことは、カントの国家の中における市民のあり方であったが、最後にカントは国際法における理論と実践について述べている。人類全体としてみる場合、人間とは愛されうる存在なのか、それとも憤りを抱いて考察せねばならない対象なのかという疑問に対し、カントは別の問いを投げかけて、こう答えている。われわれが人類を愛しうるのは、やはり人類が少なくとも絶えず善へと接近しているという点においてであり、もしも人類が少しも善へと接近していないとなると、われわれは人類を憎んだり軽蔑したりせざるを得ないとしている。さらに、人間が類として愛するに値するものであるのは、人間性の素質ゆえであるとしている。その人間性の素質は、国際法の基礎となる状態においてのみ、適切に育成されうるというのである（TP, VIII, 307）。つまり、カントにとって、恒久平和が達成された神の国を造ろうとする自然の目的である最高善に向かっているうちは、人類は善であるというのである。この点では、カントは政治学における中でも異色の立場といえるのである。政治の予想する人間像というものは、昔からあまり美しくないと相場が決まっている[32]。しかし、ここでもカントは人間の成長に期待を寄せているのである。そもそも人類は、その自然目的としての文化に関しては絶えず前進しているのだから、その存在の道徳的目的に関してもよりよい方へ向かって前進しているのであって、また、その前進はたしかに時々途切れることはあっても決してやむことはないというのである（TP, VIII, 308-309）。いわば、人類は絶え間なく前進するものであり、そのかぎりにお

---

（31） 但し、われわれは体制の中に生きている以上、言論の自由は臣民のリベラルな考え方によって、その体制に対する尊重と愛という限界を超えることはないとカントは付け加えている。

（32） 例えば次を参照。丸山眞男『新装版　現代政治の思想と行動』未來社、二〇〇六年、三六〇ページ。

いて人類は善であるというのである。

ここでも、カントのキリスト教的な摂理による自然観が影響を与えているといえる。そもそも摂理は、創造主である神は被造界を全く完成したものとして造ったのではなく、神が定めたこれから到達しなければならない究極の完成に向かう途上にあるものとして造られたことが前提になっている。[33] カントの人間像は、こうしたキリスト教的視点が影響していることは否めない。それがカントの道徳観のみならず、政治思想におけるカントの市民像にも影響を与えており、ひいては究極の目標である恒久平和にむけての行動を、善意志の素質を持つ人間にカントが期待する理由であるといえよう。

また、カントはこうした啓蒙された成人状態である人間、つまり市民による社会の構成を考えていたといえる。それは、大衆社会ではなく啓蒙された市民による社会の構成によって、恒久平和への道筋を考えていたといえるのではなかろうか。カントはあくまでも民主制ではなく共和制を望んでいたのは、衆愚政に陥るような民主制ではなく、道徳法則下にある自律した者による立法体制を望んでいたからである。カントの市民像には、これまでいわれてきた啓蒙思想以外にも、定言命法などの厳格な道徳法則や、神の意図というキリスト教の影響があるといえるのである。

### (4) 保守主義的性格と共和主義的性格

#### 法の下の臣民としての市民

つまり、カントにとっての市民とは、これまで見てきた道徳法則による善意志よって根源悪を根絶しようとする人間、そして、神の国を造っていこうとする人間でなければ市民ではないことになる。カントは、市民的体制を（他者との結合の全体においては自由であるといえるけれども）それでもやはり強制法の下にあるような自由な人間の関係であるとしている。その市民状態とは、次のアプリオリな原理に基づくとしている。

一　社会の構成員各人が人間として自由であるということ
二　社会の構成員各人が臣民として他のすべての構成員と平等であるということ
三　公共体の構成員各人が市民として独立自存しているということ（TP, VIII, 290）

ここでカントは臣民（Untertan）という言葉を用いているが、これは法の下にあるものはすべて、国家においては臣民であり、それゆえ公共体における他のすべての構成員と平等に強制権に服従するためである（TP, VIII, 291）。ここでの平等とは、いかなる人といえども、契約によって、法的行為によって、自分は義務だけをまったく持たないなどという事態を生み出すことはできないという意味での平等ということである（TP, VIII, 292）。

カントが抵抗権を否定する背景には、主権は責任を問われないという繰り返し主張した言葉がある。主権は法の源泉として法の上に立ち、それゆえ法によって裁かれないのである。しかし、この考えは君主制に対する立憲的抑制の必要についてカントが行う主張としばしば対立することになる。[34] これは、人権は秩序よりも重要であるというカントの信念があるからである。「最も重要なのは秩序や平和よりも人間の権利である。大いなる秩序は大いなる抑圧によって作り出されうる。しかしより多くの権利を求める要求から生ずるあらゆる無秩序は、いつかは最終的に消滅する（RA, XV, 612）」と主張しているのである。

これについては、後述するI・マウスの指摘がそのままあてはまることになるので、この一面だけでカントが保守的であると断言することは避けなければならない。実際、カントが避けようとしていたのは、立法者の不在という状態であり、そうした意味での立憲体制の断絶なのである。[35] しかし、カントに保守主義的性格が内在していることは、

（33）　日本カトリック司教協議会教理委員会、九四ページ。
（34）　Beiser, pp. 35-36.（六八－六九ページ）。

ここでも窺えるのである。

これが、フランス革命への複雑な評価につながっていると見られている。フランス革命そのものはカントにとって、歴史には進歩があるという、カントがずっと抱いていた考えを確認させてくれるものに見えたはずである。しかし、カントは初期批判期では革命についての言及を行っていない。最終的にカントはフランス革命を根拠に、「罪責を負ってはいるが、神に嘉されるような心術へと次第に変わっていった人間、かかる人間が罪なしとされるという理念の、このような演繹に何らかの実践的使用があるか」(R, VI, 76) と述べた。つまり、人間はより良い方向に絶えず進歩しうると期待できる根拠を与えてくれるような出来事は、果たしてあるだろうかという問いに対して、フランス革命の際の公衆の反応を例に出している (R, VI, 79-84)。公衆による革命への共感のあからさまな表明は、それに伴うリスクがあるにもかかわらず、人間が道徳的性格を持っていることを示しているというのである[36]。

ところが、カントはフランス革命の実践は非難したとされる。この点が、カントは原理においてはラディカルであったかもしれないが、実践においては保守的であったといわれる理由である。カントの理念は一七九〇年代ということからの時代を向いていたが、社会的・政治的な変更についての見解は一七七〇年代という過去を向いていたことになる。フランス革命の後ですら、カントは啓蒙絶対主義の時代の狭い視野から合法的な変更の道筋を模索し続けていたと指摘されている[37]。そのため、カントの改革構想は上からの構想であり、自由、平等、そして友愛の原理で教育を受けた公衆が下からの改革勢力になるということはカントにとってはあまりにも理想主義的であり危険なものであったと、バイザーは指摘している[38]。

しかし、これには前述したようにカントの相反する人間観が背景にある。人間は利己的な傾向性 (Neigung)[39] を持っているので、共和的体制を樹立し、維持するには向かないだろうというのである (Frieden, VIII, 366)。人間は、たとえ道徳的によい人間ではないにしても、よい市民であることを強制される存在であるという。カントは「理性的存在者の多くは、全体では自分達を保持するために普遍的法則を要求するが、しかしそれぞれ個別にはひそかにその普遍的法則から逃れようとする傾向がある。そこで、そうした理性的存在者の集まりに、たとえ彼らが個人的な心情においては互いに対抗し合っていても、私情を互いに抑制し、公の行動の場では、そうした悪い心情をもたなかったのと同じ結果をもたらす秩序を与え、体制を組織することが問題なのである」といい表している(Frieden, VIII, 366)。いい換えれば、啓蒙された人で政治が構成されるのなら、(いわゆる一般的な意味で)理性的に政治を変えることができるわけであり、武力を伴うような革命に頼る必要がないのである。

ここで、一つの疑問が生まれる。それは、カントにとっての市民とは、善いところも悪いところも併せ持ち、多様性に富み、そして怠惰である傾向性をもつ人間を、道徳法則や啓蒙された市民という枠にはめこむようなものではないのだろうかということである。これまで見てきたとおり、カントは人間本性を批判しているが、キリスト教の摂理

---

(35) 別のところでは、市民的な状態においての立法が回転するための二つの蝶番といえるのが自由と法律であるとしながら、法律が空文句に終わらずに効力を発揮するためには、権力が必要だとしている。そこでカントは、四種類考えられる権力と自由・法律の二者の組合せで真に市民的立憲制と呼べるのは、自由と法律の二者を権力が媒介する共和制であるとしている。ただし、ここでいう共和制という用語はただあるべき国家一般を意味しているに過ぎないのであって、昔からいわれているブルカルト法規集成の「国家の安全が最高の掟であるべき」を共同体の感性的な繁栄(市民の幸福)が憲法の最高原理としてとらえられるべきであるというのではないと注意している。それは、市民の幸福がそれぞれ各人によって勝手に思い描かれるため、普遍性が要求されるような客観的原理にはまるで適さないからである。カントの解釈では、市民社会一般の最高の方は悟性的な繁栄、つまり一旦発布された憲法を守ることに存するというのである。これは、市民社会は一般に憲法が守られることによってのみ倒れないでいられるからであるという(Anth, VII, 331)。

(36) Beiser, p. 38.(七三ページ)。

(37) Ibid., p. 53.(九八ページ)。

(38) Ibid.(九九ページ)。

(39) 傾向性について、カントは別のところでは習性的欲望(concupiscentia(欲))という言葉を用いている(R, VI, 28)。

論の影響ではあれど、一方で人間に期待している節がある。市民状態は自然と一致するものではないが、それでも自然の目的にはかなっているとしている。人間は、生まれつきは粗野で奔放なので規律に服させられる必要があるというが、自由が維持されるような仕方で、若者は訓練によって強制に服させられなければならないという（Collins, XXVII-I, 467）。カントの人間本性については、後ほど詳しく検証していくことにするが、人間の多様性以外に、人間の多面性にもカントは注意を払っていたといえるのである。

さらに、このことはカントが民主制ではなく共和制を主張していたことにもつながろう。一般的にカントの恒久平和論は、民主主義体制をしく主権国家間の連携を構想しているといわれているが、実際には共和的（republikanisch）でなければならないと明記している（Frieden, VIII, 349）。つまり、民主主義ではないのである。カントのテキストを見ていけば明白なのだが、カントは、民主主義者ではなく共和主義者である。これはあくまでも啓蒙された市民が参加し、理性の公的使用によって行われる政治を理想としていたといえよう。共和主義にも様々な言説があるが、奢侈による腐敗を批判し、公共精神としての徳を求める立場の共和主義の立場をカントは唱えたといっていいであろう。その背景には、アリストテレス以来の伝統である、民主主義が衆愚政に陥ってしまう危険性があったと思われる。そのため、カントの市民性には啓蒙された人たちというのが重要な位置を占めることになり、それが政治の主体ということになるのである。そして、それが立法の主役にならなければならないのである。

しかし、カントが理想とした政治体制は現代でいう代議制民主主義であり、それは今まさに達成されているのではないかといわれている。また、B・ラセットなどの民主的平和論によって、そのイメージはかなり強く、そして広い範囲で認知されている。しかし、カントが求めたのは、法の支配や代議制や市民的立憲体制という制度的側面があったと同時に（第一章でわれわれは法の支配に基づく制度設計者としてのカントについてすでに論じた）、これと同様に重要な側面として、立法の主役である啓蒙された市民の存在である。前述した市民性における議論のように、民主主義としての制度が構築されていたとしても、その理想を体現した政治状況になっているのかは、はなはだ疑問である。そのため、カントが理想とした政治状況は、いまだに一部実現されていない面があると考えられるのである。

## フランス革命に対するカントの評価

カントというと、共和主義的民主制や啓蒙絶対主義の代弁者であるという評価や、民主制の代議制的性格の擁護者であるとか、国家の不正へのあらゆる抵抗に対する厳格な反対者であるなどと、カント思想の一面のみが過度に強調されて理解されることがたびたびあり、それに則った議論が展開されることがある。それが顕著に表れるのは、カントのフランス革命に対する評価についてである。

こうした議論の大半は、カントの思想を必ずしも正しく受容しているわけではないと考えられる。それを示すためにI・マウスの議論を紹介しよう。彼女はこう指摘している。こうした誤解が生じるのは、カントが当時の政治システムの「暫定」機能について考察していたのに、それがカントの本来の理論として読まれ、その結果、カントはもっぱら「共和制」樹立へ向けた歴史的発展段階として、その手段とみなしていた啓蒙絶対主義が、自立的な自己目的と解されるからであるとしている。(40) こうした誤解は、ドイツの法学者であったO・ギールケが(41)、単に国家主権の代行者であるにすぎない「国家元首」を、事実上国民の権利のすべてを吸収した主権者へと格上げすることによって、理論を現状に適合させてしまったという解釈に基づく。いわば、カントが譲歩したのではなく、カント理論が官治国家に

(40) Ingeborg Maus, *Zur Aufklärung der Demokratietheorie* Suhrkamp, Verlag, 1992.(浜田義文・牧野英二監訳『啓蒙の民主制理論カントとのつながりで』法政大学出版局、一九九九年、四―五ページ)。

(41) オットー・フォン・ギールケ(Otto von Gierke, 1841-1921)。ローマ法とは区別されるドイツ固有の法思想・法制度を主張し、「社会法」の創設、さらにドイツ民法典草案を批判した。

特有の仕方で受容されたからであると指摘している。[42] つまり、カントの理論には民主制として欠陥があると誤解している者たち自身が実はそうした欠陥を備えており、このような立場に立つ者たちによって、カントの理論は官治国家的であると誤認された上で攻撃されているとされた。[43] つまり、国家行為に対する法律効果としての抵抗権を欠いており、また想像された抵抗権命題の実態面がもつ詳細な諸前提を精確に規定しなかったという批判である。[44]

こうした批判に対してマウスは、カントの論証は元々、実定法によって授けられた抵抗の権限という中世的伝統に対して向けられていたと述べている。[45] つまり、啓蒙の時代であった中世から近代市民社会への転換をカントは考えていたことになる。そのため、カントの政治哲学は社会契約論、それも服従契約であると受け取られている。しかし、カントにとって、封建身分制的服従契約がアプリオリに企図された法概念に先立って存立するということはあり得ない。服従契約や抵抗権の拒絶は、カントの民主制理論にとって根幹に位置するものではあるが、カントがフランス革命後の恐怖政治を目の当たりにして、それ以前の抵抗権に対して比較的好意的な立場をまるで捨てたかのような、歴史的出来事に対する反動として評価されてはならないとしている。[46] むしろ、国王から人民への主権の委譲を正当化したのであると理解しなければならないものであろう。事実、カントは君主と社会の成員との間にはいかなる契約も存在しないとしているのであるから（Op, XIX, 509）。

さらに、マウスはカントの契約説について最も注目すべき誤解は、カントの契約説を結合契約と服従契約からなる二段階の契約モデルを、「最も進んだ」もしくは「最も精緻な」契約説として分類し、カントをこうした尺度で測ろうとする解釈者たちであるという。こうした人々は、最も進んではいるものの、まさに一段階的であるような啓蒙の契約主義が絶対主義的ではないかという嫌疑をもっている。これは、こうした論者たちが、それまでの契約説の統一的概念として「統治契約」と銘打たれ、さらにモナルコマキにおける統治契約の革命的含意が論じられたものを、前述したギールケが啓蒙の契約主義の出発点として、統合契約と服従契約を体系的に統合し、それが受け継がれているとマウスは指摘している[47]。

そもそもカントは、結合契約を一群の人間たちを任意の社会へと拘束するのではなく、「市民的体制の樹立」へと拘束する結合契約はきわめて本来的な契約であるので、他の一切の契約、たとえば市民法上の契約などとは反対に、一定の内容をもつ共通目的を固定化することはせず、それ自体が目的である社会化に関わるのである。この際にカントは、最初から国民主権と自由の保障とを、ある特有の意味で同一視していたとマウスは指摘している。カントによれば、国民の主権を制限しようとすることは自由の毀損を意味することになる。つまり、カントの根源的契約はもっぱら結合的契約であって、国家における人間は彼の生得の外的自由の一部をある目的のために犠牲に供するのではなく、野蛮で無法則な自由を全面的に捨て去り、法則への依存によって、法的状態のなかで彼の自由一般を減ずることなく再び見いだすのである。というのも、こうした法則への依存は、人間の立法的意志から生ずるものだからである。封建身分制的契約思想では、自己立法の自由を譲渡して、それと引き換えに個別的な諸々の自由を手に入れるという交渉が典型的であるとマウスは指摘する。しかし、続けて彼女はカントの次の言葉を引用し、議論を展開していく。

何者も自分の自由の一部を、残りの自由を守るために放棄してはならない。なぜなら自由は、切り刻むことのできる集合体のようなものではないからである（VoTP, XXIII, 127）。

---

(42) マウス、五ページ。
(43) 同書、七ページ。
(44) 同書、二七―二八ページ。
(45) 同書、二七ページ。
(46) 同書、三二ページ。
(47) 同書、三七ページ。

カントのこの言葉が意味するところは、カントにとって主権の不可分性には自由の不可分性が対応しているということである。つまり、少なくともカントは抵抗権を否定したわけではないことが明らかになる。そして、統治契約においては皇帝権の委譲が生じるがゆえに、カントが統治契約をも批判しているとマウスは指摘している。実際、カントは社会を基礎づける契約は、内容的な目的規定から自由であるという卓越性を備えていることに固執しているが、その際に、カントは絶対主義的契約説の理論家たちが国家目的に定位している点をも視野に入れているのだと、マウスは指摘している。[48] 抑圧からの解放が少なくとも自由の構成を目指している場合が革命であると見なされる。しかも、自由が住むことのできる新しい家を開放し、そして建てたいと思う熱望は、それまでの歴史にはなかったことであり、比類のないものであった。[49] それゆえ、革命は他の暴力とは区別されて語られ、評価されることになる。

そして、カントの契約説が批判されるのは、それがカントにとってもはや統治契約を問題としないという理由からではなく、その唯一の契約である社会契約が、実際に存在する社会システムの創設と現実存在に対して、起源のカテゴリーとしてではなく、もっぱら理論上の試金石としてのみ関わっているからでもあると、マウスは指摘している。[50] 実際カントの結合契約それ自身は、ある事実を意味するものでもなく、公共体の事実上の起源を説明するのに役立つわけでもないので、公共体はさしあたり純然たる事実性であるという結果となる。カントにいわせれば、社会契約は何ら事実ではなく、「理性のたんなる理念」なのである。そのため、公共体の創設について「権力は法に先行していなければならない」という、ごく当たり前の、必然的な帰結が生じてくるのである。しかも、カントは権力理論家であって、純然たる事実上の権力の方を原則的に法ないし権利よりも高く評価するような人物であると見られてしまうのである。しかし、マウスの指摘の通り、カントは、あらゆる支配は事実上簒奪されたものであり、時とともに立憲的になるべきであると述べているのである（RR, XIX, 592）。

カントの思想を見てのとおり、こうした誤解はカントの道徳哲学の部分が十分に考慮されていないことによるのである。どういうわけか、カントの研究においては道徳論が法哲学や政治哲学と切り分けられている場合が多い。これは、カントの哲学が難解であることも影響しているのだろうが、すでに述べたとおり、政治思想の文脈に則った箇所しか検討されなかったことによるものであろう。

しかし、政治的支配に対する抵抗も、それこそ革命で国王が処刑されるような極端な出来事も、政治的支配がたんなる事実的支配である限りその抵抗も全くの事実的な抵抗にとどまり、つまり法外的性格を保持し続けることになるのである。一般的には、カントはフランス革命に対して、当初の評価から後に批判へと転換したことからわかるとおり、暴力的形態の国家変革を否定しているというのが、カントに対する認識である。他方、国王の殺人、つまり国王を処刑することに対しては、仮に国家への謀反がありながらも君主が生きながらえた場合、君主の報復を恐れる自己保存に基づくものであるから、最も邪悪なものではないというのである（MS,VI, 321）。

カントにおいては国家の強制する権能は、もっぱら相互に自らの領域を防衛し合っている諸個人の相互的強制に奉仕する独占的サービス機能としてのみ構成されるのである（MS,VI, 232）。つまり、抵抗行為は国家による権力《ゲバルト》の独占に対峙しているが、国家独自の法に対峙するものではないと、マウスは分析している。つまり、国家権力《ゲバルト》に対する国民の非合法的暴力《ゲバルト》だけは認められるということになるのである[51]。

ここでマウスは、カントが否認したいのは、統治に対する国民の封建的身分制的強制権と分析している。支配者に対するあらゆる法的強制を厳格に拒絶したのは、統治者と国民の間の抗争にはいかなる裁判官も存在しえず、またそ

---

（48）マウス、三八－四〇ページ。
（49）Arendt, 1963, p. 35.（四七ページ）。
（50）マウス、四五ページ。
（51）同書、四九ページ。

の場合、国民といえども同時に抗争する一党派に過ぎないのだから、国民そのものも存在しえないからである（MS, VI, 320）。カントの「国家元首が罰せられることはできない」といったことについて、国家権力に対するあらゆる抵抗の否認を意味するととらえられがちだが、カントは当時いまだに存在した法維持国家の訴訟手続と、その形式的な処罰行為にとどまる抵抗権に反対したのだと、マウスは分析している(52)。

つまり、マウスが主張しているのは、カントはフランス革命の中心的な出来事である君主主権から国民主権への移行を正当化したのは、これは君主に対する国民の強制権が全く存在しないのならば、それまでの主権の担い手に対する国民の義務づけもまた全く存在しないことを意味するからである。つまり、受動的服従を要求するようないかなる契約もあり得ないことになるのである。カントにとってフランス革命という現象は、主権交代の歴史的切れ目に関して、新たな憲法制度の法外的基礎づけということの事実制を指しているのだと、マウスは指摘しているのである。

そう考えると、改革は下からの暴力的叛乱からではなく上からの改革によって成し遂げられなければならないと『諸学部の争い』（*Der Streit der Fakultäten*, 1798）において述べているため、カントはしばしば、それがフランス革命のような民衆による革命を否定し、合法的な革命を前提としたと思われている（Fak, VII, 84-85, 92 u. a.）。

しかし、カントは立法的普遍意志のたんなる代理人に過ぎない君主主権者は、民主制の憲法体制であっても国民の意思に反して新たな憲法体制を導入することは許されないとしている（MS, VI, 340）。つまり、これによって「下からの」民主主義はカントの中でも堅持されていることになる。そもそも、道徳法則下における啓蒙された市民の倫理的な行為をカントは期待しており、それによって目的の国が構成され、さらには最高善が達成される神の国の建設を期待していたわけである。マウスは、民主的原理を権威主義的に実現することよりも、事実的国民意志の方が優位におかれるのが、カントにおける民主的パースペクティヴの帰結を示しているという。

そして、カントにとって、憲法そのものが「公的に構成された対抗力」を含むことにあるがゆえに、「革命権」を憲法から直接導出することはしないのである。この構成された対抗力の可能性を断固として否認し、憲法に関して国民は「つねに構成するものとみなされる」と論じているのである。(53)

以上がマウスの指摘である。これに対して、カントを対象にした研究においては、「確固たる諸原則に基づく漸次的改革」(MS, VI, 355) というカントの主張が、彼のフランス革命の正当化と両立しないというのが支配的である。しかし、これに対してマウスは、革命における暴力はカントの中ではけっして正当化されないとしている。カントの「革命」は、それがその暴力行為という側面と同一視される限り、消極的にしか使われないのである。カントによれば、理性のアプリオリな諸原理にふさわしい憲法体制は、革命的に、ある飛躍によって、それまで存立していた誤った憲法体制の暴力的行為による変革によって導入されてはならないというのである。というのも、この場合、その中間にあらゆる法的状態の根絶する瞬間が生ずるだろうからである。革命の暴力的活動に対する拒絶をこのように基礎づけることは、同時に次のような指摘を含んでいることになる。カントの考察もまた、革命の際の継続性の保証を目指しているが、その場合明らかに、適法性に基づいて革命を構成しようとしたイギリス的試みの根底に存していたのとは別の継続性を問題にしているというのが、マウスの主張である。(54)

カントにとっていかなる状況でも避けるべき状況は、市民状態一般の同時的根絶である。そう考えると、カントがフランスで国民議会が憲法を改正できたことを力強く肯定しているのは、法による秩序がない状態、つまり自然状態

(52) 同書、五〇ページ。
(53) 同書、六二ページ。これについて、マウスはエマヌエル・シエースの「憲法は〔中略〕構成された権力の作品ではなく、構成する権力(憲法制定権力 (pouvoir constituant) の作品である)」(Emanuel J. Sieyès, Was ist der dritte Stand? in: *Politische Schriften*, 1788-1790, hg. von Eberhard Schmitt und Rolf Reichardt (2. Aufl.) 1981, S. 164, 167) という言葉を用い、カントの考えはこれに対応していると指摘している。
(54) 同書、六三ページ。

の事態を回避でき、なおかつそれが市民的な手続で行われたからであるといえよう。

これは、カントの自らの意志によって法に服従する考えにも合致する状況である。つまり、カントはフランス革命を評価したが、アナーキーな自然状態を引き起こし、憲法体制の断絶を招くと判断した時期があり、その際にフランス革命を非難したと判断するのが妥当であろう。

さらに、カントにとって憲法体制一般が意味するのは、立法的主権そのものの現存であり、特定の主権者の存在ではないとマウスは指摘している。つまり、従前の憲法体制が革命によって破壊されたとしても、およそ立法的主権者が存在する限り市民状態は遺棄されないということになる。カントによって重要なのは、法の継続性ではなく、法を基礎づける主権が存在し続けることなのであると、マウスは述べている(55)。

カントにおけるフランス革命の正当化のための議論として、一貫して認められるのは、たんなる経験的憲法体制状態が暫定的に正当化されていることであり、また法理念が優位に置かれているということである。カントにとっては、革命的変革もまた立法によって生起しなければならないものであり、暴力的叛乱は市民的憲法体制の変更ではなく、その解消なのである(MS, VI, 340)。

つまり、カントのフランス革命に対する評価というのは、そもそも「事実的なものの規範性」から遠く隔たっており、しかも同様に革命権からも隔たっている構成になっているのである(56)。しかし、その一方で、カントの革命の事実的理解が民主的合理性を備えていることも指摘されなければならないであろう。それは、革命に法的性格を与えているところからも窺えるところである。マウスによれば、カントの厳しい表現は、正式の処刑によって、シュミットがいう例外状態の例外そのものが規則へと高められ、それによって法の基盤が破壊される場合には、この処刑を殺害よりも重大な犯罪であると宣告する。そして、このようなカントの厳しい表現は、全体として恒常的な例外状態を法秩序へと高めてしまうシステムに対して向けられているというのである(57)。

カントのこうした考えは、けっして革命を否定するものではない。しかし、その革命によって、いわば「力の真空状態」が生まれるような無秩序な状態をカントは避けようとしていたといえよう。こう考えると、カントの社会像というのは、秩序の維持、法体制の維持ということに重点を置いているといえる。そのため、それに則っていれば、革命は肯定されることになろう。(58)

ただ、マウスのこの考察ではあくまでも法制度の話であって、本書が目的とする啓蒙された市民という概念につい

---

(55) 同書、六五ページ。

(56) マウスはカントに対するこうした誤解を、ニクラス・ルーマンの論考を引用して述べている。ルーマンは、カントによる法「一般」の基礎づけと、カントが革命による共和的法秩序の基礎づけを正当化したこととの両者を混同していると指摘している。後者は、自然状態を回避するためのカントの張りつめた論証がめざしていたものであり、それは権力に基づくのではなく、法を基礎づける主権に基づいているからである（マウス、六七―六八ページ）。

(57) マウス、七〇ページ。

(58) カントはドイツ人を次のように評している。ドイツ人の性格は悟性と連動した粘液質であり、すでに確立した秩序についてあれこれ文句を付けることもなく、かといって自分自身で新しい秩序を案出することもしない。それでいて、どんな土地にもどんな気候にも向いている人間であり、億劫がらずに移住し、自分の祖国にそれほど熱くこだわるわけでもないという。いい意味での粘液質を持っており、辛抱強く勤勉であれば達成でき必ずしも天才を必要としない事柄に発揮されるというのである。なので、ドイツ人には国民としての誇りというものがなく、いわばコスモポリタンであって自分の祖国に執着しない。だが、祖国に留まっている限りはどんな他の国民よりも外国人を歓待すると述べている。また、ドイツ人は子どもを厳格に躾け礼儀正しく育てるが、それはまた大人たちが革新（特に統治形態の自主的な改革）に加担するよりも、秩序と規則を好む自分達の性向に合わせて専制政治を選び、それでよしとするところから来ているという。しかも、この一面をカントは評価しているのである。その一方で、自分も同胞の国家市民と肩を並べて、何とか一歩でも平等に近づこうとするのではなく、自分を特権と階級の序列の中に厳格に格付けし、こうした序列の図式の中で尊称をひねり出しながらひたすら細かい格差に拘手散るうちに歯止めなく奴隷根性にはまり込んでいく、救いようのない性格があるという。これは、支配する立場の人間からひたすら命令に服するべき人間に至る前の間に上から下まで梯子を設けようとする生来ドイツ人に備わった性向に源を発している、ドイツ人の国民精神であるというのである（Anth, VII, 317-319）。

ての考察は行われていない。自由に対しての考察はあるが、あくまでも法制度における議論の範疇を出ないものである。

では、マウスはカントの市民に対して言及をしているのか。今まで参照してきた『啓蒙の民主制理論』（*Zur Aufklärung der Demokratietheorie*, 1992）においては、主権者としての市民を考察している。ここでマウスは、カントは民主的な主権者を、つねに多くの声が混じり込んでいるものとして構想していると指摘している。そのため、法律の広範な正当化は多数決によっては到達しえないことになり、したがって立法者と法規名宛人との同一性は、草の根民主主義的な投票においてさえけっして実現されえないとの問題をカントは認識していたことになる。

したがって、マウスの考察はそれ以前の誤解されたカント受容よりはカントの本質を適切に理解しているといえる。しかし、啓蒙という言葉を使っているものの、市民そのものに視点を当てたのではなく、あくまでもカントの制度論的な思考に焦点を当てたに過ぎないといえよう。彼女にとっての啓蒙とは、洗練された民主制ということであり、民主制を構成する市民を基軸とした啓蒙とは違うのではなかろうか。その意味で、彼女の議論は制度論の域を抜けていないといえるのである。

むしろ、自由を熱望するという意味で革命をとらえた場合、カントのフランス革命に対する評価は、もっと鮮明になると考えられる。さきにアーレントの言葉を引用したように、クーデターや宮廷革命と、市民革命以来の革命の精神は自由への渇望なのである。しかも、自由の観念と結びついた新しい始まりという意味での変化なのである[59]。しかし、フランス革命が招いたのはロベスピエールの恐怖政治である。自由を建設するはずの新しい共和国は死産し、そこでの自由は貧窮という必然性に、つまり生きていくために生命過程そのものを切迫に身を委ねる必要があったのである。さらに、自由の創設のための彼の独裁を放棄していたのである。革命の目的は人民の幸福であると後にロベスピエールは宣言しており、自由は革命の目的ではなくなっていた[60]。つまり、フランス革命は自由の創設に失敗したのである。それが、カントのフランス革命に対する評価、期待の変化の原因であったと見るのが妥当だといえるだろう。また、これは、先に引用したバイザーの考えに対する反駁にもなる。カントが「原理においてはラディカルであったかもしれないが、実践においては保守的であった」とバイザーは指摘していた。先に述べたとおり、バイザーはカントの改革構想は上からの構想であり、公衆が下からの改革勢力になるということを危険視していたとの見解を出している。

しかし、アーレントが提示した「革命はそもそも自由の渇望である」との考えに立つと、そしてこの見方はカント自身の見方であったことを考えると、公衆が自由を求める行為を行うことをカントが否定するとは考えられない。しかも、バイザーも、カントが自由を道徳の第一原理として考えるようになったと指摘している。まだ公衆は啓蒙されていないが、啓蒙の実現のために要求するのは（理性の公的使用の）自由以外の何物でもないというのがカントの考えである。

つまり、カントの目には、フランス革命が、理性の公的使用の自由だったはずが、貧窮からの自由という自らの生活が切迫した私的使用の体制へと変貌してしまったと映ったのだろう。もっとも、革命は、徴税などの圧政や、民衆の困窮した生活を変えようとするのがエネルギー源となることが多い。つまり、経済的自由を求める状況である。しかし、カントにとってはそうした革命は本当の革命ではないことになり、経済的自由はカントにとっての自由ではないということである。[61] この点では、カントもアーレントも一致しているといえよう。そもそも自由を求めて活動する

(59) Arendt, 1963, pp. 34-35.（四六－四七ページ）。
(60) Ibid., pp. 60-61.（九一－九二ページ）。
(61) カントは別のところで、啓蒙のことを「内面における革命（Revolution in dem Innern）」と呼んでいる（Anth, VII, 229）。ここで革命という言葉を使っていることからも、カントの革命は理性の公的使用の自由であるといえるのである。

市民の姿を両者とも理想としたことは一致する。また、アーレントの革命の解釈を通すと、カントが何を考えていたのかも明らかになる。カントは、ただ従うだけの臣民を理想としたのではなく、自由を求める市民の姿を理想としたといえるだろう。

## むすびにかえて

これまで見てきたように、道徳法則としては神による自然の目的として行為するのがカントの市民像であり、啓蒙の実現のために自由を求め、その行為を行う者がカントの市民だといえる。そして、その者達によって立法が行われ、その法に従う臣民としての性格も含まれていることになろう。

したがって、カントの市民像は、単純に臣民としての意味合いばかりが強調されるものではない。自由が道徳法則において第一原理である以上、自由を求めることをカントが否定するはずもない。しかも、それは神の意図によって導くものでもある。そもそも、カントにとっての自由とは、道徳法則下において自律した行動をとることである。

哲学史では、自由という概念について、ヘレニズム以来の私的な意思の自由と、キリスト教のように道徳的な自由の概念が存在する。カントの場合は明らかに後者を重視しているのはいうまでもない。ただ、キリスト教がギリシア哲学、特にアリストテレスに負うところが大きかったのも事実である。

しかし、これについてアーレントは、未来の生のための準備との密接な関連で、パウロが初めて意志を発見し、未来がいかに複雑であっても意志が必然的に自由であることを発見したと指摘している。パウロが考えたのではなく、発見したというのが彼女の考えである。つまり、キリスト教以前から〈私は意志する（I-will）〉ではなく〈私はできる（I-can）〉が自由の基準であったとアーレントはいうのである。(62)

パウロの意志について、アーレントは律法と意志それぞれに、このような解釈を提示している。律法には、神の法と、自らの内奥の自己において彼が憎むことをやるように命じる「仲間」の法とがあり、律法自身は、従順を要求する主人の声だと考えられている。律法の〈汝なすべし〉というのは、自由意志による従属行為、〈私は意志する〉ということの同意を要求する。旧約聖書は、汝なすべし、といい、新約聖書は、汝意志すべし、という。そして、意志は、自由意志による信従を要求する命令を経験したことによって発見されたとしている。(63)

これらを踏まえると、こうしたパウロの影響をカントが受けているというのは見当違いとはいえまい。そこで、次のような概念が提起できる。カントの市民像は、啓蒙された市民が、秩序の内に恒久平和を達成していく様を構想していたのではないかということである。(64) カントは、啓蒙の効果によって、市民的自由は次第に進展していくものであり、啓蒙された人間が自分で充分理解している善に対して心底もたざるを得ないある種の関心事でさえもが、次第に王座の耳元にまで達して統治の原則にさえ影響を与えるはずであるという (Idee, VIII, 28)。いわば、啓蒙されていることが市民の条件となるわけであり、そうした市民の声が、為政者を動かすことになるのである。つまり、自由を求めた理性の公的使用を行う市民の声である。そして、それは自由を求める革命、具体的にはフランス革命を当初は評価していたように、自由を求める活動をカントは人間に期待していたのである。

---

(62) Arendt, 1971, pp. 18-19.（下、二三ページ）。
(63) Ibid., p. 68.（下、八一ページ）。
(64) こうした考えは、リッチュル批判で引用したモルトマンの言葉も参考になる。モルトマンは「諸関係を変革せよ、そうすればその中に生きる人間もまた変革される」という言葉に反駁し、「人間は二つのことを同時にやらねばならない。諸々の関係および構造の変更なしの人格的・内的な変革は、観念的な幻想であり、あたかも、内的な革新なしの外的諸関係の変革は、唯物論的な幻想であり、それはあたかも人間が、自らの社会的な諸関係の産物であって、それ以外の何物でもないかのように幻想することである」と指摘している (Moltmann, 1972, S. 27.（一九七六年、四三ページ））。

したがって、市民性（Bürgerlichkeit/Zivilcourage）とは、啓蒙された市民が、自分で考えて自分の意志で、幸福を求めるのではなく善の意志によって内在する根源悪を制御し、理性の公的使用によって、自由を求めて、さらに行為する徳性であるといえよう。そして、カントは啓蒙の思想家でありながら、キリスト教的道徳観の影響が強い徳性をカントは要求していたことになる。それが、カントの市民性といえよう。

# 第六章　カントが見た人間

これまで見てきたように、カントは人間が道徳法則や自然の摂理、神の意図によって世界市民社会を構築し、恒久平和を達成することを課題としていた。そして、人間にはその素養があるというのがカントの考えであった。

しかし、そのようなことが本当に人間にできるのだろうか。また、本当に人間は行うのだろうか。この疑問に答えるには、カントがどのように人間を見ていたのかを議論する必要がある。

カントにとって人間とはどのようなものなのか。人間には三つの素質、すなわち「物を使用する」ための「技術的素質」、「他人を自分の意図に合わせて用いる」ための「実用的要素」、「自由の原理にしたがって法則の下で自他に対して振る舞う」ようになる「道徳的性質」を持つ。これらの素質が他の生物から明確に区別される所以だとカントは述べているのである（Anth, VII, 322）。つまり、これらの素質は、いずれも理性の使用を目指した人間の根源的素質と見ることができる[1]。そして、人間は理性を使用することで、技術的素質によって自らを開化し、実用的素質に基づいて自らを文明化し、道徳的素質に基づいて自らを道徳化するのだが、これもまた人間を特徴づける「人間の規定」

（1）宇都宮、二〇〇六年、七七ページ。

であると、カントは述べている（Anth, VII, 324-325）。
それでは、カントは人間をどのように見ていたのかについて、この章ではさらに詳しく見ていくことにしよう。

## 1　エデンの園を発端とする普遍史から見た人間

カントは『世界市民的見地における普遍史の理念』と、その続編に当たる『人類の歴史の臆測的始元』（*Mutmaßlicher Anfang der Menschengeschichte*, 1785）において、人類史を聖書解釈という体裁で述べている(2)。そこで、カントは「創世記」の天地創造の部分からではなく、エデンの園からノアの洪水まで（「創世記」の第二章から第六章）を取り上げて、人類史の始元を提示する。そこでカントが示すのは次の言葉である。

自然の歴史は善から始まる。なぜならそれは神の作品であるから。しかし、自由の歴史は悪から始まる。なぜならそれは人間の作品だから（Anfang, VIII, 115）(3)。

これは、カントの次の解釈が背景にある。カントは「エデンの園」の出来事を、人類の最初の滞在地として理性が人間に提示した楽園から人間が外に出たことは、単なる動物的な被造物の未開性から人間性への移行と解釈し、「本能の歩行器」から「理性の指導」への移行であると表現している。すなわち、自然の後見から自由の状態への移行に他ならなかったとしている（Anfang, VIII, 115）。この自由を使用する際に、個人は自分自身だけに注目する。そうした個人にとって、このような変化はむしろ損失であった。しかし、自然は人間に関する自然の目的を類に向けて方向づけており、そうした自然にとって、あの変化は利得だったとカントは述べている（Anfang, VIII, 115-116）。

その理由は次の通りである。道徳的な類としての人類の素質を、この類の使命に適合したかたちで展開させ、道徳的類としての人類がもはや自然的類としての人類と対立しないようにしなくてはならない。そのためには、人間と同時に市民を育成する教育の真の原理に従った文化的陶冶が必要なのだが、それはまだ始まってもいないし、完成などしていない。そこからはあらゆる真性の災悪と悪徳が生じ、これによって人間の生活は圧迫され、汚される。こうしたわけで、これら災悪や悪徳へと促すものを人は責めたりする。しかし、この促しそれ自体は善いものだし、自然素質としては合目的的である。ただし、これらの素質は単なる自然状態の上に据えられたものだから、進行する文化によって毀損されたり、逆に文化を毀損したりする。この状態は、完全な技術が再び自然となるまで続く。そしてこのことこそが、人類の道徳的な使命の最終目標であるという（Anfang, VIII, 116-118）。つまり、堕落してしまったこの地上を、再び神の作品である自然にしていくまで、人類の課題が続くことになる。

したがって、この人類の課題は最高善の達成である神の国の建設まで続くことになる。それを踏まえると、カントの最高善の達成、つまり恒久平和の達成は、少なくとも人間の一生ぐらいのスパンで達成されるようなものではないということである。旧約聖書には、神が人の一生を一二〇年としたとある。[4] そう考えると、恒久平和の達成はすぐに

---

（2）聖書は歴史を正確に記すことを目的として書かれたものではないので、歴史的事件を史実に沿って読者に伝えることを念頭に置いたわけではない。したがって、聖書の作者のメッセージを受け取ることができるのみであるが、その物語のもとの形に近づこうとする努力が求められる（長谷川修一『旧約聖書の謎――隠されたメッセージ』中央公論新書、二〇一四年、二二四－二二六ページ）。当然のことながら、カントが人類史において聖書を用いたのも、単に史実をとらえることではなく、神の被造物としての人間の目的を説明するためである。

（3）この点は『宗教論』における、人間の自然本性の内なる善への根源的素質と、悪への性癖との対比にも現れている。さらに、『人間学遺稿』（*Kant's handschriftlicher Nachlaß. Anthropologie*）において、最初の人間は本能によって、有害な事物から遠ざけられていた。しかし彼は次第に自由を感じ始め、彼が理性の心的法則から逃れることによって悪が生じたとの指摘がある（Nachlaß, XV, 643）。

できるようなものではないとカントもいっていたが、それはこうした宗教的なものが背景にあったとするのは、見当違いとはいえまい。これは、世界市民になるための困難さを、設定された人間の寿命の短さに関連づけてカントは述べている。

（世界市民の性格を占める）理性自身は本能によって活動せず、少しずつ段階的に理解を深める目的でいろいろな試み、練習、教授を必要としている。したがって、個々の人間が全ての自然素質を完全に使用すべき方法を学ぶためには、途方もなく長く生きなくてはならないだろう。もしくは、自然が人間の寿命をごく短く設定しているとするのならば（これは現実に起きていること）、自然は最終的に人類における自然の萌芽が自然の意図に完全に合致する発展の段階へ至るようにするために、一世代の人間が次世代に啓蒙を伝えてゆく子孫がおそらく果てしなく産まれてゆくことを必要とする。その最終段階は、少なくとも人間の理念において自らの努力目標でなくてはならない（Idee, VIII, 19）。

事実、人間の寿命は、カント自身も指摘しているが自然の意図を達成するには短いものである。したがって世界市民であるのなら、カントの自然素質を完全に使用するための研鑽を次の世代へと継承していく必要があることになる。つまり、世代を超えて世界市民たる市民性を達成するための行動が必要になるといえる。

そして、すぐに目に見えるような恒久平和への成果を求めるのも間違っていることになる。人類の歴史にはそれこそ戦争のような害悪も存在する。しかし、それを乗り越えて少しずつでも自然に近づけるようにしていくことが人間に課せられた義務である。したがって、すぐに結果が出ないからといって、喪失感にさいなまれる必要はないのである。カントは、人間の行為は他のあらゆる自然の出来事とまったく同じように、普遍的自然法則によって規定され、人類全体としては、人間の根源的素質が緩やかであっても常に継続して発展しているものとして認識されうるものと期待できるとしている（Idee, VIII, 17）。ただし、人間は努めて何かをする時、動物のように単に本能的に行動するわけでもないが、理性的な世界市民のように申し合わせた計画に従って全体として行動することもないと見ている（Idee, VIII, 17）。つまり、世界市民とは自然の意図に従うように理性のある行動をとる存在であるということになる。しかも、人間の行為は単に善いだけではなく他の人々の目にも善いものとして現象しなければならないのである（Collins, XXVII-I, 411）。

しかし、こうした歴史哲学においても、カントの中での相反する人間観を見ることができる。一方で人間に期待するところがありながら、他方で人間はそこまで善の存在ではないという一歩引いた立場が、カントの構想において垣間見えてくるのである。つまり、人間の内にある根源悪と善意志の存在である。先に述べたように、カントは自然の目的にそって人間が行動していくことを求めているが、人間自身の最終の自然目的であるもの（つまりは自由の目的ではないもの）は、人間によって決して到達されないだろうとしている。なぜなら、人間の本性は、所有や享受の点でどこかで停止し満足させられるといったたぐいのものではないからである（U, V, 430, §83）。したがって、ここではカントが人間に対する懐疑的な視点を投げかけていることになる。

だが、自然は人間に理性と理性に基づく意志の自由を与えたとき、人間の備えに関して自然の意図をすでにはっきりと告知していたと述べる。つまり、人間は全てを自分自身で作り上げるべきであるというのである（Idee, VIII, 19）。ここでも、人間が主体的に行動することをカントが求めているのである。自然にとって重要だったのは、自分の行動をとおして生きるに値し健康で幸せな生活にふさわしくなるようひたむきに努力することであったという

（4）「創世記」六章三節。

(Idee, VIII, 20)。

ここでわかるのは、これが自然の要求とはいえ、人間が成長をする存在であり、仮にそのような性質でなかったとしても世界市民に向かっていくものであるということである。そして、それはカントのみならず、神がそのように願っていたと解釈ができよう。

では、果たしてそのようなことが人間に可能なのだろうか。これまで理性的存在者としての道徳法則下にある人間であったり、善意志が内在するとしたり、キリスト教的な摂理観による下支えを述べてきたが、人間はそのようなことができる、いや、そもそもしようとするのだろうか。

これに対して、カントは人間にある非社交的社交性（die ungesellige Geselligkeit）を指摘し、自然素質をさらに発展させるように仕組まれているというのである。この非社交的社交性とは、人間が社会の中に入っていこうとする性癖が、同時に社会を絶えず分断する恐れのある一般的抵抗と結びついているというものである。つまり、人間には社会を作ろうとする傾向性と、一人でいたい（孤立したい）という性癖があるというのである（Idee, VIII, 20–21）。

しかしカントは、これこそが自然が人間に与えたものであるというのである。というのは、非社交的社交性があるからこそ、新たに人間の力を引き締め、自然素質をさらに発展させるように駆り立てているというのである。こうしたことがなければ、人類にあるすぐれた自然素質はすべて永久に発展されずにまどろむことになる。自然は人類にとって何が善であるかをよく知っており、不和を欲しているというのである（Idee, VIII, 21）。この非社交的社交性は、人間の矛盾する行動を指摘しているのだが、それすらも自然の目的のためであるという。こうした相反する行動を取ってしまうのが人間であるが、カントはそういった人間のすべてを認めているのである。

そうなると、これまで述べてきたようなことを、本当に人間は取り組もうとするのだろうか。カントは、自然は人類に普遍的に法を司る市民社会を実現することを迫っているという（Idee, VIII, 22）。そして、人間はこうした拘束状態に入らざるを得なくなるというのである。これは、人間は放埒な自由状態ではもはや共存できなくなる可能性があり、人間は自分でこの必要性を互いに与えあっているというのである。先に言及した人間の非社交性によって、人類を飾っている文化と芸術、そして最も優れた社会的秩序が実を結び、人類に対して自己訓練を課し、その強制的なわざをとおして自然の萌芽を完全に発展させようと強いているというのである（Idee, VIII, 22）。さらには、自然が自らの究極的な計画を達成できるようになる形式的条件は、相互に争い合う自由の相互侵害に対し、市民社会と呼ばれる全体が持つ合法的権力が対置されるような、人間相互の連関において成立する体制であるというのである。というのも、こうした体制のうちでのみ自然素質は最大に発展することができるからだというのである（U, V, 422, §81）。(5)

カントがこのように、人類に対して厳しい課題を要求するのには、カントが人間を、一方では期待しつつも、もう一方では、人間の悪い側面を、聖書のみならずそれ以降の歴史が示していることを認めているからに他ならない。別のところでカントは、人間はすべての人間の自由を制限する法を求めはしても、利己的な動物的傾向性に惑わされて、できうるならば自分自身を例外化するからであると指摘する（Idee, VIII, S. 23）。そのために人間は他者の中で生きていく場合に一人の支配者を必要とする動物だというのだが、ここで重要なのは、カントが人間を、無条件で必ず成長

（5）これは、アーレントがいう、市民によって所有される政治的自由ととらえることができるかもしれない。アーレントによれば、近代においての政治的自由は「力」と「自由」は同義となり、明らかに〈私はできる〉という事柄にあって〈私は意志する〉という事柄の内にはないということによって、哲学的自由からは区別されることになるといった前提がある。そして、政治的自由は、共同体の中で、すなわち共に生きる多数の市民が、法律・習俗・習慣その他という非常に多くの「関係」（rapports）によって統制された言語と行為の中で交際する共同体の中で、現れることができる。換言すれば、政治的自由は、ただ人間の複数性の領域においてのみ可能であり、この領域は、対としてある二重の〈私と私自身〉が複数のわれわれへ単純に拡張されたものではない、という前提の下でのみ可能であるというものである（Arendt, 1971, p. 200.（下、二三九ページ））。しかし、これまでの議論を踏まえると、カントは政治的自由を求めて市民社会を求めたというよりは、彼の目標である最高善の達成のために、つまり道徳的自由を求めて市民社会を求めたとするのが妥当であろう。

していくものであるとは考えていないことである。世界市民社会を構成するにはクリアすべきハードルがあることを、カントは示しているといえる。

## 2　非社交的社交性と戦争

しかし、こうした社会における敵対関係である非社交的社交性のなかに、自然は平和や安全状態への道筋をつけているというのである。人類は国家を創造するが、その国家は並存する。その国家間には国家の自由から生じる抗争に対して、人類は力を均等に保つ法を探し求めざるを得なくなり、そしてこの法に効力を与える統一的権力を、したがって国家の公的安全保障のある世界市民状態を導入せざるを得なくなるというのである（Idee, VIII, 26）。これは、国際社会における主権国家同士の争いを念頭に置いている。しかも、これすらカントにとっては、人類が持っている力が眠り込んでしまわないようにするためであるという。

このことが、カントが恒久平和のためには戦争もやむを得ないと考えていたという誤解が生じることがある。しかし、これこそカントの哲学を全体から見ることなく、字面だけを追って恣意的な解釈を行ったがために陥る誤りに他ならない。戦争は害悪であり、カント自身も嫌っている対象である。事実、国家が国力のすべてを無益で暴力的な領土拡張という目的に使用し、市民が思惟様式をゆっくり心の中に苦労して形成するのをそのため絶えず阻止し、市民のこの目的を支持するものすべて市民自身から奪っているあいだは、市民による思惟様式の形成については何も期待できない。なぜならば、この目的のためには、それぞれの公共体が自らの市民を育成するという内面的な仕事に長期にわたって取り組む必要があるからである（Idee, VIII, 26）。つまり、国家が国力を総動員し侵略戦争を行う間は、市民としての成長は期待できないというのである。これは、戦争という恐怖状態・抑圧された状態が、多くの人間の理性を奪ってしまうことにほかならないだろう[6]。そして、市民として成長することが、つまり、啓蒙されてからさらに進んだ段階になることが、それはすなわち理性の公的使用を行うことが、国家が行う戦争の妨げになるためであり、国家が戦争を行うことによって市民への成長を阻むということになる。

しかし、カントは、文化が始まったばかりの時に、諸民族を一つの社会に融合し、外的な危険から完全に解放してしまうと、かえってそれ以後の文化の進展をことごとく妨げ、癒しがたい頽廃に陥らせることになってしまうというのである。また、摂理によって労苦の多い道を歩むように指図されたとしても、その摂理[7]に満足することはきわめて重要であるとしている。というのは、そうした摂理の艱難辛苦に耐えながら、常に勇気を奮い起こすためだというのである（Anfang, VIII, 121）。

さらに、カントは、戦争の肯定とも受け取れるようなことをいっている。道徳的に開化した諸民族を圧迫する最大の災悪を戦争から被っているとしながらも、文化をさらに進展させるためには戦争が不可欠の手段であり、文化が完成された後で初めて永続する平和がわれわれをいやしてくれることだろうとしている（Anfang, VIII, 121）。

しかし、ここでカントがいいたいのは、戦争を起こすことが恒久平和の条件というものではない。戦争はすでに起

（6）　こうした指摘は、例えばE・バークが「恐怖心ほど、人間から行動力と思考力のすべてを効果的に奪い去ってしまう感情は他にはない」と述べている（Burke, Edmund, *A Philosophical Inquiry into the Origin of Our Ideas of the Sublime and Beautiful*, ed. Adam Phillips, Oxford University Press, 1998, p. 53.（中野好之訳『崇高と美の観念の起源』みすず書房、一九九九年、六三ページ））。それを参考に、A・ゴアが「恐怖心は理性にとって最大の敵である」と指摘している（Gore, Albert, *The Assault on Reason*, Penguin Books, 2007, p. 23.（竹林卓訳『理性の奪還――もうひとつの「不都合な真実」』ランダムハウス講談社、二〇〇八年、四三ページ））。

（7）　カントは、自然を予め規定している世界創造者の規定を（神的な）摂理一般と呼び、普遍的なものであるとしている。摂理の上にあり、神の目的とみなされる出来事については天命と呼んでいる（Frieden, VIII, 361）。

こってしまったものであり、そうした事実や過去は消せないものである。だが、すでに起こった戦争という災悪をどのように評価するのかということである。戦争は摂理によって規定されたものであるということで、神が自然の上で与えた試練ということになる。戦争は乗り越えるものであり、意図的に起こそうとするものではないことになる。(8) 仮に恒久平和のために戦争を起こすというのなら、戦争で犠牲になった者達を手段として使用することになり、これはカントの道徳法則や、旧約聖書に書かれている神の意図に反することになる。人間こそが自然の目的であり、動物を自分と対等の仲間として創造されたものとはみなさず、むしろ自分の任意の意図を達成するための手段ないし道具として、自分の意志に委ねられているものとみなすようになった (Anfang, VIII, 114.)(9)。これが、他のすべてから人間は目的として尊重され、誰によっても、単に他の目的のための手段としてのみ使用されることがないという権利要求に関しては、平等であるということに達したというのである (Anfang, VIII, 114)。

しかし、すでに起こってしまった戦争で犠牲になった人がいるにもかかわらず、恒久平和に向けての行為をしないのは、戦死した人を無駄死にさせることになる。そうしたことからも、人間の尊厳を主張しているカントが、戦争が平和の必要条件であるから戦争が必要だということにはなり得ない。すでに起こってしまった戦争への評価とすべきところであろう。

そもそも、カントにとって歴史とは、教訓として人間の改善を促すものである。自分に降りかかる災悪を摂理のせいにしてはならず、自分自身の違反行為を人間の始祖達の根源的犯罪のせいにするのも妥当ではないと彼はいう。むしろ、人間は自分の違反から生じたことを自分自身の行ったこととして承認しなければならないし、自分の理性の誤用から生じたすべての災悪の責任をまるごと自分に帰して債務を負わなければならないのである (Anfang, VIII, 123)。人間は純粋無垢な過去の時代に戻ることを夢見ることがあるが、人間はその状態に満足しないから、その願望を持つ状態に留まることは出来ない。なので、人間は苦労の多い現在の状態の責任を、常に自分自身と、自分の行った選択に帰すのでなければならないというのである（Anfang, VIII, 122–123）。

一方で、国家の併存は多様性が必要であることを意味している。聖書によれば、バベルの塔を作った人間が神の怒りに触れ、そして別々の言語で話さざるを得なくなったとある。ここから、こうした多様性こそが文化の進展を招くとカントは考えたのではなかろうか。それが、カントが先に述べた「非社交的な社交性」により、自然の目的を達するように仕向けられているということなのである。[10] 他者が存在する多様性の中で議論が行われるためには、あらゆる

---

（8）こうしたことは、『恒久平和のために』第二章第一補説にて、恒久平和の保障は自然そのものであり、人間の不和を通じて、人間の意志に反してもなお、融和そのものを生まれさせようとする合目的性が輝いているという。自然は、人間のためにあらゆる地球上で生活できるように配慮したが、あらゆる土地に人間を住まわせるために、そしてきわめて不毛な土地にまで駆り立てたのも戦争であり、人間を多かれ少なかれ法的な関係に入ることを強制したのも戦争であるとした（Frieden, VIII, 363）。また、『判断力批判』にて、互いに侵害し合う危険があるすべての国家の一体系（カントはこれを世界市民的全体と呼ぶ）が欠けていて、名誉欲や支配欲が、とりわけ権力を手中にしている人々のそれらが、こうした（世界市民全体の確立という）企画の可能性すらをも妨げる障害がある場合は、戦争は避けられないとしている。戦争すらも、人間の無意図的な試みではあるが、おそらくは意図的な試みであり、諸国家の自由を伴った合法則性と、またそれらによって諸国家の道徳的に基礎づけられた体系の統一とを、樹立しないまでも準備し、その間民衆の幸福の安定状態への希望はますます遠ざかるが、開化に役立つ一切の才能を最高度に発展させる今ひとつの動機なのであるという（U, V, 432-433, §83）。つまり、カントにとっては戦争も、自然が世界市民社会へ向けた目的の一つであるというのである。しかし、これがカントが戦争を肯定したことになるというわけでもなかろう。別のところでは、祖国の意地のために自分の生命を気高くも犠牲にすることは、命じられずに自分から進んでこの意図に自らを捧げることが果たしてそれほど完全な義務であるかについては若干の疑問が残り、この行為には道徳法則に関する完全な力を備えていないという。もっとも、これがなおざりにできない義務、つまり道徳法則の神聖性を踏みにじってしまうのならば、一切を犠牲にしても道徳法則の順守にもっとも完全な尊敬を捧げるとしている。（V, P, 158）

（9）そのようなことを人間に向かって行ってはならず、むしろ人間は人間を、自然の贈り物を平等に分かち合うものとみなさなければならない反対命題の考えを含んでいる。また、この考えは、旧約聖書によって人間のみが理性を与えられたことも背景としてあるのは言うまでもない。

自由が必要となる。戦争の準備は自由が非常に多くの場所で著しく阻害されるものであるが（Anfang, VIII, 121-123）、さらなる段階の自由のために自然が与えたものであるということである。

こうした歴史において、市民的体制と法則及び国家関係の両者は、内に含む善をとおして当分はその民族（ともにまた芸術と学問）を向上させ賞賛する役割を担い、他方でそれらに欠陥がつきまとっているために民族を没落させるのを促したが、しかし、それでも、いつも啓蒙の萌芽が残り、これが革命の起こる度により発展させられ、次にやってくるはるかに高い段階の改革を準備したという（Idee, VIII, 30）。ここではカントの自然主義が人間の発展に関してそのまま反映されているのだが、いわば戦争や、国家や民族の没落があったとしても、そこから無になるのではなく、成長を続けるというのである。そして最終的には、自然が人類の中に蒔いたすべての萌芽が完全に展開され、人類の使命がこの地上で実現されうる状態に高まっていくその姿は、このような展望においてははるか彼方に置かれる。つまり、人類の歴史全体は、自然がそのすべての素質を人類において完全に展開しうる唯一の状態として国家内部の体制を完全に実現し、この目的のためにさらに対外的にもこれを完全に実現する自然の隠された計画の遂行とみなすことができるという(11)。

カントは普遍史という視点から、人間が自然の目的のままに発展していくことを述べ、それに対する正当性も述べている。普遍史という言葉を用いている以上、こうした発展は人類共通のものである。すなわち市民社会・市民的体制を作り、それを高次のものへと発展していくことは、人類共通のものであるとしていて、それが自然が人間に求めることであるとしている。

しかし、カントは人間に対する成長や可能性だけでなく、一方で人間の悪い側面も認めている。だが、それすらカントにとっては、自然の意図に即したものであるという。つまり、人間は摂理に満足し、人間の行為による物事の道程の全体に満足することが必要であるというのである。その道程とは悪しきものからより善きものへと次第に発展していくものである。そして、各自の分に応じて力の及ぶ限り、この進展に寄与するという使命を、誰もが自然そのものから授かっていると、カントはまとめている（Anfang, VIII, 123）。それが、自然が求めた世界市民社会を構築するための条件であり、そうした人物であることが世界市民たる要件といえよう。

さらに、別のところでカントは、世界の終わりは歴史の締めくくりであるとし、その後世とは一つの世界時代のその完成に至るまでの美しい理想、しかも真なる普遍的宗教が導入されることで実現する道徳的な、しかし信仰においては予見されている世界時代の理想であって、それは私たちには経験的な完成態として見渡せるわけではなく、私たちはただこの地上で可能な最高善へと（これには神秘的なものは何もなく、一切が道徳的な仕方で当然のこととして起こる）たえず前進し接近しながら、それを仰ぎ見ることができるだけのものであるという（R, VI, 135-136）。カントにとっては、最高善を達成するための神の国に向けた努力なのだが、これが、カントが考えた恒久平和へのプロジェクトの一環といえるのであろう。前節で三谷の指摘を引用して述べたとおり、こうした確信の上にカントの恒久平和論は造られるのだが、人間の歴史だけを見ると恒久平和の達成を確信するには不十分であり、カントはこれを見ていなかったわけではない。そのため、カントは神の義であり、神の義であらねばならないことを強調する歴史哲学を

(10) カントは、人間は文化を通して自らを教育していくとしている。そして、文化が進歩する場合はいつでも、その進歩によって得られた知識や技術を応用して世界のために生かすという目標があるとしている（Anth, VII, 119）。

(11) 同じような議論が『人間学』においても展開されている。人類の随一の性格は、理性的な生物としての人類に備わった能力にあるということができる。しかし、その前提として、人類には善に向かう好都合な自然素質ないし性向が内在しなければならないのである。そのため、人間はミツバチが巣に密集するように、どれか一つの市民社会の一員であることを免れられない必然性を定められたというのである。いうなれば、巣箱の中では女王蜂の支配という専制君主制が行われるが、ミツバチの巣箱がたくさん近くに集められると相互に攻撃を開始するようになる。つまり戦争になるのである。しかし、こうした人類に見られる内戦や対外戦争は、それ自身がどれほど大きな災いであろうと、しかし同時に未開な自然状態から市民的な状態へ移行するきっかけとなってくれるのであって、最終的には均衡の取れた状態に落ち着くというのである（Anth, VII, 329-30）。

求めたのである。[12]

つまり、カントは人間に、世界市民社会を構築することを自然の摂理としていたことになるのである。

## 3　善と悪と自由

カントにとって人間とは、理性を意志決定の唯一の根拠としてはいない存在なので、理性のみで行為をするわけではないという意味で、理性的存在者という表現をとっている（P, V, 20）。そのため、実践的規則は人間にとっては「命法」、すなわち行為への客観的強制を表現する「べし」を用いて示される規則であるとしている。

この法則の強制下にある人間本性は、諸国民の全体の相互関係においてこそ、最も愛するに値するものとして現れるものであり、さらに今なお法と義務に対する尊敬が生きているというのである（TP, VIII, 312-313）。したがって、カントは人間本性は悪の中にうち沈んでいて、道徳的実践理性は多くの試みを失敗したあげく、結局悪に勝利せず、愛するに値するものだともいえないなどと考えることはできないし、考えたくもないとしている（TP, VIII, 313）。ゆえに、理性の根拠に基づいて理論に当てはまることは実践に対しても当てはまるというのである。つまり、カントが考える理論の通りに、人間は漸進的に自然の目的にむかって生きていくということになる。

このことは、カントが人間に期待することであるが、同時に然るべき人間像をも提示している。ライスは、カントは自らの諸原理の基盤を、人間の本性には根源悪が存在しているという確信においていることは明らかであるという。[13]実際、カント自身も人間が悪への間接的な傾向性を持っていることは、人間的なことであり自然なことであると述べている（Collins, XXVII-1, 440）。

さらに、前章において述べたミゾロギー（理性嫌い）と呼ばれる理性への敵意の存在も無視できない。この理性嫌いは、多くの人々において、しかも理性の使用の最も長けた人々においてある程度生じてしまうという。学問から得る利益をも含めて利益全体を見た結果、実際のところは幸福を増すどころか、いっそう多くの難儀を背負い込んだだけであることに気づいてしまい、単なる自然本能に身を任せて理性に則った行動をしようとしないような平凡な人々を軽蔑するどころか羨んでしまうからというのが理由である。そのため、理性は本来幸福を目的とするのではなくて、神の意図を実現するように定められているのであり、人間の私的な意図の大部分は最上の条件としての意図に従属しなければならない。つまり、神が定めたものとして理性の使用にあたらなければならないというのである（GMS, IV, 395-396）。

しかし、カントの道徳論を達成するには、それを受容するだけの、成長の余地が人間の本質になければならない。カントが人間に対して、ある種の期待をしているのは先に述べたとおりである。『宗教論』にあるとおり、人間は本性の中に内なる悪への性癖があり、生来的にも悪であるというのがカントの主張である（R, VI, 28-32）。しかし、ここでカントがいおうとしているのは、人間は道徳法則を意識しながらも、道徳法則からの逸脱を選択しているということである（R, VI, 32）。人間の本性が最高善に向かって努力するように規定されているという（P, V, 146）。つまり、これによってカントが意味しているのは、人間が一貫して悪であるということではなく、根っからの悪ということでもないということである。[14] ここでいう未成年状態から脱し、世代を超えて世界市民として行動するという進化論的歴史論といえるような考えを持っている。その背景には、人類が自然の目的に沿うように行動するものであるというあ

（12） 三谷、八–九ページ。
（13） ライス、一九八九年、九九ページ。
（14） Otfried Höffe, *Immanuel Kant*, C. H. Beck, 1983.（薮木栄夫訳『イマヌエル・カント』法政大学出版局、一九九一年、二七二ページ）。

る種の楽観論的な考えが存在している。それは、カントの次の言葉に表れている。

われわれのうちにある道徳法則は、われわれに何かを確実に約束したり強迫したりはしないで無私な尊敬をわれわれに要求し、そのうえ尊敬が活動し支配的になった時にはじめて、そしてそのことによってのみ、超感性的なものの国への展望を、それもただおぼろげな形で許すのである。そのような理由からして、真に道徳的な、法則に直接捧げられた心術が生ずることができ、理性的な被造物は最高善に、つまり彼の人格の道徳的価値に適合し、たんに彼の行為に適合するだけではない最高善に与るのに値するようになるのである。〔中略〕われわれが現存している究めがたい知恵は、それがわれわれに与えることを許したものにおけるのと同様に、われわれに拒んだものにおいても劣らず尊敬に値する、ということなのである（P, V, 147–148）。

つまり、われわれ人間に内在する道徳法則が、無私な尊敬を道徳法則に要求するというのである。道徳法則は、その存在そのものが尊いものであり、それもアプリオリなものである。その尊敬が支配的になることで、神の国への展望がおぼろげながらも開けるというのである。いわば、最高善への努力は人間に内在しているのだとカントは主張しているのである。

それに続けて、カントは「純粋実践理性の方法論」として、人間が如何にして道徳法則・純粋実践理性を取り入れていくのかについて述べている。それは、純粋な徳の提示が、満足や幸福といったような見かけ倒しのようなあらゆる魅惑や、苦痛や禍といったあらゆる脅迫が引き起こすような効果よりもいっそう大きな支配力を人間の心に及ぼし、はるかに強大な動機を与えて、行為のかの適法を生じさせるばかりか、法則に対する純粋な尊敬から他のあらゆる考慮を差し置いて法則を選ぶといったいっそう強い決心を生じさせるという（P, V, 151–152）。そのためには、純粋な道徳的動因が心にもたらされなければならないことになるのはいうまでもない。そして、それが人間に自分自身の尊厳を感知させるものであるという理由から、心を支配しようとするあらゆる感性的愛着を断ち切り、自分の英知的本性の独立性と、自分が捧げる犠牲に対する豊かな償いを見いだすのである。そもそも道徳性は、純粋になればなるほど、そうした行為を目の当たりにした者にとって、たんなる是認から賞嘆へ、そして驚嘆へ、ついには最大の尊崇へと、自分もこのような人物になれたらという願望へ次第に高められていくものである。つまり、道徳性は純粋に示されれば示されるほど、ますます人間の心情に力を及ぼさずにはおかないものなのである（P, V, 156）。

カントは人間本性における悪の起源について、自由な行為そのものに時間的起源を求めるのは矛盾であり、それゆえ人間の道徳的性質についても、それが偶然的だとみなされるかぎりでは、同じことがいえるという。そして、それが道徳的悪についても同じことがいえるとしている（R, VI, 40）。いかなる悪い行為も、それが人間の内に見出せようが外に見出せようが、どう行動するかはやはり自由であり、行為はつねにその選択意志の根源的使用だと判定できるし、そう判定されなければならないとしている（R, VI, 41）。

つまり、悪い行為を行うのも人間の自由であるとカントは述べているのである。しかし、人間はこうした自由な行為にいたるまでに、どんなに悪であったにせよ、より善くなろうとすることは、かつてその人の義務であったばかりではなく、今でもその人の義務であり、だからその人にもできるに違いなく、そうしないにしても行為の瞬間に引責能力があることになる。つまり、元々善への自然的素質を備えていながら、無垢の状態から悪へと越え出たようなものなのであるとカントは指摘している（R, VI, 41–42）。

したがって、善も悪も自由な選択意志の結果でなければならないことになる。そうでなければ、善悪どちらも人間の責任に帰することはできないし、人間は道徳的には善でも悪でもありえないことになろうからである。人間は善に創造されているといわれるのは、人間が善に向かうように造られているということであり、その内なる根源的素質は善だということ以上の意味ではありえず、それだけでは人間は善であるというわけではない。自分で善か悪になるようにしていくのだというのである（R, VI, 44）。そして、自らがなしたこととして本人に責任を帰しうることに応じてのみ、道徳的に善だと判断されるというのである（R, VI, 51）。

## 4　弱く、もろい人間

ところが、人間は低い次元に自らを合わせてしまおうとする本性ももっている。そうした徳は当然不完全であるが、こうした人間の弱さにもカントは言及している（Collins, XXVII-1, 251, 301）。人間本性には道徳的善性の程度に欠如があり、道徳法則に適合して行為することができない。そのかぎりで人間本性には弱さがある。他方で、人間本性には道徳的善性が欠如しているのみならず、その上そこでは悪い行為への最大原理と動機が支配しており、その点でカントは、人間本性には脆さがあるとしている（Collins, XXVII-1, 293）。

さらには、人間は自分を他人と比較して自己評価することを好み、その比較対象は自分より最も劣った人を選び、最善の人を選びはしないという。それは、当人が最も輝き出ることができるからである（Collins, XXVII-1, 436）。他には、人間は少しでも自由に考えることを始めると、これまでは信仰の奴隷のくびきの下にいたわけなので、（実定的な者や司祭の戒律に属するものを）信じるように強制されることが少なくなればなるほど、すぐにも自分が高貴になったように思うものである（R, VI, 188）。

これに対して、カントはどのように対処しようというのか。その答えは次の通りである。

人間本性の弱さについてくよくよ思い悩んだり、人間本性には道徳的純粋性を実現できないのではないかと穿鑿はしないでおこう（Collins, XXVII-I, 293）。

このように、人間に対して妙に優しい視線を投げかけているように見えるが、これはカントが人間に道徳的な誠実さを身につけるための一種の戦略だと考えるのが妥当であろう。その理由は、人間の行為がすべて不純であることを見出そうとする努力は、人間から善いそして道徳的な純粋な行為を遂行できるという自分に対する信頼を失わせ、そうした行為をするには人間本性は弱すぎて能力を欠いていると信じ込ませるからである。しかも、カントは道徳的誠実がわれわれにとって大きな動因であることを「われわれは信じなければならない」というのである（Collins, XXVII-I, 293）。

また、人間本性の弱さについてくよくよ思い悩まなくていいというのは、他人の行為の判定においてであり、自分自身の行為については違うのである。というのも、そうした計算のもとに自分の行為を免罪してはならないからである。他人に関しては人間の脆さや弱さを考慮に入れなければならず、「それでも彼らは人間なのだ」と考えなければならないのだが、自分自身に関しては人間はまったく厳格に振る舞わなければならないという（Collins, XXVII-I, 295）。これはカントの道徳法則下における自律と一致するものである。人は人間として品位ある生き方をしなければならず、ここにもカントの厳格といえる道徳観が表れているのである（Collins, XXVII-I, 342）。実際、カントは人間が自分自身をよく統治し、自分の魂の中の暴徒のいかなる憤慨をも防止し、魂をよく支配し和合させているとき、したがって、人間が自己自身のうちにそのようなよい統治を行っている時、人間の内部にはいかなる戦争も発生しないだろうという（Collins, XXVII-I, 368）。これは、内なる道徳法則によって自律し、善意志によって根源悪が制御されていることにほかならず、カント道徳論の根幹である。

そのため、最高善の達成に人間は弱気になってはならず、たとえ道徳的法則と合致するようにはならないとしても、自分に道徳的法則を遵守する力があることを信じなければならないのである（Collins, XXVII-I, 350）。

## 5　カントの人間学

カントにとって、人間学は実践であり、それは人間が世界市民としての自己認識をすることであるとしている。[15] その理由は、人間に関する知識の学説を体系にまでまとめようとすると、生理学的なるものと実用的な見地からなるものに分類できるとしている。そのうち、実用的な人間知は、人間が自由に行為する生物として自分自ら何を形成するのかという実用実践の分野と、または人間になす能力があるゆえになすべきものは何かという道徳の研究に向かうとしている（Anth, VII, 119）。カントがいう人間学とは、世界の事物を列挙してそれを延々と開陳していくだけでは本来の実用的な人間学とは呼ばれず、人間を世界市民として認識する内容になってこそ、人間学は実用的人間学と呼ばれるというのである。

つまり、世界市民になるための実践が人間学だというのである。それでは、カントは人間をどのように見ていたのか。これまで見てきたのは、人間とは根源悪が内在していながらも、善意志によって制御できる要素がある。それでも、だらしのないことに、自らの目標を低く設定したり、あまりにも高い目標に弱気になってしまうこともある存在でもある。

それでも、カントは、他人はともかく自分自身には道徳法則を遵守する能力があるのだから、それを信じなくてはならないと、厳格な態度を望んでいる。しかし、カントは人間をどのように見ていたのか。実際の人間関係で起こりうる、生々しい人間が行う人付き合いの一例が、カントの人間学には再三登場するのである。ここでは、カントが見た生々しい人間の姿を見ていきながら、それでもカントは道徳法則下の人間の行為に期待したことを見ていこう。

## (1) 社交の場

非社交的社交性という、一見平和とは縁遠い人間の本性をカントは指摘しているが、一方でカントは人との会話を楽しむ社交の場をとても重要視していた。

カントは、「気が散る」ことを、注意力が分割されて、今意識を支配している何らかの表象から他の異種の表象へと注意がそらされる状態であると定義している。これが意図的な場合を気分転換と称している（Anth, VII, 206）。不随意的な場合は心ここにあらずの状態というが、気分転換としての意図的な気が散ることは気を取り直すことにつながり、魂の力の平衡を回復してくれ、ひいては心の健康を促進してくれると評価している。そして、その有効な手段は社交での変化に富んだ話題でいっぱいの歓談であるというのである（Anth, VII, 207）。

ここで強調されているのは、カントは人間が賢知を形成したり、気分転換をするには他者との交流が重要であるというように、カントは人との交流を重視しており、その効用も認めている点である。先に述べたように、カントは人間が自分自身をよく統治し、自分の魂の中の暴徒のいかなる憤慨をも防止し、魂をよく支配し和合させているとき、つまり人間が自己自身のうちにそのようなよい統治を行っている時、その時人間にはいかなる戦争も発生しないだろうとしていた（Collins, XXVII- I, 368）。この自分自身の統治とは、つまるところ善意志による根源悪の制御である。つまり、人間にとって社交の場での交流が最高善の達成にもつながることになるのである。(16)

ただし、こうした社交の場での交流は、先に述べたような賢知を形成するための三つの格率が必要であると考える

---

(15) 続けて、人間学の対象領域をいっそう拡張するために、よその土地に何を期待すべきかを知っておきたいのなら、仲間との交際を通して、事前に故郷で人間知をものにしておかなければならないとしている。これは、こうした旅の見取り図がなければ、これからの世界市民は世界市民にふさわしい人間学を築く上で、いつまでも狭い視野から抜け出せないからだとしている（Anth, VII, 120）。

(16) カントは人間好きで、よく自宅に人を招いては歓談の場を設けたといわれている。

のが当然であろう。すなわち、自分で考えること、他者の立場を考えること、そして自分自身に矛盾するところがないように考えることである。つまり、こうした条件がそろって行われる歓談とは、すでに公の場での交流ということになり、理性の公的使用の訓練にもなり得るのである。

こうした社交の場というのを、カントは人間が如何にして道徳法則・純粋実践理性を取り入れるのかの根拠にも入れている。学者や理論家のみならず、実業家や婦人も交えた社交での談話になると、物語や冗談どころでは収まらずに、論議が生じるとしている。それは、物語は話に物珍しさや、参加者が興味を持っていなければすぐに尽きてしまい、冗談はすぐに気が抜けるからだというのである[17]。

しかし、こうした過程を経て論議になると、普段はどのような理屈にもすぐに飽きてしまう人たちをも参加させるように刺激し、社交に一種の活気を与える話題があるというのである。それが、ある人の性格が決められるようなあれこれの行為の道徳的価値に関する論議だというのである(P, V, 154)。つまり、話題の的になっている人が、道徳的か否かという議論だというのである。こうしたことが、道徳的問題について普段からは期待できないような確かさや緻密さを発揮することになり、道徳的価値を感知することにつながるのである(P, V, 154-155)。

さらにカントは、この気分転換というのは並大抵ではない技法を身につけていると指摘している。というのは、こうした社交の場で自分の考えだけに没頭しているのは不作法にあたることから、気分転換を図りながらも放心状態に陥らないというのは並大抵の技法ではないというのである。そのためには、決して話の脱線を楽しむのではなく、第一に、話を明確に思い浮かべるために、自分が現在話していることに注意を払うよう留意すること、第二に、自分がそれまで何を話したかを振り返るよう留意すること、第三に、自分がまさにこれから何を話すつもりでいるのかをあらかじめ見通しておくよう留意することであるという。これができていないと、頭が混乱していると思われても仕方がないというのである(Anth, VII, 208)[18]。

こうした社交の場をカントはとても重視しており、また、彼自身楽しんでいたと思われる。人との交際において安楽と徳とを結合させる際の心構えのことを、カントはヒューマニティ（die Humanität）と呼んでいる。この心構えで唯一大事なことは、安楽への傾向性が如何にして徳の法則によって制限されるべきか、その両者の関係の仕方にあるという。交際好きというのも一つの徳ではあるが、傾向性を帯びた交際癖は往々にして情念へと昂進する。そのため、ヒューマニティをそこなうような類に堕してしまうというのである（Anth, VII, 277）。

男ばかりからなる趣味の深い（美芸に関して一致した）者同士による昼食会の場合、つまり一緒に食事を楽しむだけでなく互いに趣味を分かち合うという楽しみで集まるような場合をとってみると、こうした場合は社交上の喜びを期待してきているのである。さらに、こうした場では、銘々の自由勝手を制限する条件として働くべき原則のいくつかであって、これがあるから人々は交際の場でも自分の思想を率直に表明し交わすことができるという。当然、そこには一緒に食事をしている人間たちの間の信頼関係と、従来の習慣が見られるのである（Anth, VII, 278-279）。つまり、カントにとっては、こうしたことができることを人間にも求めていることになる。こうした食事は思索に生気を吹き込む遊びになるので、一人で食事をすることは哲学することを専門とする学者にとっては、かえって心身の消耗であり、思想を空っぽにする労苦であるため、不健康であるとすらカントは述べている（Anth, VII, 280）。

---

(17) もっとも、この理由について異論はあるかもしれないが、本書の本旨とは関連が薄いので、分析は別の機会にしておく。

(18) これについては、今の社会でも普通に当てはまることである。例えば、身近な人でも有名人でも、とにかくとある人の話題になって、「あの人はどうだ」、「あの人のやっていることはどうだ」との話になることは珍しくない。そして、その場でその人の評価がある程度下されることも、会話の流れで普通に起こりうることであり、それは善いか悪いかの評価であることも普通のことである。また、黙っていることは話に参加してないように思われ、興味がないとも思われてしまう。そして、その話の流れと違うことを発言してしまうと、頭が混乱しているというか、具体的には「この人は何を言っているのだ」と思われてしまっても当然である。さらには、自分の評価をも下げてしまうことにつながるのである。

## (2) 生々しい人間の姿

社交の場での交流にもつながることであるが、カントは、人間がたいがい不幸なのは、抽象することができないからだと指摘している。ここでいう抽象とは、意識的に度外視すること、目を離すことである。実は、カントは人間の注意よりもこの抽象する能力の方が難しいという。他人の欠点にばかり注意を向けてしまうのがわれわれ人間のとりわけ悪い癖であり、その結果逆に自らのその場での役どころを失してしまうというのである。肝心な点で問題がないのなら、他人のちょっとした不快な点や自分自身の幸福の小さな傷には目をつぶるというのが正当かつ賢明な態度なのだが、この抽象する能力は心の熟達であるので、ひたすら訓練によってのみ獲得することができるという（Anth, VII, 132）。この抽象する能力というのは、前述した、他人に対して人間本性の弱さをそうひどく罵らなくていいということにつながる能力である。さらには、社交の場での人間関係を円滑にするのに役立つのはいうまでもなかろう。

しかも、この社交の場において、ある人物を初めて紹介する際に、事前にその人物について多くのことを吹き込むのは賢明なことではなく、それはむしろ意地の悪い奴が彼のことを笑いものにしようとして仕組んだたちの悪いいたずらの可能性があるとしているのである。ここでカントは構想力の考察において、その理由をこう述べている。構想力は期待が高いものについての表象を持ち上げるが、それがあまりに過ぎると当の人物が（初対面の際）事前に抱かれたイメージと比較されてしまって面目丸つぶれになってしまうということが起こりうるからだである（Anth, VII, 173）。

つまり、人間関係を円滑にするには、いい換えればカントが大事にする社交の場を円滑にするには、社交辞令が必要になるということである。人間は全体として、文明化が進むほど役者ぶりが上達するものであり、気が合うふり、相手を尊敬するふり、おしとやかなふり、他者に配慮をするふりは、文明化と共に身につけるとカントは述べている。これは社交をする上での技術であるが、それでも誰も欺かれないのは、こういう場合必ずしも心の底からなされているのではないことは相手も承知の上だからであるというのである。しかし、こうした役どころを演じているうちに、最終的には、徳があるふりを技巧的にしていたのにその徳が次第に本物へ生まれ変わると述べている（Anth, VII, 151）。しかし、こうなるには実際にその振る舞いをする人に徳がなければ成立しないことになる。だが、カントの考えは、人間は誰しもが徳のある行為を行う素質を持っているのである。したがって、カントにとっては、徳がある振る舞いすらも神の摂理に則った行為ということであり、無駄なことではないのである。このように、カントは生身の人間の行為にできる限りの価値を見いだし、そして人間に期待をしているのである。

### (3) 構想力

前述したように、カントは、政治手腕に長けている政治的芸術家（politischer Künstler）も芸術家と全く同じように、現実の代わりに構想を現実と思わせる術を心得ている。だから、当時のイギリス議会が掲げる国民の自由という構想とか、あるいはフランス国民議会における階級や平等という構想のように、単なる形式に過ぎないような構想でも、世界を導き支配することができるとしている（Anth, VII, 181-182）[20]。ここでカントが述べているのは、当時構築された政治体制がいくらきれい事をいっていたとしても、その政治制度を追認するだけのものであったということであり、人間をだまそうとしていることだってあるということになる。

しかし、たとえこうした政治的芸術家が、自分達は人間性を高尚にするこうした善を体現しているのだというふりをしているだけであっても、はっきりとそうした善を奪われていると感じる状況に比べたら、まだ欺されている方が

(19) カントは構想力（facultas imaginandi）を対象が現存していなくても、その対象を直観できる能力のことと定義している（Anth, VII, 167）。
(20) カントはここで古代ローマの文人であるペトロニウスの語句を引用し、「世間は欺かれることを欲す」と注釈をくわえている。

ましであるという（Anth, VII, 182）。

その前提として、カントは構想力による想像は、ただ奔放なだけであるか、それとも全く規則を無視したものであるかのどちらかであると分類している。奔放なだけであるのならば、それは構想力の豊潤さからあふれ出た贅沢品であるが、規則を無視した空想といって差し支えないものは精神錯乱と紙一重であり、そうなると空想が人間と戯れることになり、哀れな犠牲者は自分の表層が暴走するのを全く制御できないことになるのである（Anth, VII, 181）。これが構想力の罪であるのだが、これは、理性に基づいた自由を重視するカントであるならば、法の適用を厳格に求めるカントの思想を色濃く反映しているといえよう。

この構想力は、人間が過去や自らを省みて、何かを決定したり、覚悟するために、原罪の立場から自分がおかれている周り全体を見渡すことによって、未来の予見を可能にするものである。この経験から予見することは、結局似たような事態を予想するに過ぎない。しかし、これに必要なのはいろいろな通例がどのように前後して継起するかについて過去に観察したことを想起することだけであるから、経験の繰り返しによってこの経験的予見は熟練の域に達するものであるという。

ならば、こうした経験を繰り返していくことによって、人間はどんどん進歩していくはずである。しかし、それが思う通りにならない例として、カントは船乗りや農夫が行う天気の予想を挙げている。これらは占いのレベルからさほど進歩していないという。天候の戯れがこんなにもデタラメなのは、天候の変化に応じて必要となる用意をどんなときにもあらかじめ調えておくことなど人間にはそう簡単に許されていないということと、人間がいかなる事態にも対処できるよういやでも悟性を使わざるを得ないようにするという、それこそ自然の摂理のなせる意図的なわざと信じてほぼ間違いないというのである。だから、朝から晩まで一日じゅう予定も心配も何もなく漠然と暮らすのは、人間悟性にとっては必ずしも名誉とはいえない（Anth, VII, 186）。天候の気まぐれですら、カントにとっては自然の計画であり、それによって人間が悟性を使用する訓練であるというのである。すなわち、日常生活のあらゆるところで人間は啓蒙された市民になるための行為をしていることになり、常日頃から至るところで道徳法則に則った行為をするように訓練をしていることになるのである。

### (4) 快・不快の感情(21)

この構想力は、趣味との関連においても、人倫的に善い人間になるために有効だとカントは指摘している。自分自身の人格や自分の技芸を趣味（Geschmack）によって表現するときにはいつでも、その行動を披瀝する社会的な状態が前提にされているが、その社会状態は常に（他人の快に共感する）打ち解けたものであるとは限らず、むしろ最初はたいがい野蛮で非社交的であり、ともかく互いに張り合った雰囲気である場合が多い。つまり、人間がそうするのは妻や子供たちの手前だからというのではなく、もっぱら他人を意識してのことであり、自分を引き立たせるためなのである。そうしたことからカントは、趣味を美感的判断力が持つ、普遍的妥当的に選択する能力のことであると定義している。それゆえ趣味は、外的対象を構想力のうちで社会的に判定する能力なのである。他の人間たちとの交わりは、自由を前提にしているがために自分は自由であると感じ、この自由の感情こそが快になるのである（Anth,

(21) カントは、構想力によって快を感性的な快と知性的な快とに区別する。前者は快感を通して得られる快であり、後者は構想力を通して得られる快に別れるとしている。さらに、構想力を通して得られる知的な快は、表示可能な概念を通して得られる快（たとえば学問から得られる快）か、理念を通して得られる快（道徳的な快）に分かれるとしている（Anth, VII, 230）。快感を通して得られる快は、その種の快感をもっとたくさん楽しむ能力を拡充していく型があり、学問や芸術というような文化の蓄積といえるような快感がある。一方で、回を重ねるにつれて享楽の度合いがますます低下していく、消耗というべき快感の求め方もあると指摘している。そのため、カントは若者に向けて、労働が好きになるべきであったり、快感を諦めるというのではなく、可能な限り多くの快感を将来に担保するために快感を慎めというのである（Anth, VII, 237）。

VII, 241)。

こうした趣味には、快・不快の感情を他人と分かち合おうとするところがある。つまり、そのように快・不快を分かち合うこと自体に快を覚えることによって、その趣味に対する満足を他人といっしょに（社交的に）感覚したいという感受性が潜んでいるとカントは指摘する（Anth, VII, 244）。これは、他者との共感ということになる。つまり、社交というものが人間にとって、単に市民への到達のために必要なものではなく、人間の快そのものにもなっていることになる。それがさらに、人間をそれぞれの社会的な状況にふさわしく品をよくさせることが、必ずしも彼を人倫的に善い（道徳的な）人間に教化するとはいえないにしても、それはそうした状況の中で他人に気に入られたい（好かれたい、尊敬されたい）と努めているうちに、人倫的に善い人間となる準備をしているのだという（Anth, VII, 244）。

### (5)　権力者が利用する未成育状態

これまで見てきたように、人間がこうした悟性や判断力、または賢知を身につけたとしても、つまりカントがいうところの（心の弱さのない）健全な悟性にも、それの執行という点から弱さがともなう場合があり、この場合相応の成熟段階にまで成長するための猶予期間を与えられるか、もしくは市民としての資格要件に関して自分の人格を他人の人格によって代理してもらうかのいずれかが必要になるという。別の点では、健全な人間が市民社会生活を送る上で自分の悟性を自分で使いこなす段階になると（自然にまたは法律上）無能力になる状態を、未成育（Unmündigkeit）[22]という（Anth, VII, 208–209）[23]。

ここでカントは、未成育のままでは、権力者による世論誘導、大衆操作の危険性があることを指摘している。

自ら望んで未成育となることはきわめて安楽なことであって、すると他方で当然のごとく、群衆のこうした御し易さ（彼らは自分自身の手で団結するのが苦手なのだ）を利用する術を弁えており、他人の指導なしに自分の悟性を自分で使うことがどんなに大きな危険でありまさに致命的なものかと彼らにいい聞かせる術を知ってるような頭脳の持ち主が必ず控えているものである。国家元首は自分を国父と自認するが、その理由は、彼はどうしたら自分の臣民たちが幸せになることができるかを当人たちよりもよく理解しているからという点にあるといわれる。他方民衆は、民衆自身の福利を口実として永久に未成育状態に留まるよう宣告されているというのである（Anth, VII, 209）。

つまり、自分で考えない方が人間個人にとって楽であるが、それを権力者は利用するという。いい換えると、権力者が経済的自由を与える代わりに、理性の公的使用の自由がないことになる。これは、カントが否定する状況であり、そのような政治状況であってはならないことなのである。

さらに、神の民という理念は、人間の管理下では教会という形式でしか実現できないといいながら、カントの批判

(22) Unmündigkeit は、『啓蒙とは何か』においては「未成年状態」と訳されていることが一般的であり、本書でもそう訳してきた（第二章参照）。しかし、ここでは後述する Minderjährigkeit との対比で使用されているため、このような訳を当てた。

(23) なお、これが年齢の未成熟による場合、未成年（Minderjährigkeit）といわれる。それが市民としての要件にかかわる法律制度に基づく場合は、法的未成育、あるいは市民的未成育と呼ぶことができる。この点について、子どもは当然未成育となる。しかし、女性は未成育であると宣告される代わりに、家庭内の事柄全般に関してはその分大きな権限を持つとしている。というのは、家庭内ではより弱い者の権利（いわば弱者の権利）が生じるからであって、男性は本性からして女性が持つこの権利を尊重し擁護することが元来自分の天職であるとわきまえているからであるというのである。つまり、女性が家事をするのは当然ということになるが、弱い女性を守るのは男性の義務であるというのがカントの考えなのである。

は教会にも及ぶ。彼が批判する理由は次の通りである。聖職者は平の信徒をその未成育状態に強力かつ永遠に引き止める。それは、天国に行くのにたどらなければならない道について民衆には一切発言権がなく、また判断もできないから、というものである。しかし、天国に行くためには民衆自身が人間の目を働かせることは不必要だとカントは批判する。というのも、人類はすでにイエスによって導かれることになっているからである。なのに、たとえ彼らに自分の目で確認せよと聖書が手渡されるにしても、同時に彼らはその指導者から「私どもが聖書にこうありますと保証する以外のことを聖書の中に読もうとしてはいけません」と警告されるという。つまり、他人の支配の元に人間を機械的に管理することが、法秩序を守るに最も確実な手段なのである（Anth, VII, 209–210）。

この背景には、ヴィルヘルムII世体制下の法務大臣であり、カントを筆禍事件に巻き込んだヴェルナーの存在があるといわれている。また、直前まで続いたプロイセンの宗教的政治的な反動的画策と、フランス革命の変質に対する、カントの皮肉と苛立ちを読み取ることができるのである。

人間学においても、人間の内面における最も意味深い革命は、「人間が自分の責任のある未成育状態（Unmündigkeit）から跳び立つこと」であるとカントは述べている（Anth, VII, 229）。これはまさに啓蒙であり、啓蒙されて市民状態になるということである。カントの人間学では、市民状態以前の前提としての人間像が分析されている。こうした、善の一面もあり、一方で啓蒙されておらず安楽の状態に陥りがちである人間の姿を両方ともとらえているところに、カントの人間学の特徴があり、それが彼の道徳法則と、最高善に達するまでの道程にも影響を与えているのである。

### (6) 欲望

弱くてもろい人間の、ある意味で正直な感情が欲望（Begierde）である。カントは欲望を、ある主観が何かまだ存在しない未来の状態を自分の力の作用の結果として思い浮かべ表象することによって、自分の力をそれに向かって自己決定することと定義している。そして、習慣的で感性的な欲望を傾向性といい、力を用いずに客観を産出したいと欲求することを願望（Wunsch）としている。また、主観の理性によって制御することが難しいか不可能な傾向性が情念（Leidenschaft）であるとしている。そして、これとは対照的に、現在の状態における快・不快の感情であって、主観のうちで熟慮（その感情に身を任せてもよいか、むしろ拒むべきかを理性的に表象すること）が生じる余地のないような感情を、興奮（Affekt）と呼んでいる。興奮であっても情念であっても、それに支配されることはどちらも理性の主権を排除することになり、その意味では心の病気であるとまでカントは述べている（Anth, VII, 251）。

しかし、そうならばなぜこのような心の病気を自然は人間に植え付けたのか。カントはこれすらも自然の知恵であるという。理性が相応の強さに達するまでの間一時しのぎに手綱を握るためであり、いい換えれば、善への道徳的な動機に添えてそれを鼓舞するために、理性の暫定的な代用物としての情熱的な（感性的な）刺激という動機をさらに付け加えるためだったのであるという。一時しのぎなのは、興奮はそれ自体で考えると常に愚かであり、常時その状態にあるわけにはいかないからである。人は興奮してしまうと、自分自身の目的をどこまでも追求する能力を失いがちであって、それゆえわざわざ興奮を自分に呼び起こすというのは賢いとはいえないからである。[24]

## (7) 情念

先に述べたように、主観の理性によって制御することが難しい、もしくは制御不可能な傾向性が情念であるとしている（Anth, VII, 265）。[25] この人間の中にあるドロドロとしたものである情念が、自由に最大の害を与えるとしている。

---

(24) また、こうした興奮状態が形成されるのは、一般的にはある特定の感情の強度によるのではなくて、その感情と（快・不快の）あらゆる感情の総計とを自分の境遇を顧みることによって比較してみる熟慮が欠如しているためであると、カントは述べている。

情念は常に主観の理性と連動しており、興奮のように無思慮に暴走することもなく、熟慮とも両立し、単なる動物にも情念は見出されえないとしている。つまり、情念は人間特有のものなのである。しかも、純粋実践理性にとっては癌であるとすら述べていて、たいていの場合不治の病であるという。というのも、病人が治ろうとせず、治癒を可能にしてくれる唯一の原則に服そうとしないからである。その唯一の原則とは、当の傾向性がすべての傾向性の総体と共存しうるように気を配るというものである（Anth, VII, 266）[26]。

カントはこの情念を、自然な（生得の）傾向性によるものと、人間の文化に起因する（獲得された）傾向性による情念とに区別している。自然な傾向性による情念は、自由奔放の傾向性と性の傾向性があり、両者とも興奮と直結している。そのため、興奮させられた情念という呼び方ができるとしている。一方、人間の文化に起因する傾向性による情念は、名誉欲、権勢欲、所有欲があるが、これらは興奮の激しさではなく、ある定まった目的を狙った格率の持続性を備えており、けちの場合のような冷静な情念と呼べるとしている（Anth, VII, 267-268）。

このうち、自由奔放の傾向性は、自然人同士が互いに相手を必要とするような関係が避けられない状況においては、彼らに見られるあらゆる傾向性のうちで一番強烈なものであり、自分の幸せがひたすら他人の好みによって左右されざるを得ない立場の人間が、自分のことを不幸だと感じるのは当然であるとカントはいう。なぜなら、何が幸福であるかを左右する力を持った同胞の判断が自分の判断と一致するはずだという保証が、どこにもないからである（Anth, VII, 268）。

したがって、道徳法則に則った自由概念が熱狂と呼ばれる興奮を呼び覚ますことがあるというだけでなく、他方で外的な自由奔放という単に感性的な表象も、そうした自由を固守ないし拡張しようとする傾向性を、権利概念との類比によって、強烈な情念へと高めてしまうのである。ただの動物では情念と衝突する理性を持ち合わせていないので、情念を持っているとはいえない。したがって、情念を持つのは人間だけなのである（Anth, VII, 269）。

さらに、情念の中でも、不正をこうむることから生まれる憎しみを、カントは復讐欲と呼び、これは権利欲から導かれたものであるとしている。この復讐欲は、消えたと思っても灰に隠れて燃え残っている種火のようにくすぶり続ける最も強烈な情念の代表であると述べている。しかも、これが単なる自己愛によって刺激されやすいという事情が、つまり誰にでも当てはまる立法を目的とせず、ひたすら自分の利益を考慮するだけになりがちであるという事情が憎しみの感性的な動因であり、それも不正そのものへの憎しみではなく、自分に対する不正な処遇への憎しみであって、この種の憎しみにともなう傾向性（執拗に相手を責め続けるとか、破滅させるに及ぶとか）には、もちろん利己的にねじ曲げられた形ではあるが、ある種の理念が基礎にあるので、この傾向性は侮辱者に対する権利欲を報復の情念に変質させる。しかし、この情念はしばしば狂想にまで至って、敵が間違いなく破滅してくれるというのでありさえすれば自分自身も破滅してかまわないとか、（敵を討つ場合には）その憎しみを代々部族間にさえも継承させるほどに激しいものとなる（Anth, VII, 270-271）。

他人の傾向性を自分の手中に収めて、その結果それを自分の意図するままに操縦し決定することができるならば、

---

(25) カントは情念について次のように補足している。主観の内で何かしらの欲望そのものが先行して沸いてくる可能性を性向とカントは呼ぶ。その性向の対象をしっかりと識別しないうちに欲求能力が内的にどうしようもなくそれを手に入れようとすると焦るのが本能である。また、感性的な欲望のうちで主観にとって規則（習慣）になった欲望を傾向性とよび、その傾向性のうちでも何らかの選択に際して理性がその傾向性を傾向性全体と比較することを妨げるといった種類の傾向性が情念（passio animi 魂の熱情）であると定義している。

(26) たとえば、名誉欲の場合、普通の場合はさらにまた他人から愛されたいと望み、他人との心の通った交際を必要とし、今ある財産状況を維持することも必要であり、その他いろいろ必要なことが多くなる。しかし、同じ名誉欲でも情念に駆られた名誉欲となると、人間の持つ傾向性が対等平等に進めるこのような目的を考慮する目を失ってしまい、他人から憎まれたり交際仲間から敬遠される、あるいは浪費によって財産を失うといった危険に身を曝す結果になるのであり、情念に駆られるとこうしたことすべてを見落とすとしている。

それはほとんど他人を自分の意思の単なる道具として所有するも同然であるので、こうした傾向性は、大概技術的に実践的な理性と、つまり利口の格率とほぼ一致するとしている。こうしたこともあって、他人に影響力を持つような能力への志向が情念へと成長するのは何ら不思議なことではないとカントはいう（Anth, VII, 271）。このような能力を内に備えているのは、名誉、権力、お金という三つの力である。つまり、この三つを持っていれば、たとえそのうちどれかでだめだったとしても、他のどれかの影響力を駆使して、相手がどんな人間であれ籠絡しこちらの意図に沿って使いこなすことができるのである（Anth, VII, 271）。これはいい換えれば、人間は名誉、権力、そしてお金に弱く、それらに動かされてしまうということである。そして、それらがそれぞれ名誉欲、権勢欲、所有欲になるのであるが、こうした欲にとらわれると当の人間が自分自身の傾向性におぼれた愚か者となってしまって、そうした手段を使用することでかえって自分の究極目的を見失うものである。しかし、こうした愚か者を操ることを可能にするのが利口というものである。

しかし、当然のことながら、その情念もまた人間の弱点である。名誉欲の場合は人間の臆病を逆手にとって影響力を行使することが可能になり、権勢欲の場合はその人間の恐怖心を逆手に、所有欲の場合はその人間自身の利害を逆手に取ることが可能になるからである。どこにでも奴隷根性は転がっているものであり、その奴隷根性につけ込んで、相手を自分の意図通りに利用しようとする能力を得るのである（Anth, VII, 272）。

こうした欲望の原動力の一つに、根拠のない錯覚に導く熱中（Wahn）がある。カントはこれも自然がなせる技の一つであるとしている。自然は、人間が単なる飲み食いだけで生命感情を消尽することがないように、時折その生命力を平常よりも強く刺激して、人間の活動を蘇らせようとする。それが熱中である。自然は人間をたぶらかして、元々その対象に興味のない人間でも、熱中する対象のおかげで充実した忙しさを味わい、無為という仕事に忙殺されている気になるのである。この時人間が対象に覚える興味は単なる熱中による興味であり、だから自然は実際には人間をからかっているのであり、人間を自然の目的に向かってけしかけているのであるが、他方人間の方は自分自身が自分の目的を決めたと思い込んでしまうのである。とりわけ、他の人間を相手にした賭け事に対象が向けられると、それは最高潮に達するのである。しかも、この熱中の傾向性は弱気な人間を迷信深くし、さらに迷信深い人間を弱気にするのだが、どちらにしても、何かを恐れるとか期待するとかの自然原因ではあり得ない原因もどきから、それでもなお損得の結末を読み取ろうとする習慣が付くのである（Anth, VII, 275）。

### (8) 人間個人の性格

こうした欲望や情念に左右されるのが人間である。この人間個人の性格（der Charakter der Person）には、自然に持って生まれた性格というものと、他方で同じ人間にただ一つあるかないかそれとも一つもないかのどちらかでしかあり得ないような一つの性格（つまり道徳的な性格）が備わっているという。この二つの性格を、前者は自然存在としての人間を区別する目印であるのに対して、後者は理性的な生物つまり自由を天与された存在としての人間を二分する目印であるとカントは分類している（Anth, VII, 285）。

この人間個人の性格について、端的に「彼には一つの性格が備わっている」といわれた場合、こういわれることは稀にしかないことなので、それだけでその人に対して尊敬と賛嘆とを呼び起こすことになるとしている。これと似たようないい方で「彼にはこのような、あるいはあのような性格が備わっている」と形容句を付けていわれたりする場合がある。しかし、この場合のこの表現は、心構えではなく性分（Sinnesart）を指しているという。これに対して、「端的に一つの性格を備えている」といういい方で意味されているのは意志に備わるある性質であって、人間主観が自分自身の理性によって自分に変わることなく命じた一定の実践理性におのれ自身を義務づけるときの、そのように方向づける意志の性質のことである。その際に重要なのは、自然が人間から何を形成するかではなく、人間が自分自身から何を形成するかである。その理由は、前者は気質に関係することであって、人間に性格が備わっていることを認識させてくれるのは後者の方だからだというのである（Anth, VII, 292）。

そこでカントは、人間が自分の心構えのうちに、とある性格を備えていることを自覚している場合、その性格は自然に身についたのではなく、その都度獲得されたものであるとしている。するとまた、性格のこうした創設はある種の再生になぞらえることができ、人間が自分自身に誓いを立てるに当たっての一定の儀式であって、それによってこの誓いは、つまり彼の内面に生じたこうした生まれ変わりの瞬間は、まるで新しい時代の始まりであるかのように自分にとって忘れがたいものになってくれると、仮定することも可能であるというのである。さらに、次の新しい一歩に取りかかっているうちに前の一歩が消えてしまうのだから、一歩一歩より善い人間に成長していこうとするのは、無駄な試みであるという(27)。

これは、カントがこれまでいい続けてきた道徳法則下において、理性の公的使用を可能にするための啓蒙をし、善意志による行為をしなければならない義務があるとした人間への課題と一見矛盾する内容である。

しかし、誠実さを自分の最上の格率とすることが、ある人間に一つの性格が備わっていることを当人の意識の上で証明する唯一の試金石であるとしている。つまり、人間の性格で最も尊敬と賛嘆に値するのが、誠実さであるとカントは述べているのである。そして、性格を備えることは理性的な人間に要求することのできる必要条件であると同時に、人間の尊厳の十分条件でもあるから、原則に立った人間であることはごく普通の人間理性にとっても可能であるに違いなく、それゆえそのような人は性格を欠いた最も偉大な才人よりも、尊厳という意味で間違いなく優っているというのである（Anth, VII, 295）。

この点は、カントが従来から述べていた道徳的規律の重要性そのものである。それを実用的見地から考察しているのだが、こうした道徳的性格というのは獲得し創設していくものであるという。いわば、次第にそうなっていくというのではなく、いいかえると人間にそうした原石があるというわけでもないという。それでも、こうした性格を備えることが、カントにとっての市民の条件であることは容易に想像できるのである。

### (9) 人類としての人間

人間は、その生活様式から見て、事物を操作する技術的な素質、洗練によって文明化を促進していく実用的な素質、さらに道徳的な素質を持っているというのがカントの考えである。そこでカントは、人間は本性から善であるのか、それとも本性から悪であるのか、あるいはまた人間を善悪のどちらに教化する手に掛かるのかの違いに応じて本性から善悪のどちらにも引きずられやすいのかという問題提起をしている（Anth, VII, 322-324）。

これに対してカントの答えはこうである。これまで述べてきたように、どんなに動物的な性向が甚だしくても、人間は善に向かって教育されなければならない使命をもっていることになる。しかし、人間を教育するのも人間であり、教育を自らやり通さなければならなくなる。こうした事情から、人間は絶えず何度も自分の使命から逸脱しながら、その都度使命に立ち返ることを繰り返すことになるというのである（Anth, VII, 325-327）。これはまさに、人間の啓蒙を意味する。つまり、カントにとって道徳法則下の善意志によって根源悪を制御できるような人間に教育されることは、人間にとって使命であるとも述べているのである。

しかし、こうした使命を果たすことが果たして可能だろうか。カントは、人類の内には、人間の使命の究極目的を目指そうとする善なる素質が存在しており、この素質を技巧的に最高度に高めた段階が市民的な立憲体制・共和制であるとしている。しかし、この体制下においてでも純粋な人間性より動物性の方が発現するのが早く、しかも根っこ

(27) 逆に、性格が創られていくことは、生き方全般にかかわる内的原理を絶対的に統一することを意味するのである。

からして強力なので、もっぱら動物性の方を弱めるしかないとしている（Anth, VII, 327）。ここでの人間性は善意志に、動物性は根源悪に置き換えて問題はないだろう。

つまり、人類を全体として教育するという場合、市民的な立憲体制の樹立に向かう歴史の趨勢を視野に入れた教育ということになる。換言すれば、制度のために人類を教育していかなければならないことになる。しかし、人間がこうした教育に期待をかけるのは単に摂理としての一つの知識としてであるに過ぎないという（Anth, VII, 328）。

こうしたことから、人類の随一の性格は、自分の人格にであれ自然によって人間が収容された社会にであれ、何らか性格といわれるものを自分であつらえるという、理性的な生物としての人類に備わった能力にあるということができる。しかし、その前提として、人類には善に向かう好都合な自然素質ないし性向が内在しなければならないのである（Anth, VII, 329）。

そのため、人間はミツバチが巣に密集するように、どれか一つの市民社会の一員であることを免れられない必然性を定められたという。いうなれば、巣箱の中では女王蜂の支配という専制君主制が行われるが、ミツバチの巣箱がたくさん近くに集められると相互に攻撃を開始するようになる。つまり戦争になるのである。しかし、こうした人類に見られる内戦や対外戦争は、それ自身がどれほど大きな災いであろうと、しかし同時に未開な自然状態から市民的な状態へ移行するきっかけとなってくれるのであって、最終的には均衡の取れた状態に落ち着くというのである（Anth, VII, 330）。

これは、前述した人間が持つ非社交的社交性と、戦争という害悪の評価と合致する。カントにとっては、こうした労苦や禍すら、理性的な生物としての人類がその素質を発揮するためのきっかけになるのが、ここでも主張されているのである。

人類の性格は、人類を総体としてみるとおびただしい数の個人が世々代々順番に、かつ横へ横へと並びあって生存している。しかし、彼らは互いに平穏無事に共存しないわけにはいかず、しかも絶えず互いに争い合うことを避けることもできないという事実に出会うことになる。その結果人類は、自分達自身が制定する法の下でお互いを牽制しあっているうちに、自分達がただ一つの世界市民社会へと向かうようにという使命を自然から与えられていることを自覚するというのである。カント自身も、この世界市民社会というのはそれ自体は到達不可能な理念であると述べている。これは、人間同士のこの上なく生気に満ちた作用と反作用の均衡をとった、ちょうど真ん中あたりに平和が樹立されることを期待するというような構成的な原理では全くないからである。ただし、人間には世界市民社会に向かう本性的な方向性が潜んでいると憶測することに根拠がないわけではないので、この理念を人類にとっての使命として掲げ、熱心に追求するといった程度の統制的な原理なのである（Anth, VII, 331）。その根拠は、いうまでもなくカントの道徳法則によるものである。さらに、それが神の自然によって裏支えされているのである。

結局のところ、一般的にいえば人類の意志は善であるというのがカントの考えである。しかし、それを貫き通すことが難しいのは、人類の目的は個々人が自由勝手に徒党を組むことで達成されると期待することはできないからである。それこそ、カントが理想とした地球に住んでいる市民（Erdbürger）が連帯して進歩を重ね、人類を世界市民的に（kosmopolitisch）団結した一つの体制にまでもたらし、それから先さらに進歩し続けることによってこそ、また、この道を通じてでしか、あの理性の勧告による人類の目的の達成、つまり最高善の達成にともなう平和連盟としての世界共和国の樹立、そして地上における目的の国の実現は期待することができないからである（Anth, VII, 333）。

つまり、人間個人の悪い一面である様々な傾向性などを目の当たりにしても、人類という側面から恒久平和の達成を期待したことになる。また、これが近視眼的な発想でないのは明らかである。それこそ人類史という長期的な、それこそ人間の一生ではなく何百年にもわたって達成されるものだとカントは考えていたのである。

そもそも、人間には生来善と生来悪が備わっており、いわゆる自然状態においても人間本性の自然的善良さが見出せると思いきや、この考えに反論するために十分すぎるぐらいに平然と殺戮劇がなされたり、残虐行為が絶えず繰り返されている。そのため、カントは、従前の哲学者と呼ばれる人たちも、諸外国の対外的な状態では、文明化された諸民族は互いに粗野な自然状態（絶えざる戦時体制）の関係にあり、決してこれを脱することはないと、彼らは堅く思い込んでしまっている始末だと看破している。

これを考えれば、国家という名の最大社会の諸原則に、それも建前とは真っ向から矛盾するのに、断じて廃棄しえない諸原則に気づくであろうが、そうした諸原則を道徳との一致にもたらすことは、いまだかつていかなる哲学者にもできなかった。しかも、（ひどいことに）それよりもよくて人間本性と調和する原則を提起することもできなかったのである。その結果、哲学的千年至福説というのは、世界共和国としての国際連邦に基づく恒久平和の状態を願うものであるが、これが全人類の道徳的改善の完成を待ち望む神学的千年至福説と同じように、空想だと嘲笑されるほどなのであると指摘している（R, VI, 34）。

カントは人間本性と道徳法則が調和する原則を提起したのだが、一方でこのように、構想していた恒久平和論がそう簡単に実現できないだろうことは、カント自身も十分理解していたのである。それは、制度の変遷もさることながら、人間の意識を変えなければならないからである。人間に期待しながらも、人間個人の意識が変わって行くには相当の時間（それこそ人間の一生どころの時間ではない）がかかるだろうと考えていたのである。

## むすびにかえて

この章では、カントの人間学を通してカントは生身の人間をどのように見たのかを、カントのテキストに沿って見てきた。そこでいえるのは、人間というのはいたるところで弱い面を見せたり、もろい一面を見せているのである。

しかし、カントは人間の悪い面をしっかりと受けとめながらも、人間に対して希望を持ち続けているということである。換言すれば、カントは人間の業を肯定しているのである。ここでいう業とは、人間のどうしようもない一面のことである。善いも悪いもすべて人間の側面であり、未成年状態から抜け出し市民になろうとする者もいれば、傾向性のままにいつまでたっても未成年状態のままでいようとする者も存在する。しかし、それすらも人間にとって、また人類にとって無駄なものではなく、これも自然を作った世界統治者である神の意図であるというのである。

つまり、人間のいいところだけではなくだめなところも受けとめたものが、カントの人間観である。しかも、この世は、災悪や禍すらもすべて人間の啓蒙のためにあるとして、そうしたものを乗り越える人間と人類への期待を抱いたのである。

# 第三部　恒久平和のためにカントが人間に求めたもの

# 終章　カントの世界市民とは

終章の目的は、本書を終えるにあたり、これまでのカントの道徳哲学、そしてその背景にある自然観、人間観の議論を受けて、恒久平和を達成する世界市民性を提示することである。

カントにおいての世界市民（Weltbürger）という言葉は、『永遠平和のために』をはじめとしていわゆる歴史・政治的哲学における議論に登場する。とくに、カントが政治学で議論の中心として扱われるのが『永遠平和のために』であることが多いため、この論文における世界市民がカントの世界市民であるとの議論で終わっていることが多い。しかし、カントの論考で最初に登場するのは、『永遠平和のために』が発表されるよりも三十年以上前に発表された『美と崇高』と、その「覚え書き」においてである。したがって、カントにとって世界市民という概念は、三大批判書が発表される前から頭にあったといえる。そのため、一部でいわれるような、カントの恒久平和論が老年期カントの世迷い言であるとの批判は的外れといえる。では、この『美と崇高』に書かれている世界市民とはどのようなものなのかを見ていくことから、この章を始めようと思う。

# 1　世俗の子と世界市民

カントが世界市民について言及する前の段階で、人間本性について述べているのはこれまで見たとおりである。それは『美と崇高』においても同様である。人間本性には、賞賛すべき点と、同時に必ずそれらの変種があり、限りない陰影を経て全くの不完全にまで至っているとしている（Beo, II, 213–214）。つまり、これまで述べてきた通り、道徳的な根源善である一面と同時に根源悪の一面も持ち合わせているということである。

そして、カントは道徳的性質においては真の徳だけが崇高であるとしているが、この真の徳の原則はどの人間の胸の中にも生きており、いわば人間誰しもがこうした道徳的完全性に到達できるとしているのである（Beo, II, 217）。その一方で、人間本性の弱さについてもこの段階で言及している。愛すべく美しい善き人倫的性質が人間なら誰しも持っているのだが、こうした人間の善良な心は移ろいやすく、状況の変化に左右され、容易に形態を変えてしまうものである。そのため、摂理は補助的な衝動を徳の補いとして人間の内部に入れたという。この衝動が、美しい行為へと動かすことで、美しい行為へのより大きな弾みと、より強力な刺激を同時に与えることができるのである（Beo, II, 216–217）(1)。

それでも、大変善き人は非常に少数である（Beo, II, 227）。利己心や名声愛に基づいて行動する人が多いが、各人が大舞台で、それぞれ自分を支配する傾向性にしたがって、行為を追求する間、同時に彼の振る舞いがどう見えどう映るか、彼の振る舞いの外見を判定するために、心の中で自分以外の立場を取るひそかな衝動に動かされるとカントは指摘する。これによって、相異なる集団が壮麗な表現をもつ一枚の絵の中で一つになる。そこでは、大きな多様性のさなかに統一が輝き出て、道徳本性の全体が美と品位をそれ自身において示しているのであるというのである

(Beo, II, 227)。

ただし、人生の幸福と人間の完全に対して、非常に高い要求をしてはならないということを決して忘れてはならないともいう。それは、常に平凡なもののみを期待する人には結果がめったに彼の希望を裏切らず、反対に、時にはまた、予想していなかった完全性が彼を驚かせるという利点を指摘している(Beo, II, 239)。

こうした考察を経て、各国の国民の性格についていくつかの特徴を素描のように述べたあと、最後にこのような言葉で、『美と崇高』は終わっている。

ただ一時的で怠惰な満足にのみすべての繊細な事柄が終わることのないよう、この秘訣がすべての若い世界市民の胸の内にある道徳感情を早い時期に活動的感覚へと高めることが望まれる(Beo, II, 256)。

『美と崇高』においては、「世界市民」という言葉が唐突にまとめに出てくる。しかも、それより前の部分では、歴史において人間の趣味は常に変転する姿を目にし、高雅な趣味が国家の存亡とともに消えたり堕落したりしていると

---

(1) カントは美と崇高の違いを次のように説明している。平凡ではない、より高雅な感情が崇高と美であるとした上で、崇高は感動させ、美は魅惑するとしている。また、崇高はいつも大きくなければならないが、美は小さいこともある。崇高は単純でなければならないが、美は装われ、飾られていることもあるとしている。また、悟性は崇高で、機知は美しく、大胆は崇高であり、手管は卑小だが美しいと述べている。これが、道徳的性質においては真の徳だけが崇高であるとしており、愛すべく美しい善き人倫的性質は有徳な心性には数えることができないとしている。だが、この美は他の人々に道徳法則下になくても美しい行為として刺激を与え、より善い行為への大きな弾みになるとカントは考えていた。したがって、道徳法則においての美の場合は、未だ成長途上にある人間の不完全な状態を指しているといえよう。しかし、この両者の感情を持っている人々は、崇高の感動が美の感動より強力であるが、崇高の感覚は魂の諸力を強く緊張させ、それゆえ早く疲れてしまうので、変化がなかったり、美が伴っていなければ、疲れてしまい、それほど長い間享受できないことを知るというのである(Beo, II, 209-212)。

している。また、宗教も惨めな異様によって歪められるとしている（Beo, II, 255–256）。

ここからカントは世界市民という言葉にどのような姿を描いたのだろうか。一ついえるのは、道徳感情を活動的感覚へと高めることを望んでいたことである。つまり、カントは彼の思索の初期段階で、世界市民に法の下の臣民よりもさらなることを期待していたことになる。

さらに踏み込んだ内容が、『人間学遺稿』にも示されている。

世界の中に生じていることに対する関心という点で、われわれは二つの立場を取ることができる。すなわち、俗世の子（Erdensohn）の立場と世界市民（Weltbürger）の立場とである。第一の立場にあっては、自分の商売と、それから自分の安寧に影響を及ぼすような事柄の他には何らわれわれの関心を引かない。第二の立場にあっては、人類とか、世界全体、事柄の起源、事物の内的価値、究極の目的といったものが、少なくともそういうことについて好んで判断するに足るほどには、われわれの関心を引くのである。俗世の子の立場は、われわれをさし当っての義務へと導く。ただ、それにかかりきりになってはいけないのだ。そうすると、勤勉で有能な人にはなるが、心も見通しも狭くなってしまうだろう。交際、とりわけ友情を通して、われわれは心構えを広げてゆかねばならない。〔中略〕世界市民たる者は、よそ者のごとくにではなく、その中に住む者として世界を見なければならない。世界を見物する者ではなく、世界市民でなければならないのである。人は、しばしばあまりに狭い概念しか持たないために、また、あまりに狭い心根しかもたないために、俗世の子である（Nachlaß, XV, 517–518）。

ここから明らかなように、カントの世界市民は、同じ立場で他人の物事を考えなければならないという義務の普遍的命法に則ったものであり、それを自分の共同体や国家のみならず、世界に向けてもしなければならないというものである。

一方で、カントの世界市民というと、『恒久平和のために』において世界市民法という概念が登場する。この論文の第三確定条項にて言及されている世界市民法とは、世界市民として他国の土地に訪問をする権利が、すべての人間に備わる権利として要求できるというものである。こうした交流が、遠隔の諸大陸とも相互に平和な関係を結び、その関係はさらに公で法的なものとなり、結局は人類をますます世界市民体制に近づけることを可能にするというのである（Frieden, VIII, 358）。訪問の権利と称されるこれは、交易の活発化といい換えることもできよう。

しかし、この世界市民法は、前述した世界市民の姿を理解していなければ、それこそ前述した世俗の子の行動が単に世界レベルに広がることを目的としているだけになってしまう。当然のことながら、世俗の子がこうしたことで世界市民へ成長していく効果をカントが否定しているわけではない。これはこの章の冒頭で述べたとおり、どのようなことであれ、自然は最高善の達成に役に立つことを用意しているというのがカントの考えだからである。もっとも、カントにとって世界市民法は、先に述べたような世界市民の姿が前提にあり、こうした世界市民の姿をわざわざ説明する必要がないと思っていたのかもしれない。いずれにせよ、単純に訪問するだけではなく、世界市民の成長のためにはさらなる意志が必要とされるのである。

すなわち、カントの世界市民性は、彼自身の定言命法を世界のレベルで遵守できる行為ということになり、それができる人間こそが世界市民ということになるのである。これは、第二章にて分析したアーレントのカント理解における注視者（spectator）と行為者（actor）の概念において、実際のところカントは、精確な観察と判断を成し得る注視者であると同時に、自らの意志で動くような行為者としての立場を人間に求めていることになる。

## 2　啓蒙された市民による活動——世界市民性

現代において一般的に、自分を「グローバル市民」であると規定するとき、あるいは自己主張するとき、何を意味しているのであろうか。こうした問いに対して、ダワーは三つの要素からなるとしている。それは、規範的主張（normative claim）、実存的主張（existential claim）、熱い期待の主張（aspiration claim）である。(2)

これをカントの考えに置き換えるならば、これまで見てきたとおり、単なる関心や知識を持つ人々というよりは、より積極的に行為するという市民像がふさわしいことになる。さらに、自らがグローバルな共同体という公的空間に存在している側面を強調することにもなる。つまり、世界空間において理性の公的使用を行うことになる。さらに、その理性の公的使用による活動（行為）によって世界は改善されていき、最高善へと到達するのだという確信（期待）を持ち、その義務に取り組む人たちということにあろう。これは、理性の公的使用を世界規模で行うことができる人ということになる。

したがって、世界市民体制が成立していなくても、つまり世界市民の法・権利を保障する国際国家が確立していなくても、世界市民は存在しうることになる。(3)つまり、世界市民たる市民性を持つ者が存在することが、カントの恒久平和にとって必要なことなのである。世界市民であるとは、世界市民社会の制度の一員ということではなく、こうした理性の公的使用という態度をとることである。つまり、国連の発展やグローバルな市民体制が構築されていなくても（構築されているに越したことはないが）、カントの世界市民はありえるのである。反対に、たとえ世界市民社会が制度として確立されていたとしても、こうした公的理性を使用できないのなら、世界市民ではないということになる。(4)

これは、まさに市民性の議論の動機そのものではなかろうか。恒久平和にむけた制度があっても、市民性がなければ実現可能性はさらに遠のく。恒久平和にむけて注目される制度論の健全性や安定性においても、基本的制度の正義だけではなく、世界市民の資質や態度にも依拠していることをカントは伝えたかったのである。

いいかえれば、カントが世界市民としての人間に課した課題は、地上における最高善の実現にあると見るべきであろう。人類の人類そのものに対する義務とは、各人が可能な限り全人類のうちにこうした正義の状態があまねく実現するように努力することである(5)。こうした行動が目的の国という最高善の達成、つまり恒久平和につながるというのがカントの恒久平和論だったのである。

---

(2) Nigel Dower, *An Introduction to Global Citizenship*, Edinburgh University Press, 2003, pp. 6-8.
(3) 寺田俊郎「世界市民の哲学としてのカント哲学」、カント研究会編『現代カント研究12　世界市民の哲学』晃洋書房、二〇一二年、八ページ。
(4) 寺田、二〇〇四年、一八三―一八四ページ。
(5) 宇都宮、一九九八年、二八〇ページ。

# 参考文献

## カントの一次文献

Kant, Immanuel, *Akademieausgabe von Immanuel Kants Gesammelten Werken*, Bände und Verknüpfungen zu den Inhaltsverzeichnissen, 1910ff.（『カント全集』全22巻、別巻、岩波書店、一九九九－二〇〇六年。『カント全集』理想社、一九六五－一九八八年。宇都宮芳明訳・注解『道徳形而上学の基礎付け』一九八九年、『実践理性批判』一九九〇年、『判断力批判』一九九四年。宇都宮芳明監訳『純粋理性批判』二〇〇四年、共に以文社）

## 和書

安藝基雄『平和を作る人たち』みすず書房、一九八四年。

安倍謹也『物語　ドイツの歴史――ドイツ的とは何か』中公新書、一九九八年。

石川文康『カント入門』ちくま新書、一九九五年。

石田雄『平和の政治学』岩波新書、一九六八年。

犬竹正幸「カントの自然観」、牧野英二編『別冊情況　特集カント没後二〇〇年』状況出版、二〇〇四年。

岩隈敏『カントの哲学――「私は、人間として、何であるか」への問い』世界思想社、二〇〇九年。

宇都宮芳明『カントと神』岩波書店、一九九八年。

――『カントの啓蒙精神――人類の啓蒙と永遠平和にむけて』岩波書店、二〇〇六年。

太田直道『カントの人間哲学』晃洋書房、二〇〇五年。

押村高『国際正義の論理』講談社現代新書、二〇〇八年。

――『国際政治思想――生存・秩序・正義』勁草書房、二〇一〇年。

北森嘉蔵『神学入門』新教新書、一九五九年。

久保陽一『ドイツ観念論とは何か』ちくま学芸文庫、二〇一二年。

熊野純彦『西洋哲学史――近代から現代へ』岩波新書、二〇〇六年a。

熊野純彦『西洋哲学史――古代から中世へ』岩波新書、二〇〇六年b。

坂部恵「人間学の地平――カント研究（一）」『東京大学教養学部人文科学科紀要・哲学』一三、一九六六年（『坂部恵集1』岩波書店、二〇〇六年）。

坂部恵、ゲアハルト・シェーンリッヒ（Gerhard Schönrich）、加藤泰史、大橋容一郎編『カント・現代の論争に生きる』理想社、一九九八年。

シモーヌ・ヴェイユ（田辺保・杉山毅訳）『神を待ちのぞむ（新装版）』勁草書房、一九八七年。

千葉眞『アーレントと現代――自由の政治とその展望』岩波書店、一九九六年。

――『現代プロテスタンティズムの政治思想――R・ニーバーとJ・モルトマンの比較研究』新教出版社、一九八八年。

――「カントの永遠平和論とコスモポリタニズム」、千葉眞編『平和の政治思想史』おうふう、二〇〇九年。

――『デモクラシー』岩波書店、二〇〇〇年。

千葉眞・佐藤正志・飯島正蔵編『政治と倫理のあいだ――二一世紀の規範理論に向けて』昭和堂、二〇〇一年。

寺田俊郎「世界市民の哲学としてのカント哲学」、カント研究会編『現代カント研究一二　世界市民の哲学』晃洋書房、二〇一二年。

寺田俊郎・舟場保之編著『グローバル・エシックスを考える』梓出版社、二〇〇八年。

中島義道『カントの人間学』講談社現代新書、一九九七年。

――『カントの法論』ちくま学芸文庫、筑摩書房、二〇〇六年。

中村博雄『カント批判哲学による「個人の尊重」（日本国憲法一三条）と「平和主義」（前文）の形而上学的基礎づけ』成文堂、二〇〇八年。

中山元『自由の哲学者カント――カント哲学入門「連続講義」』光文社、二〇一三年。

南原繁『国家と宗教――ヨーロッパ精神史の研究』岩波文庫、二〇一四年。

二宮皓編『市民性形成論』放送大学教育振興会、二〇〇七年。

日本カトリック司教協議会教理委員会著・監修・訳『カトリック教会のカテキズム』カトリック中央協議会、二〇〇二年。

日本基督教協議会文書事業部キリスト教大事典編集委員会編『キリスト教大事典』教文館、一九六三年。

日本カント協会編『日本カント研究』一四号、知泉書館、二〇一三年。

貫成人『カント――わたしはなにを望みうるのか　批判哲学』青灯社、二〇〇七年。

量義治『宗教哲学としてのカント哲学』勁草書房、一九九〇年。

――『宗教哲学入門』講談社学術文庫、二〇〇八年。

波多野精一『宗教哲学序論・宗教哲学』岩波文庫、二〇一二年。

長谷川修一『旧約聖書の謎――隠されたメッセージ』中公新書、二〇一四年。

浜田義文『カント倫理学の成立　イギリス道徳哲学及びルソー思想との関係』勁草書房、一九八一年。

原口尚彰『地球市民とキリスト教』キリスト新聞社、二〇〇三年。

ハルトムート・ゲールケン、デートレフ・ティール、中村博雄編、中村博雄訳『理性と平和――ザローモ・フリートレンダー／ミュノーナ政治理論作品選集』新典社、二〇一二年。

半澤孝麿「自由意思論思想史上のカント」、田中浩編『思想学の現在と未来』未來社、二〇〇九年。

引田隆也「カント」、芹澤功編『現代に語りかける政治思想史』昭和堂、一九八七年。

福間聡『ロールズのカント的構成主義――理由の倫理学』勁草書房、二〇〇七年。

牧野英二『カントを読む――ポストモダニズム以降の批判哲学』岩波書店、二〇一四年。

牧野英二編『別冊情況　特集カント没後二〇〇年』情況出版、二〇〇四年。

――編『新・カント読本』法政大学出版局、二〇一八年。

牧野英二・中島義道・大橋容一郎『カント――現代思想としての批判哲学』情況出版、一九九四年。

丸山眞男『新装版　現代政治の思想と行動』未來社、二〇〇六年。

三島憲一「ハーバーマスとデリダのヨーロッパ」、『早稲田政治經濟學誌』三六二号、二〇〇六年ａ。

――『現代ドイツ』岩波新書、二〇〇六年ｂ。

三谷隆正『世界観・人生観――神の国と地の国　三谷隆正全集　第四巻』岩波書店、一九六五年。

宮田光雄『平和の思想史的研究』創文社、一九七八年。

村岡晋一『ドイツ観念論――カント・フィヒテ・シェリング・ヘーゲル』講談社、二〇一二年。

山崎純『神と国家』創文社、一九九五年。

山室信一『憲法九条の思想水脈』朝日新聞社、二〇〇七年。

和辻哲郎『人間の学としての倫理学』岩波文庫、二〇〇七年。

## 洋書


Arendt, Hannah, *Lectures on the Kant's Political Philosophy*, edited and with Interpretative Essay by Ronald Beiner, The University of Chicago Press, 1982.（仲正昌樹訳『完訳カント政治哲学講義録』明月堂書店、二〇〇九年）。

———, *On Revolution*, Penguin, 1963.（志水速雄訳『革命について』ちくま学芸文庫、一九九五年）。

———, *The Life of the Mind*, Harcourt Brace & Company, 1971.（佐藤和夫訳『精神の生活　上・下』岩波書店、一九九四年）。

———, "The Crisis in Culture," *Between Past and Future : Eight Exercises in political Thought*, enl. ed, Viking Press, 1977.（引田隆也・斉藤純一訳『過去と未来の間』みすず書房、一九九四年）。

Barth, Karl, *Karl Barth Gesammelte Werke Band* 12 : *Die protestantische Theologie im* 19, *Jahrhundert Ihre Vorgeschichte und ihre Geschichte II*, Evangelicher Verlag, 1947a.（酒井修・佐藤司郎・戸口日出夫・安酸敏眞訳『カール・バルト著作集12　十九世紀のプロテスタント神学　中』新教出版社、二〇〇六年）。

———, *Karl Barth Gesammelte Werke Band* 13 : *Die protestantische Theologie im* 19, *Jahrhundert Ihre Vorgeschichte und ihre Geschichte III*, Evangelicher Verlag, 1947b.（安酸敏眞・佐藤貴史・濱崎雅孝訳『カール・バルト著作集13　十九世紀のプロテスタント神学　下』新教出版社、二〇〇七年）。

Beiner, Ronald and Booth, William James eds., *Kant and Political Philosophy : The Contemporary Legacy*, Yale University Press, 1993.

Beiner, Ronald, "Paradoxes in Kant's Account of Citizenship" in Charlton Payne and Lucas Thorpe eds., *Kant and the concept of community*, University of Rochester Press, 2011.

Beiser, Frederick C., *Enlightenment, revolution, and romanticism : the genesis of modern German political thought, 1790-1800*, Harvard University Press, 1992.（杉田孝夫訳『啓蒙・革命・ロマン主義——近代ドイツ政治思想の起源一七九〇－一八〇〇年』法政大学出版局、二〇一〇年）。

Bohman, James and Matthias Lutz-Bachmann eds., *Perpetual Peace : Eassays on Kant's Cosmopolitan Ideal*, MIT Press, 1997.（紺野茂樹・田辺俊明・舟場保之訳『カントと永遠平和——世界市民という理念について』未來社、二〇〇六年）。

Bowie, Andrew, "Kants Frieden aus romantischer und pragmatischer Sicht."（大貫敦子訳「カントの平和論——ロマン主義とプラグマティズムからの逆照射」、『思想』二〇〇六年四月号、岩波書店）。

Brunkhorst, Hauke, "Demokratischer Konstitutionalismus：Eine Kantianische Alternative zum gerechten Krieg."（三島憲一訳「デモクラシーによる立憲主義――正義の戦争を否定するカントの対案」、『思想』二〇〇六年四月号、岩波書店）。
Busch, Eberhard, *Barth*, Abingdon Press, 2008.（佐藤司郎訳『バルト神学入門』新教出 版社、二〇〇九年）。
Burke, Edmund, *A Philosophical Inquiry into the Origin of Our Ideas of the Sublime and Beautiful*, ed. Adam Phillips, Oxford University Press, 1998.（中野好之訳『崇高と美の観念の起源』みすず書房、一九九九年）。
Cassirer, Ernst. *Kants Leben und Lehre*. Bruno Cassirer, 1918.（門脇卓爾・高橋昭二・浜田義文監訳『カントの生涯と学説』みすず書房、一九八一年）。
Caygill, Howard, *A Kant Dictionary*, Blackwell Publishing, 1995.
Delahunty, Robert J. and Yoo, John, "Kant, Habermas and Democratic Peace," *Chicago Journal of Internationai Law*, 10 (2), Winter 2010.
DiCenso, James J., *Kant, Religion, and Politics*, Cambridge University Press, 2011.
Dower, Nigel, *An Introduction to Global Citizenship*, Edinburgh University Press, 2003.
Eade, J. and O'Byrne, D. (ed.), *Global Ethics and Civil Society*, Ashgate Publishing, 2005.
Erasmus, Desiderius, *Querela Pacis*, 1517.（箕輪三郎訳『平和の訴え』岩波文庫、一九六一年。）
Ellis, Elisabeth, *Kant's Politics：Provisional Theory for an Uncertain World*, Yale University Press, 2005.
Fichte, John Gottlieb, *Einige Aphorismen über Religion und Deismus* (*Fragment*).（小 野原雅夫訳「宗教と理神論に関する断章」、フィヒテ全集第一巻『初期宗教論・啓示批判』晢書房、二〇一一年）。
Flikschuh, Katrin, *Kant and modern political philosophy*, Cambridge University Press, 2000.
Frierson, Patrick R., *Freedom and Anthropology in Kant's Moral Philosophy*, Cambridge University Press, 2003.
Giegerich, Thomas "The *Is* and *Ought* of International Constitutionalism," in *German Law Journal*, 2009, Vol. 10. No. 1.
Gore, Albert, *The Assault on Reason*, Penguin Books, 2007.（竹林卓訳『理性の奪還――もうひとつの「不都合な真実」』ランダムハウス講談社、二〇〇八年）。
Günther, Klaus, "*Weltbürger zwischen Freiheit und Sicherheit.*"（鈴木直訳「自由か、安全か――はざまに立つ世界市民」、『思想』二〇〇六年四月号、岩波書店）。
Heater, Derek, *World Citizenship：Cosmopolitan Thinking and its Opponents*, Continuum, 2002.

Hegel, Georg Wilhelm Friedrich, herausgegeben von Dr. Herman Nohl, *Der Geist des Christentums und Schicksal* (aus Hegels theologische Jugendschriften), (Tübingen: J. C. B. Mohr, 1907)（久野昭・水野建雄訳『ヘーゲル初期神学論集Ⅰ』以文社、一九七三年。久野昭・中埜肇訳『ヘーゲル初期神学論集Ⅱ』以文社、一九七四年））

———, *Vorlesungen über die Philosophie der Religion I*, Suhrkamp, 1969.（木場深定 訳『改訳　宗教哲学』岩波書店、一九八二年、上巻）。

Held, David, *Democracy and the Global Order: From the Modern State to Cosmopolitan Governance*, Polity Press, 1995.（佐々木寛他訳『デモクラシーと世界秩序――地球市民の政治学』NTT出版、二〇〇二年）。

Hill, Melvyn A., ed., *Hannah Arendt: The Recovery of the Public World*, St. Martin's Press, 1979.

Hinske, Norbert, *Kant als Herausforderung an die Gegenwart*, Verlag Herder GmbH: Verlag Karl Alber GmbH Freiburg, 1980.（石川文康訳『現代に挑むカント』晃洋書房、1985年）。

Höffe, Otfried, *Immanuel Kant* C. H. Beck, 1983.（藪木栄夫訳『イマヌエル・カント』法政大学出版局、一九九一年）。

———, *Zu Kants Kosmopolitischer Rechts- und Friedenstheorie*, Suhrkamp, 2001.

Jacobs, Brian & Kain, Patrick Eds., *Essays on Kant's Anthropology*, Cambridge University Press, 2003.

Keul, Hans-Klaus, "Subjectivity and Intersubjectivity: Remarks on the Concept of Freedom in Kant and Habermas," *Journal of Value Inquiry*, 2002, 2-3.

Koskenniemi, Martti, "On the Idea and Practice for Universal History with a Cosmopolitan Purppose."（林美香訳「世界市民的な目的を持つ普遍史の理念と実践」、『思想』二〇〇六年四月号、岩波書店）。

———, "Constitutionalism as Mindset: Reflections on Kantian Themes About International Law and Globalization", *Theoretical Inquiries in Law*, vol. 8, no. 1 2007.

———, "Legal Universalism: Between Morality and Power in a World of States," Shinkwang Cheng (ed.), *Law, Justice and Power*, Stanford University Press, 2004,

Küng, Hans, *Project Weltethos*, R. Piper GmbH & Co. KG, 1990.

Kymlicka, Will, *Comtemporary Political Philosophy: An Introcuction, 2nd Ed.*, Oxford University Press, 2002.（千葉眞・岡﨑清輝他訳『新版　現代政治理論』日本経済評論社、二〇〇五年）。

Locke, John, *Two Treatises of Government*, 1690.（加藤節訳『完訳　統治二論』岩波文庫、二〇一〇年）。

Maus, Ingeborg, *Zur Aufklärung der Demokratietheorie*, Suhrkamp Verlag, 1992.（浜田義文・牧野英二監訳『啓蒙の民主制理論　カントとのつながりで』法政大学出版局、一九九九年）。
Moltmann, Jürgen, *Theologie der Hoffnung Untersuchungen zur Begründung und zu den Konsequenzen einer christlichen Eschatologie*, Chr. Kaiser Verlag, 1964, 1965.（高尾利数訳『希望の神学』新教出版社、一九六八年）。
———, *Der Gekreuzigte Gott*, Chr. Kaiser Verlag, 1972.（喜田川信・土屋清・大橋秀夫訳『十字架につけられた神』新教出版社、一九七六年）。
Norman, Richard, *The Moral Philosophers : An introduction to Ethics* (*2nd Ed.*), Oxford University Press, 1998.（塚崎智・石崎嘉彦・樫則章監訳『道徳の哲学者たち——倫理学入門』ナカニシヤ出版、二〇〇一年）。
Rawls, John. *Political Liberalism*, Columbia University Press, 1996.
———, *Theory of Justice : Revised Edition*, Oxford University Press, 1999a.（川本隆史・福間聡・神島裕子訳『正義論　改訂版』紀伊國屋書店、二〇一〇年）。
———, "Kantian Constructivism in Moral Theory," (1980) in Samuel Freeman Ed. *Collected Papers*, Harvard University Press, 1999b.
———, *The Law of Peoples : with "The Idea of Public Reason Revisited,"* Harvard University Press, 1999c.（中山竜一訳『万民の法』岩波書店、二〇〇六年）。
———, *Lectures on the History of Moral Philosophy*, Barbara Herman ed., Harvard University Press, 2000.（坂部恵監訳、久保田顕二・下野正俊・山根雄一郎訳『ロールズ哲学史講義』みすず書房、二〇〇五年）。
———,*Justice as Fairness : A Restatement*, Erin Kelly ed., Harvard University Press, 2001.（田中成明・亀本洋・平井亮輔訳『公正としての正義　再説』岩波書店、二〇〇四年）。
Reiss, Hans. S. edited (with an introduction and notes) (translated by H.B. Nisbet.). *Kant : Political Writings, 2nd ed*. Cambridge University Press, 1991.
———, *Kants politiches Denken*, Verlag Peter Lang, 1977.（樽井正義訳『カントの政治思想』芸立出版、一九八九年）。
Rifkin, Jeremy, *The European Dream : How Europe's Vision of the Future Is Quietly Eclipsing the American Dream*, Penguin, 2004.
Ritschl, Albrecht, *Die Christliche Vollkommenheit ein Vortrag*, Göttingen, 1874.（森田雄三郎訳「キリスト教者の完全性　講演」

（『現代キリスト教思想叢書1』白水社、一九七四年）。
———, *Die christliche Lehre von der Rechtfertigung und Versöhnung*, Olms, 1883.（森田雄三郎訳「義認と和解」、『現代キリスト教思想叢書1』白水社、一九七四年。）
———, *Unterricht in der christlichen Religion*, Adolph Marcus, (2.Aufl.) 1875.（深井智朗・加藤喜之訳『神の国とキリスト者の生——キリスト教入門』春秋社、二〇一七年）。
Rogier,L.J., Roger Aubert, M. David Knowks, *Nouvelle Historie de l'Église, vol.* 4 *Siècle des Lumières, Rèvolution*, Paris : Restaurations, 1996.（「宗教と啓蒙思想」（上智大学中世思想研究所編訳・監修『新装版キリスト教史　第七巻　啓蒙と革命の時代』講談社、一九九一年）。
Rousseau, Jean Jacques, *Discours sur les sciences et les arts.* 1750,（前川貞次郎訳『学問芸術論』岩波文庫、一九六八年）。
———, *Émile ou de Léducation.* 1762,（今野一雄訳『エミール』岩波文庫、一九六二　年、改版二〇〇七年）。
Russet, Bruce, *Grasping the Democratic Peace : Principles for a Post-Cold War World*, Princeton : Princeton University Press, 1993.（鴨武彦訳『パクス・デモクラティア——冷戦後世界への原理』東京大学出版会、一九九六年）。
Schlegel, Friedrich von, *Versuch über den Begriff des Republikanismusveranlaßt durch die Kantische Schrift "zum ewigen Frieden,"* 1796. (Friedrich Schlegel Werke, Band I (Berlin und Weimar : Aufbau-Verlag, 1980))（栩木憲一郎訳「共和主義の概念についての試論―カントの『永遠平和のために』をきっかけとして」、『千葉大学人文社会科学研究』二五号、二〇一二年）。
Schmidt, James, "Civility, Enlightenment, and Society : Conceptual Confusions and Kantian Remedies", *American Political Science Review*, June 1998, 92, 2.
Shapcott, Richard, *International Ethics : A Critical Introduction*, Polity, 2010.（松井康浩・白川俊介・千知岩正継訳『国際倫理学』岩波書店、二〇一二年）。
Tampio, Nicholas, "Rawls and the Kantian Ethos," *Polity*, Volume 39, Number 1, January 2007.
———, *Kantioan Courage : Advancing the Enlightenment in Contemporary Political Theory*, Fordham Univetsity Press, 2012.
Taylor, Charles, *Sources of the Self : The Making of the Modern Identity*, Harvard University Press, 1989.（下川潔・桜井徹・田中智彦訳『自我の源泉——近代的アイデンティティの形成』名古屋大学出版会、二〇一〇年）。

Taylor, Robert S., "Kant's Political Religion : The Transparency of Perpetual Peace and the Highest Good," *The Review of Politics*, 72 (2010), University of Notre Dame.
Wendt, Alexander, *Social Theory of International Politics*, Cambridge University Press, 1999.
Williams, Howard, "Kant, Rawls, Habermas and the Metaphysics of Justice," *Kantian Review*, Vol. 3, 1999.
Wood, Allen W., *Kantian Ethics*, Cambridge University Press, 2008.

# あとがき

もう一度本著の動機を振り返っておこう。この本は、カントが、恒久平和を達成するために人間に要求した課題を、市民性（Bürgerlichkeit/Zivilcourage）という市民の精神という形で析出しようとするものである。また、彼の恒久平和の根底に、善いところも悪いところもある人間への深いまなざしと、キリスト教的観念が影響していることを明らかにしようとするものである。それを通して、恒久平和についてカントの真意を明示しようというものであった。

こうした内容になったのは、そもそも近代的制度における人間は、善き人を想定、期待、あるいは前提としていたと考えたからである。善き人であれば自らが立つ法や制度がどのような意図を持って設定されたかを理解し、その法や制度に従うであろう。しかし、そのような人ではない者が権力を握った場合どうなるか。法や制度をないがしろにし、自らの権力の維持と保身に走り、誰にも止められないことが想定される。

しかも、これが民主的な手続によって選ばれ、支持されているとすると、その問題は深刻である。悪しき指導者やその周囲の人々が、人々を悪しき方向へ導くような教育を行い、そうした人々を何も考えずに、あるときは意識的に支持するようになって行くことが考えられる。近年様々な国でそうしたことが指摘されているが、日本はその先頭を行っていたのではないだろうか。こうした教育のようなものが、事なかれ主義や冷笑主義、また自らの責任を放棄する行動として現れているのではないか。これは、カントの啓蒙とは正反対の方向にあるといえる。その結果の一つが、近年問題になっているフェイク・ニュースなどデマの蔓延であろう。

つまり、いくら制度を構築しても、それを運用する人間次第では無効化したり、機能不全に陥ったりすることが普通にありえるのである。いくら制度を構築しても、その前提となる人間性（Menschlichkeit）の議論が欠けているのが、制度論に終始する議論の欠点であると考えたのである。

カントは啓蒙思想の時代に生きた哲学者である。そのため、啓蒙思想は宗教的・神学的概念からの脱却を図っていたと見られることが多く、カントもその解釈で見られるのが一般的である。

しかし、これまで見てきたように、カントの恒久平和思想の基礎になっているのはキリスト教的概念である。さらに、このキリスト教的概念が人類の義務として普遍的に人間に内在していることになる。カントにとっての人間とは、キリスト教が示すのと同じように、不完全なものであり、傾向性や惰性に流されやすい弱い存在である。しかし、そのような人間には、善意志と根源悪が存在し、善意志によって根源悪を制御できるのが啓蒙された市民である。その市民という未成年状態からの脱却は、道徳法則によって導かれる。その啓蒙は人間のみならず人類に課された義務である。市民に至るには、人類史においての自然の法則により、道徳法則の下で、市民性を持つに至るというのである。

つまり、人間であればみな平和を作る市民としての素質があることになる。『実践理性批判』の結語の冒頭に、これはカントの墓碑にも書かれているのだが、彼自身の道徳観を表した言葉がある。

二つのものが、それをわれわれが熟考することがしばしばであり、長ければ長いほど、ますます新たにして増大する賛嘆と畏敬を持って心を満たすのであって、それはすなわち、私の上にある星をちりばめた空と、私の内にある道徳法則とである（P, V, 161）。

カントの哲学はこのように、自然を造った神への畏敬の下に、最高善を達成するためのものとして展開している。

その最高善とは、恒久平和という究極的な目標なのである。そのために、人間への深い洞察を行い、生身の人間がもろく弱い存在であることを認めつつ、われわれに対して、恒久平和を達成するために努力し続けることを課したことになる。

また、こうした神への信従も、これは人間が自らの自由な意志によるものなのである。意志は自由意志による服従を要求する命令を経験したことによって発見されたというのはアーレントの考えであるが、これはまさにカントにとっての自由なのである。(1) そして、この自ら神に服従するというのが、カントの道徳法則下における人間が課された義務と合致するものでもある。こう考えると、自らの意志で自律的に義務を履行するというのも理解しやすくなる。(2)

こうしたカントの人類への願いが達成されるためには、人間に内在している市民としての資質、つまり善意志を選択する市民性を開化させていなければならないことは述べたとおりである。そして、それが義務でもあり、責任でもある。

一方で、キリスト教に世界市民の道徳的根拠を求めることに対して批判もあるかもしれない。それは、宗教間の対立が現に起こっていることであったり、第二章で見たような、宗教がなければグローバル・エシックスが成立しないというのはあり得ないという意見であったりする。確かに、為政者が恣意的に行う戦争が、神の意志による「正戦」、「聖戦」として宗教的に権威づけられることは、古今東西で枚挙にいとまがない。また、カントが依拠した旧約聖書には、戦争や争いを描いた記述の方が量的には多いのも事実である。(3)

しかし、旧約聖書には、戦争遂行のために宗教を利用する聖戦論が虚妄であることが明記されている。(4) また、新約聖書においては、キリストのいわゆる「山上の説教」において、和解することと人を赦すことを勧め、復讐を禁じ、敵を愛することを勧めたのである。(5) そして、神の子であるイエスの十字架の死によって、人々の罪を取り除いて神と人との間の和解と平和をもたらすと理解されたのである。(6) 真の平和というものはその担い手である人間の心のあり方の変革と表裏一体であると認識されている。[7] ここにある、人々の心の変革が世界平和の基礎を作るという発想は、啓蒙されていく市民が道徳法則の下に理性の公的使用を行い、それが最終的に最高善の達成となる、カントの恒久平和論と合致するものなのである。

また、宗教にはナショナリズムを相対化させる効果もあることがよく主張されている。そのうちのキリスト教では、キリストへの信仰という共通項が、民族や社会的身分、性別をも越える論理を提供しているのである。[8] それは、しばしば指摘されるような宗教間の対立による排他的なものではなく、キリスト教における普遍的な価値を投げかけようとする精神である。

ここではカントに依拠したため、世界市民の道徳的根拠を宗教に求めることへの批判を、キリスト教に限って反論を行った。ここで一つ強調したいことは、宗教が要因となる紛争は、本来の宗教のあるべき姿ではないということである。カントが求めた宗教とは恒久平和を志向する道徳的宗教である。それが存在することが、宗派を越えて人類を「人類の神」の下に結びつけることができる。[9] そして、それは普遍的なものである。そこでは、そもそも、人間を神

---

（1） Arendt, 1971, p. 68.（下、八一ページ）。
（2） キリスト教のみならず宗教全般にいえることだが、宗教が掲げる目標や理想は遙か彼方を示しており、その超越性ゆえに楽観的どころか空想的、幻想的にすら思えてしまうこともある。しかし、これを単なる幻想として片付けてしまうのでは、現実を生きる者としてはその資格がないということになる。
（3） 例えば次を参照。原口尚彰『地球市民とキリスト教』キリスト新聞社、二〇〇三年。
（4） 「イザヤ書」九章五―七節。
（5） 「マタイによる福音書」五章一三―一五節、三八―四四節、六章一二―一五節、一八章二一―三五節。
（6） 「ローマの信徒への手紙」五章九―一一節。
（7） 「エフェソの信徒への手紙」二章一四―一七節。
（8） 「ガラテヤの信徒への手紙」三章二八節。

もしくは神が造った自然の目的そのものとして尊重せよというのが、神の命令として理解されている。

この背景には、カントが目の前にした、敬虔主義が最初は純粋に個人的な信心の活性化を目指しながら次第に一般化された陳腐な型へと硬直化していく状況が、本来あるべき姿ではない神への信仰となっているとの判断を見て取ることもできる。(10) 純粋に信心の活性化をカントは求め、一方でこうした信心の規則化や機械化、無味乾燥なものに変わっていくことに対して嫌悪の感情を常に抱いていた。

様々な側面をカントは持っていたが、何よりも敬虔なキリスト教の信徒であった。そして、それ以上に神への畏敬を抱いていた。それが、彼が願った恒久平和の礎となり、平和を作る理性的存在者になり得る人間への期待を抱き続けたのである。われわれ人間が、様々な災悪に出会って挫けそうになっても、恒久平和への希望を抱き続けられるように。

---

本書は、二〇一四年に国際基督教大学大学院行政学研究科に提出した博士論文（課程博士）「平和を作る人たちと神への畏敬——イマニュエル・カントの真意」が元になっている。一部加筆や修正、および章立ての構成は変更しているものの、技術的なものにとどめており、内容についてはほぼ提出時のままである。

すでに博士論文提出及び博士号授与から四年が経つ。個人的な感慨を述べることが許されるならば、自らを取り巻く環境において様々な困難にぶつかっていたこともあり、自らの書籍が刊行されるということに実感がいまだに湧かないのが正直なところである。しかし、このような機会を得るまでに、様々な方々のお力をお借りしたことは鮮明に覚えている。

まず、本書の元となる博士論文をまとめるにあたり、終始暖かく励ましていただき、寛容ながらも時には厳格にご指導いただいた国際基督教大学特任教授千葉眞先生に心より感謝申し上げる。千葉先生には、博士前期課程から後期課程に至るまで、その卓越された知見のみならず、研究者としてのあるべき姿をも教わった。特に千葉先生からご指摘をいただいたカントのキリスト教からの影響や摂理的な歴史観へ焦点を当てることは、この論文においてとても重要な要素となり、熱心なご指導と数多くのご助言なくしては、本書の完成はなかった。重ねて感謝申し上げる次第である。

また、同じく博士前期課程からご指導をいただき、博士論文の執筆過程においても幾度にわたって貴重なご指導・コメントをいただき、副査をご担当いただいた国際基督教大学教授木部尚志先生にも心より感謝申し上げたい。さらに、博士論文審査において副査として博士論文を精読いただき、貴重なご指導とご助言を頂いた国際基督教大学教授毛利勝彦先生、同じく元国際基督教大学教授稲正樹先生にも心より感謝申し上げたい。

そして、かつて二年にわたって、国際基督教大学二十一世紀COE「平和・安全・共生」プログラム共同研究室にて空間・時間を共にしたリサーチ・フェロー、及びリサーチ・アシスタントの皆さま、さらにオフィススタッフであった皆さまにも心より感謝申し上げる。森分大輔さん、萩原優騎さん、佐柳信男さん、齊藤淳さん、小松崎利明さん、福田保さん、小島文英さん、COE室長を務めた伊礼有一さん、コーディネーターの長岡智子さん、その他COE事務室スタッフの皆様に心より感謝申し上げたい。ここでの出会いが研究を進める上で大きな励みになり、皆さんは本当の意味でのフェローであった。

同じく、頼れる先輩である石川寛さん、同時期に博士課程に在籍し、お互い切磋琢磨しながら、一足先に博士論文

(9) 宇都宮、二〇〇六年、二五五ページ。
(10) 例えば、『美と崇高』において、高雅な趣味が国家の存亡とともに消えたり堕落したりしているとともに、宗教も惨めな異様によって歪められるとしている(Beo, II, 255-256)。

を提出された防衛省防衛研究所理論研究部社会・経済研究室主任研究官の田中極子さん、有為によって社会とのつながりを気づかせてくれた高千穂大学教授五野井郁夫さんにも感謝申し上げたい。

また、昨今の厳しい学術図書の発行状況の中、本書の発行を引き受けて頂いた日本経済評論社の皆さま、特に編集業務をご担当いただいた清達二さんに深く感謝申し上げたい。

すべての人の名前を挙げることはできないが、様々な面で私の研究生活を支えていただいた多くの先輩、友人、知人、大学職員のみなさまへ感謝の意を表したいと思う。

ありがとうございました。

# 索引

## ［ア行］



## ［カ行］

## ［サ行］

## ［タ行］

［ナ行］



［ハ行］



［マ行］



［ヤ行］



［ラ行］

## ［ワ行］

［著者紹介］
高《たか》田《だ》明《はる》宜《のり》
桐蔭横浜大学非常勤講師。1976年北海道生まれ。青山学院大学国際政治経済学部国際政治学科卒業，国際基督教大学大学院行政学研究科博士後期課程修了。博士（学術）（Ph. D.）

**希望としてのカント**
恒久平和のために

2018年11月25日　第1刷発行

定価（本体4800円＋税）

著　者　高　田　明　宜
発行者　柿　﨑　　均
発行所　株式会社 日本経済評論社

〒101-0062 東京都千代田区神田駿河台1-7-7
電話 03-5577-7286　FAX 03-5577-2803
E-mail: info8188@nikkeihyo.co.jp
振替 00130-3-157198

装丁・渡辺美知子　　中央印刷／高地製本所

落丁本・乱丁本はお取替えいたします　Printed in Japan

ISBN 978-4-8188-2507-9 C3010